1996

Pequeños HOTELES con Encanto®

ESPAÑA

1996

Pequeños HOTELES con Encanto®

ESPAÑA

Fernando Gallardo

EL PAIS AGUILAR

EL PAIS
AGUILAR

Diseño de interiores: Eugenio González
Diseño de cubierta: Estudio de Comunicación/Omar Fiaño
Mapas: Javier Belloso
Edición gráfica: Paca Arceo

Juan Bravo, 38. 28006 Madrid. Tel. 322 47 00 Fax 322 47 71
ISBN 84-03-59405-4
Depósito Legal: M-795-1996
Printed in Spain/Impreso en España
por Orimu

Edición patrocinada por el
CONSEJO REGULADOR DE LAS DENOMINACIONES DE ORIGEN
JEREZ-XÉRES-SHERRY Y MANZANILLA-SANLÚCAR DE BARRAMEDA

VINOS DE JEREZ

Todas las fotografías son de Fernando Gallardo, salvo las que a continuación se detallan:

Archivo hotel Ad Hoc	202
Archivo hotel Molino del Santo	258
Paca Arceo	84, 189
Rafael Badía	164, 171, 214, 270, 284
Manuel Blanco	20
Antonio Díaz	230
Puri Lozano y Miguel Sánchez	136
Francisco Ontañón	220
Paradores de Turismo	99
Francisco Po	121
María Ángeles Sánchez	196, 289

CONTENIDOS

Desde que en 1992 El País-Aguilar publicó la primera edición de esta guía hasta la actualidad, el panorama del turismo en España en general, y del alojamiento en este tipo de hoteles en particular, se ha modificado sustancialmente.

En aquella primera edición fue muy difícil encontrar un número mínimo de establecimientos que cumplieran con el perfil de lo que entendíamos, y entendemos, por un "pequeño hotel con encanto": de reducidas dimensiones, con un trato familiar, con sumo cuidado en los detalles de su decoración e instalaciones, todo ello enclavado, en ocasiones, en un edificio singular, bien por su historia o emplazamiento.

Sin embargo, en estos cuatro años ha sido espectacular el progresivo crecimiento de los mismos. En el mar y en la montaña, en un entorno rural y hasta en plena ciudad, se han ido abriendo este tipo de hoteles de una manera constante. Lo cual, entre otras cosas, nos ha permitido ir publicando una edición anual de esta guía. No sabemos hasta qué punto la existencia de esta publicación ha condicionado la aparición de un buen número de ellos y el giro de muchos otros hacia esa manera concreta de orientar el negocio que se encuentra en el espíritu último de esta guía. Sí es verdad que son muchos los propietarios y directores de estos hoteles quienes nos dicen que gracias a ella se está creando una corriente de *fidelización* en determinado tipo de viajero que elige esta manera especial de pasar la noche.

Año tras año, la edición de *Pequeños Hoteles con Encanto* lo que viene haciendo es, por un lado, poner al día todos los datos que aparecen en sus páginas. Por otro lado, se ha ido depurando mucho más el concepto *encanto*. Esto ha provocado que un buen número de hoteles fuera desapareciendo de estas páginas ya que, como se decía antes, el nivel medio ha aumentado considerablemente. Además, cada año se hacen esas nuevas incorporaciones que responden los hoteles que van surgiendo en nuestro país.

Todo lo anterior es lo que justifica una publicación con carácter anual de esta guía, que ya se está convirtiendo en todo un clásico en nuestro panorama editorial. Vamos a seguir trabajando con gran seriedad y rigor en la selección y comentarios de los hoteles para que, como hasta ahora, la aparición de una reseña en esta guía tenga un carácter de privilegio.

Todo esto no sería posible sin la fidelidad de los lectores, que siguen creyendo en nuestros criterios. Desde estas líneas les seguimos animando, para que con sus comentarios y aportaciones sigamos haciendo de ésta una publicación viva, fiable, actualizada y de referencia obligada.

Un buen libro y un buen vino.

El Jerez y Pequeños Hoteles con Encanto. El País-Aguilar y el Consejo Regulador de los Vinos de Jerez colaboran desde hace un tiempo en la edición anual de la guía de Pequeños Hoteles con Encanto que tiene en sus manos. El objetivo es común: saborear las cosas bien hechas. Los Hoteles con Encanto. El vino de Jerez.

El vino de Jerez

La Historia

Las primeras noticias del vino de Jerez nos las proporciona Avieno, un historiador romano que afirmaba que ya en el siglo V a. C. existían cepas en la región, y que fueron los fenicios quienes, hacia el año 1.100, trajeron las primeras vides procedentes de la tierra de Canaan. Los fenicios fundaron Gadir (Cádiz) y Xera (Jerez).

En el año 138 a.C. Escipión Emiliano conquistó la comarca, iniciándose entonces una corriente de exportación a Roma que duró 500 años, con unas ventas medias anuales de 8.000.000 de litros, cantidad exorbitante para la época. Excavaciones arqueológicas recientes han demostrado que el monte Testaccio, en Roma, es en realidad una inmensa pila de restos de ánforas que habían contenido vino de Jerez o aceite de oliva de la región, cada una con su sello de identificación correspondiente.

Los árabes se asentaron en Jerez desde el año 711 hasta 1264. Rebautizaron la ciudad con el nombre de Sherish, de donde procede la palabra inglesa Sherry con la que los británicos, que compran el Jerez desde el siglo XI, conocen este vino.

En el año 1264 Alfonso X conquistó la ciudad. El Rey Sabio llegó a tener sus propias viñas jerezanas que cultivaba personalmente. A finales del siglo XVII se inician las primeras inversiones extranjeras en el Marco de Jerez.

Lagares fenicios (s. IV a. C.) a 8 km. de Jerez.

La comarca

La cuna del Jerez es una comarca formada por un triángulo extenso con vértices en Jerez de la Frontera, El Puerto de Santa María y Sanlúcar de Barrameda.

La comarca, que los jerezanos denominan el Marco, está limitada al norte por el río Guadalquivir, al sur por el río Guadalete, al este por el meridiano de Greenwich 6° 05′ Oeste, y al oeste por el océano Atlántico.

El Marco de Jerez tiene actualmente una superficie de 10.500 hectáreas.

El clima

El clima del Marco es el correspondiente a una zona meridional cálida, con inviernos suaves y veranos calurosos. La temperatura media que soporta la vid en periodo activo es de 17,5°, aunque en julio y agosto el termómetro supera ampliamente los 40°. El viento del suroeste proveniente del océano Atlántico aporta a las cepas suficiente humedad, especialmente en las madrugadas del verano.

La precipitación pluviométrica es de 600 litros por metro cuadrado al año. En esas condiciones la vid se desarrolla muy favorablemente y alcanza fácilmente la maduración.

Las tierras

El suelo del Marco de Jerez está compuesto por las tierras albarizas (alba significa blanca en latín). La roca albariza es una marga blanca y orgánica formada por sedimentación de las aguas de un mar interior que cubría la comarca en el Oligoceno.

La roca albariza tiene un gran contenido en restos marinos (conchas, erizos, estrellas de mar...), lo que explica su alto poder retentivo de la humedad, almacenando la lluvia caída en invierno, para nutrir la cepa en los meses secos.

Los viñistas jerezanos plantan sus vides en las lomas albarizas orientadas al suroeste.

Variedades de uva

El 95% del encepamiento jerezano está ocupado por la variedad Palomino, que fue introducida en el Marco por Yáñez Palomino, un caballero de la corte de Alfonso X el Sabio, tras la conquista de Jerez en 1264. La viticultura jerezana es prácticamente monovarietal.

La uva Pedro Ximénez la introdujo en la región, en 1680, Pieter Siemens (de Siemens-Ximénez), un soldado alemán de los tercios de Flandes. La uva Pedro Ximénez es una variedad alemana, cuyas características han sido modificadas profundamente por las condiciones climatológicas de Andalucía.

Finalmente, la uva Moscatel es una variedad común a distintas Denominaciones de Origen españolas e incluso francesas.

La crianza

El Jerez se cría, por un sistema original llamado de "criaderas y solera", en vasijas de roble americano de una capacidad de 600 litros, que se llenan sólo en sus 5/6 partes, dejando una campana de aire. Mientras en otras Denominaciones de Origen las botas están herméticamente cerradas, en Jerez están abiertas para permitir su aireación por las brisas del suroeste que, en contacto con las levaduras naturales de la uva palomino, forman un velo de levadura o velo de flor que aísla al vino del aire, le proporciona sus nutrientes y un aroma y sabor característicos.

Las botas de Jerez se alinean, por lo menos, en tres filas; la primera o más cercana al suelo (solera) contiene el vino de mayor edad, de donde se saca una parte para su consumo directo. La cantidad de vino extraído de la primera fila se sustituye con la misma proporción de la segunda fila (primera criadera) y, a su vez, la extracción de la se-

gunda fila se sustituye por vino de la tercera fila (segunda criadera); y así, sucesivamente. De esta forma se consigue una homogeneidad en cada escala y una uniformidad de los caracteres organolépticos del vino que sale al mercado.

Todos los vinos de Jerez deben tener una crianza, al menos, de tres años, que es la edad mínima de los Finos y Manzanillas. Los Amontillados se envejecen durante al menos cinco años, y los Olorosos durante siete.

El control de calidad

Los Vinos de Jerez y la Manzanilla de Sanlúcar están protegidos por sus correspondientes Denominaciones de Origen, lo que garantiza su control desde la cepa hasta la puesta al consumo del vino.

El primer control de calidad de nuestros vinos lo establecieron los romanos, obligando a que las ánforas que contenían el vino de la región fueran marcadas por cuatro «A». En 1483, el Cabildo de Jerez promulgó las Ordenanzas para la exportación de pasas y vinos, que establecían las normas de crianza y elaboración de vinos, las características que debían presentar las botas, las maderas a utilizar, así como las normas de vendimia y de expedición. Sólo los barriles de vino que cumplían estos requisitos eran marcados con el sello de la ciudad.

El 27 de octubre de 1733, el Real Consejo de Castilla aprueba las Ordenanzas del Gremio de Vinatería, que regulan el almacenamiento, la crianza y la expedición de los vinos de Jerez, e incluso establece un registro de tabernas autorizadas para vender el Jerez.

Finalmente, en 1935 se crea el Consejo Regulador de los Vinos de Jerez.

Jerez y la gastronomía

Los vinos de Jerez tienen años de crianza, pero no tienen añadas, aunque, excepcionalmente, algunas bodegas de Jerez tienen algún tipo de vino criado por el sistema de añadas. Las diferencias entre los distintos tipos de Jerez son mucho más pronunciadas de las que pueden existir entre vinos de mesa de una misma bodega pero de distinta cosecha.

La diversidad de los vinos de Jerez dificulta su conocimiento, pero es un reto para cualquier *gourmet* por el amplio abanico de posibilidades que brinda.

Tradicionalmente se ha considerado que el Jerez es un tipo de aperitivo, pero su amplia gama dentro de los vinos le confiere una gran versatilidad y una perfecta adecuación a muy diferentes momentos y comidas. Puede decirse que existe un vino de Jerez para cada ocasión.

Fino

De color pajizo o dorado, aroma punzante y delicado (almendrado), seco y ligero al paladar, con crianza «en flor». Ideal para toda clase de tapas, así como para acompañar sopas, mariscos, pescados, jamón y quesos suaves. Se debe servir frío.

Manzanilla

De color pajizo, aroma punzante, seco y ligero al paladar, con crianza «en flor» exclusivamente en bodegas situadas en Sanlúcar de Barrameda. Es un excelente acompañante para toda clase de tapas, así como de mariscos, quesos suaves, sopas, pescado blanco y jamón. Se debe servir frío.

Amontillado

De color ámbar, con aroma punzante y atenuado (avellanado). Suave y lleno al paladar.
Además de aperitivo, es el aliado perfecto de las carnes blancas, el pescado azul y los quesos curados.

Oloroso

Inicialmente seco, de color ámbar a caoba, con aroma muy acusado como indica su nombre. Tiene mucho cuerpo (nuez).
Adecuado para tomar antes de las comidas, es también muy apropiado para la caza y las carnes rojas.

Pale Cream

Es un vino suave, de color pálido, aroma punzante y delicado (dulce).
Excelente para tomar con el *foie* y la fruta fresca.

Cream

Vino dulce, obtenido a partir del oloroso, de color coaba.
Tiene aroma punzante y atenuado, de mucho cuerpo. Es el tipo de Jerez más idóneo para la repostería.

Turismo y gastronomía en el Marco de Jerez

La provincia de Cádiz ofrece al visitante una variedad de paisajes naturales y de arquitecturas populares difícilmente encontrables en otras regiones de España.

La capital de la provincia es "la bella desconocida". Pasando la Puerta de Tierra de la Muralla, el visitante podrá disfrutar de un ejemplo único de planificación urbanística de los hombres ilustrados del siglo XVIII. Casonas y palacios barrocos y neoclásicos se acodan unos con otros en un trazado armónico. En Cádiz, el turista puede visitar la catedral, el hospital de Mujeres, las iglesias de San Felipe Neri, de la Santa Cueva y de San Agustín, pasear por la alameda de Apodaca y del Marqués de Comillas y disfrutar de la simpatía y gracia de los gaditanos.

Los turistas que salgan de Jerez por la carretera con dirección a Arcos se adentran en la Ruta de los Pueblos Blancos de la sierra, como Arcos de la Frontera, Bornos, Setenil y Olvera, y pueden volver por Grazalema, Ubrique y El Bosque.

Si toman la carretera del sureste, a Los Barios, se adentrarán por la Ruta del Toro, y podrán contemplar las ganaderías de toros bravos de las dehesas de Medina Sidonia y Alcalá de los Gazules.

La carretera del suroeste conduce a la Ruta de los Pueblos Marineros, con localidades como Conil, Barbate, Zahara y Tarifa.

Pero el propio marco de Jerez proporciona al visitante grandes posibilidades de disfrute. Al norte queda Sanlúcar de Barrameda, en la desembocadura del Guadalquivir, la ciudad que despedía a los galeones de Indias cuyo comercio, tanto de ida como de vuelta, ha dejado una profunda huella en la ciudad. Entre sus monumentos destacan los palacios de Orléans y Borbón y Duquesa de Medina Sidonia, las covachas y la parroquia de Nuestra Señora de la O.

A la orilla del Guadalete se halla El Puerto de Santa María, una ciudad también con regusto colonial mostrado en sus grandes iglesias —iglesia Mayor Priorial— y numerosas casas palacios. A orillas del río se puede ver el castillo de San Marcos, y a un lado y otro del río Guadalete las playas de Valdelagrana y Vistahermosa.

Y finalmente, Jerez de la Frontera, cuyo casco antiguo ha sido denominado patrimonio histórico artístico. En la plaza de la Asunción se pueden contemplar ejemplos de las diversas culturas que han formado Jerez. A un lado, la iglesia mudéjar de San Dionisio, al otro lado, el edificio plateresco del Cabildo, y en el ángulo opuesto, dos casas neoclásicas de finales del siglo XVIII. La iglesia de San Miguel es un ejemplo espectacular del gótico isabelino. Pero la ciudad cuenta además con otros monumentos como la mezquita, el alcázar y la iglesia de San Marcos. Al salir de la ciudad por la carretera de Medina se puede visitar la cartuja de Santa María de la Defensión, así como las bodegas catedrales de Jerez, al igual que asistir al espectáculo de los caballos de la Real Escuela de Arte Ecuestre. Y por la noche, cuando se tercia, disfrutar del flamenco de los barrios de San Miguel y Santiago, porque Jerez es una de las cunas indiscutibles del cante jondo.

La ganaderías de la provincia, la pesca en sus costas y las huertas de la vega del Guadalquivir han facilitado la creación de una gastronomía variada y rica, en la que sobresalen entre los productos del mar los langostinos de Sanlúcar, las acedías, la urta y el cazón; los guisos del venado y la cola de toro entre las carnes; y, finalmente, la berza, especial versión jerezana de la olla podrida; y como colofón, la riquísima pastelería de la zona.

Visitas a bodegas (se recomienda llamar para información sobre horarios de visitas):

González Byass (Jerez, Tel. 34 00 00).

John Harvey (Jerez, Tel. 48 34 00).

Pedro Domecq (Jerez, Tel. 15 15 00).

Williams & Humbert (Jerez, Tel. 33 13 00).

Wisdom & Walter (Jerez, Tel. 18 46 06).

Osborne (Puerto de Santa María, Tel. 85 52 11).

Antonio Barbadillo (Sanlúcar, Tel. 36 08 94).

Un año más, la guía de *Pequeños Hoteles con Encanto* sale al encuentro del viajero amante de los alojamientos diferentes. El auge que experimenta actualmente la hostelería familiar en España, con un estilo y personalidad muy definidos, nos anima a seguir renovando sus contenidos con una periodicidad anual. En esta edición se incluyen 43 nuevos establecimientos, además de otros 22 cuya reseña queda ampliada a una página entera.

El País-Aguilar propone una selección meticulosa y depurada de los 534 hoteles escogidos en sus páginas. Únicamente los criterios de calidad, identidad propia, atención personal y una capacidad de alojamiento inferior a 60 habitaciones determinan su selección en esta guía, sin ninguna contraprestación económica o publicitaria por parte de los establecimientos hoteleros.

Un número exacto de 274 hoteles aparecen descritos al detalle, en reseñas de una o media página, ilustrados los primeros con una fotografía a todo color de cada establecimiento. En dos columnas se señalan los datos prácticos que ayudan a conocer sus instalaciones y los precios vigentes por una habitación doble. Los 260 restantes sólo aparecen mencionados en los capítulos de introducción a la zona, dada su reciente apertura o su tamaño superior a las 60 habitaciones impuestas como límite.

Nuevos hoteles

Este distintivo junto al nombre de 43 hoteles señala las nuevas incorporaciones en la presente edición.

Categoría de encanto

Este distintivo junto al nombre de todos los hoteles clasifica a dichos establecimientos en función de la calidad y encanto de sus instalaciones.

¿Cuánto cuesta una habitación?

Los precios que se detallan en la ficha técnica son los comunicados por cada establecimiento para el año 1996. La primera cifra corresponde a la tarifa de una habitación doble en temporada baja, y la segunda a la de esa misma habitación en temporada alta. Los hoteles están facultados para variar libremente sus precios sin comunicación previa.

Las fluctuaciones del mercado y las dificultades puestas de manifiesto por parte de algunos hoteleros a la hora de establecer un justiprecio acorde a su estructura de costes, en lugar de acudir a la socorrida ley de la oferta y la demanda, pueden provocar ciertas alteraciones en dichos precios ajenas a la responsabilidad de esta guía. La indeseable práctica del regateo, alimentada por unas ocasionales rebajas cuando no por un alza abusiva de los precios hoteleros, acaba amenazando la relación de fidelidad con el huésped. En estos casos, no parece haber límites para la incontinencia o el desacierto. Quien sufre de rubores con las pesetas, se procura la palidez obligando incluso a sus clientes a suscribir un régimen de media pensión antes de efectuar la reserva, sin observar que la categoría, el verdadero encanto de un establecimiento, se adquiere también demostrando seriedad con los precios.

En esta guía de *Pequeños hoteles con encanto* las reseñas se ordenan por comunidades autónomas y sus provincias, según la organización administrativa vigente en el Estado español. Las nacionalidades y regiones, y con ellas las provincias, están dispuestas en orden geográfico, comenzando por el noroeste de la Península y avanzando sucesivamente de oeste a este y de norte a sur. El territorio insular (Baleares y Canarias) ha sido deliberadamente relegado al final de la guía en atención a sus peculiaridades turísticas.

Para localizar un hotel en un área determinada no hay más que hojear los títulos de la parte superior de las páginas hasta encontrar la comunidad autónoma, provincia o localidad en que esté situado el establecimiento.

Para localizar un hotel concreto, o los alojamientos recomendados en un pueblo o ciudad, es preferible utilizar los índices del final, en donde figuran todas las reseñas según su orden alfabético o toponímico del lugar en donde se encuentren.

Cómo leer una reseña

En la zona superior de cada página, resaltado por una línea de puntos, aparece el nombre de la ciudad o pueblo en donde se encuentra el hotel, junto a una breve mención de sus características históricas, arquitectónicas o geográficas, suficiente para dar una pista al lector que hojea la guía. Se ha intentado buscar una aproximación categórica a cada tipo de establecimiento, aun a riesgo de caer en una excesiva simplificación. Por ejemplo: castillo medieval, monasterio antiguo, casa de campo, casa rural, balneario, hotel de montaña, mansión urbana, palacio histórico, etcétera.

Mapas de localización

Con objeto de facilitar una localización cartográfica se ha dividido el territorio español en cinco mapas que respetan el actual ordenamiento administrativo por comunidades autónomas. En cada uno de ellos aparecen numerados los hoteles seleccionados en esta guía, junto a la indicación de su número de página correspondiente.

Ficha técnica

El recuadro de información práctica que se incluye en cada reseña se rige por los siguientes epígrafes:

Las dos primeras líneas están reservadas a la dirección del establecimiento con indicación del código postal y la localidad en que se encuentra.

A continuación, en **Tel.** aparece el número de teléfono precedido por el prefijo correspondiente a llamadas desde el interior del territorio nacional. Más abajo se hace constar el número de **Fax.**

En el apartado **Accesos** se incluye una referencia acerca del emplazamiento geográfico del hotel, así como del sistema viario y señales de tráfico para llegar hasta sus dependencias.

Los **Precios** son los vigentes en 1995 y se refieren a una noche en habitación doble durante la temporada alta y la temporada baja, un desayuno estándar tomado en el comedor y un almuerzo de tres platos o menú básico con el que se suele ofrecer la media pensión. Estos precios no incluyen el Impuesto sobre el Valor Añadido (IVA), que representa un incremento del 7% en todos los hoteles.

Por regla general, las habitaciones dobles para uso individual son objeto de un sustancioso descuento, a libre albedrío de cada establecimiento, pero nunca pueden superar el 80% de su tarifa en modo doble. En el caso de las *suites* o dormitorios especiales rige el criterio propio del establecimiento.

Habitaciones señala el número y el estilo de los dormitorios disponibles en el hotel. Le sigue una relación somera de su equipamiento, útil para conocer el grado de confort ofrecido por el hotel.

Tras **Instalaciones** se enumeran los servicios a disposición de los huéspedes y sus vehículos, así como de los espacios comunes cerrados, al aire libre o deportivos existentes en el mismo recinto del hotel. Las instalaciones que se encuentren separadas del recinto hotelero (por ejemplo, un campo de golf o un club náutico) no son consideradas aunque estén muy próximas. Algunas de éstas se incluyen directamente en el epígrafe **Alrededores**, entre otros atractivos interesantes de ver o visitar.

En la ficha técnica se indican también las **Tarjetas de crédito** aceptadas en el establecimiento. Algunos hoteles son proclives a solicitar a sus nuevos clientes una firma en blanco por anticipado. Sin embargo, esta fraudulenta práctica —según el Código Civil español— suele observarse con mayor insistencia en los hoteles de lujo y multitudinarios, en los que la gerencia se muestra incapaz de controlar el movimiento de sus huéspedes. La casi unanimidad de los pequeños y medianos propietarios, cuyos establecimientos son los que aparecen en esta guía, rechaza tal actitud por suponer una clara muestra de desconfianza hacia el huésped, acreedor de todas las atenciones que dan sentido a la vocación hostelera.

Las siguientes abreviaciones corresponden a las tarjetas de crédito de uso más frecuente en España:

AE	American Express	**MC**	Master Card
DC	Diners Club	**V**	Visa
EC	Eurocard	**6000**	Cajas de Ahorros

Los epígrafes con el título **Niños**, **Minusválidos** o **Animales** informan de las facilidades que el establecimiento otorga al entretenimiento de los niños, la seguridad y confort de los minusválidos, así como a la admisión o no de animales domésticos en sus instalaciones.

En los casos en que el hotel **Cierra** sus puertas por un tiempo, durante la temporada baja o por descanso del personal, así se hace constar.

El último punto incluye normalmente el nombre del **Propietario**, **Propietaria** o **Propietarios**, aunque en el caso de un establecimiento gestionado por un **Director** o **Directora** son éstos los que aparecen, por tener un contacto más estrecho con sus huéspedes.

GALICIA — Pág. nº

ASTURIAS

CANTABRIA

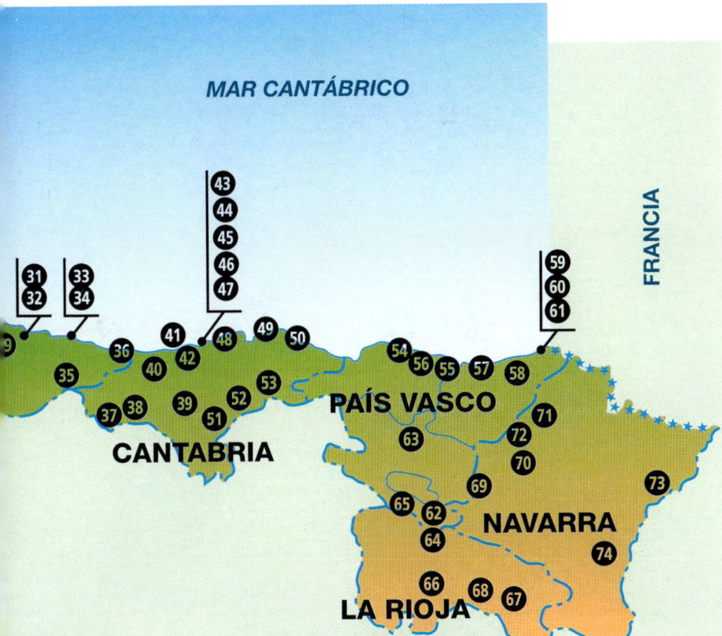
MAR CANTÁBRICO
FRANCIA
CANTABRIA
PAÍS VASCO
NAVARRA
LA RIOJA
31 32
33 34
35 36 37 38 39 40 41 42
43 44 45 46 47
48 49 50 51 52 53
54 55 56 57 58
59 60 61
62 63 64 65 66 67 68
69 70 71 72 73 74

ZONA
AMPLIADA
ESPAÑA

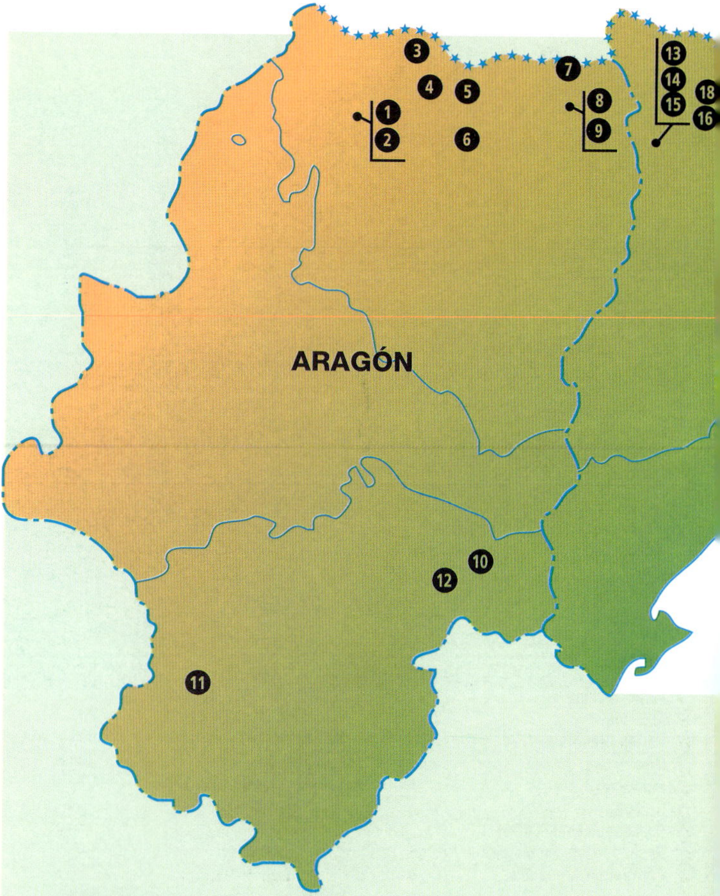

ARAGÓN

100 KILÓMETROS

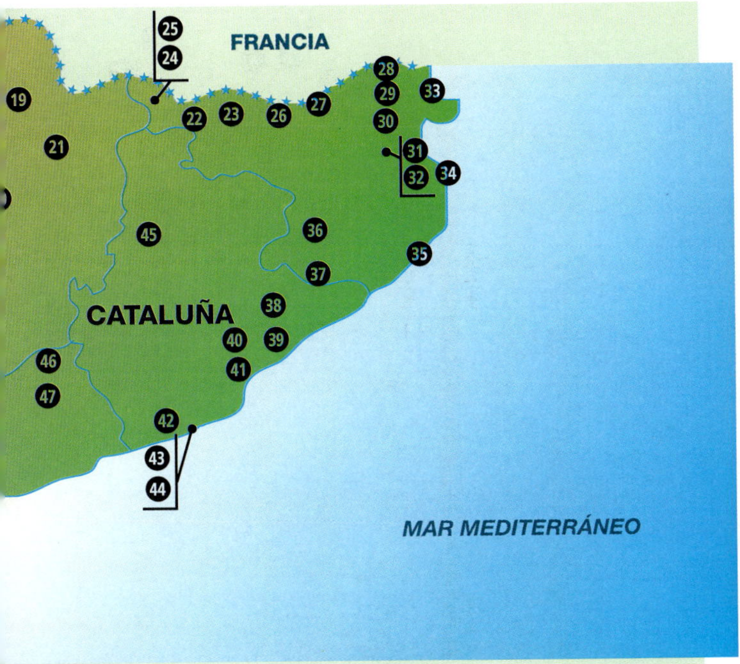
FRANCIA
CATALUÑA
MAR MEDITERRÁNEO
19
21
25
24
22
23
26
27
28
29
30
33
31
32
34
45
36
35
37
38
40
39
41
46
47
42
43
44

ZONA AMPLIADA
ESPAÑA

CASTILLA Y LEÓN Pág. nº

12
11
40
43
42
44
45
ANCHA

ESPAÑA
ZONA AMPLIADA

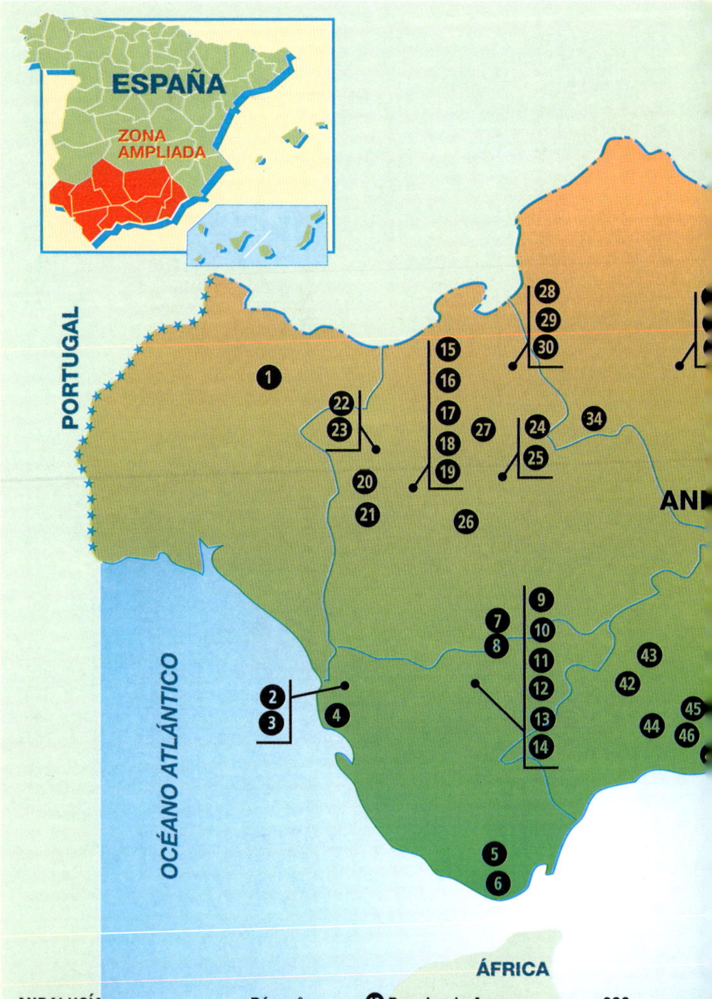
ESPAÑA
ZONA AMPLIADA
PORTUGAL
OCÉANO ATLÁNTICO
ÁFRICA
1
2
3
4
5
6
7
8
9
10
11
12
13
14
15
16
17
18
19
20
21
22
23
24
25
26
27
28
29
30
34
42
43
44
45
46

27 Platería	242	41 El Castillo de Monda	254
28 Hospedería de la Cartuja	243	42 Puerto del Negro	255
29 Posada del Moro	244	43 Molino del Santo	258
30 Las Navezuelas	245	44 Refugio de Juanar	259
31 Al-Mihrab	245	45 Finca Brisamer	260
32 Albucasis	246	46 Posada del Canónigo	261
33 Los Abetos del Maestre Escuela	247	47 La Bobadilla	262
34 Hospedería de San Francisco	248	48 El Lodge	263
35 Parador de Jaén	249	49 La Posada	264
36 Palacio de la Rambla	250	50 Parador de Granada	265
37 Parador de Úbeda	251	51 Palacio de Santa Inés	266
38 Hospedería Fuentenueva	252	52 Mamabel's	267
39 Parador de Cazorla	253	53 Mikasa	268
40 Noguera de la Sierpe	254	54 San José	269

COMUNIDAD VALENCIANA

		Pág. nº
1	Tinença	198
2	Fábrica de Giner	198
3	Cardenal Ram	199
4	Palau dels Osset	199
5	Hostería de Mont Sant	200
6	La Noria del Cabriel	201
7	Ad Hoc	202
8	La Casa Vieja	203
9	L'Estació	204
10	Swiss Hotel Moraira	204
11	Rosa	205
12	La Racona	206
13	El Rodat	207
14	Don Pedro	208
15	Mas de Pau	209
16	Huerto del Cura	210
17	El Montíboli	211
18	Casa del Gobernador	212

MURCIA

19	Cenajo	213

ISLAS BALEARES

20	San Lorenzo	272
21	Palacio ca sa Galesa	272
22	Sa Pletassa	273
23	Es Turó	274
24	Marqués des Verger	274
25	Es Recó de Randa	275
26	Monnaber Nou	276
27	Read's	276
28	Sa Pousada d'Aumallia	277
29	Ca N'Aí	278
30	La Residencia	279
31	L'Hermitage	280
32	Vistamar	281
33	Villa Italia	282
34	Hotel del Almirante	283
35	Les Terrasses	283

ISLAS CANARIAS	Pág. nº
36 Hotel Punta Grande	286
37 Parador de El Hierro	287
38 Parador de la Gomera	288
39 La Palma Romántica	289
40 Golf Club Bandama	290

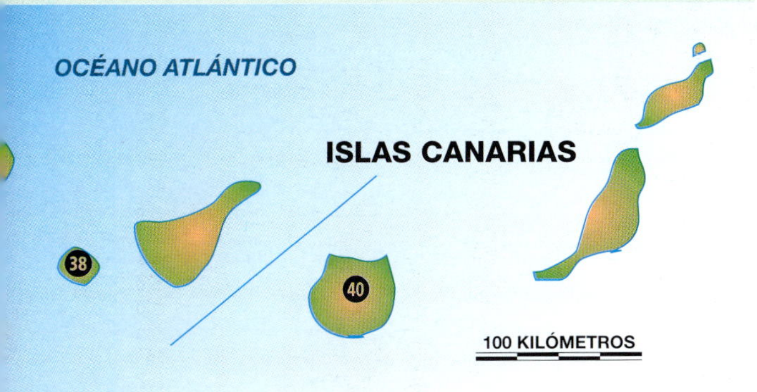

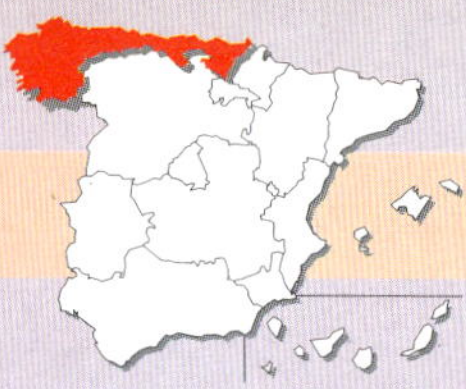

San Vicente de la Barquera (Cantabria)

Entre el mar y la montaña

Hoteles de la España Verde

El turismo rural ha conocido durante los últimos años un auge sin precedentes en el norte peninsular, promocionado conjuntamente bajo el programa *La España Verde*.

En Galicia se acaban de rehabilitar varios pazos históricos, como el Almuzara [Tel. (988) 40 21 75], en Boboras, el Viña Mein [Tel. (988) 48 84 00], en Leiro, o el Turbisquedo [Tel. (988) 26 47 74], en A Peroxa, los tres emplazados en la provincia de Ourense. También es estimable la Casa Grande de Fuente Mayor [Tel. (986) 68 97 32], en Silleda (Pontevedra). En esta provincia, la visita del parador de Baiona [Tel. (986) 35 50 00], construido tras las murallas de una fortaleza anterior a la época romana, resulta inexcusable. El nuevo hotel Roberto [Tel. (981) 51 17 69], en San Xulián de Sales (A Coruña), gusta especialmente por su decoración. Tierra adentro, en los Ancares de Lugo, se encuentra el hostal Piornedo [Tel. (982) 36 86 19], olvidado del mundo.

La vocación rural de Asturias magnifica sus montañas por encima de cualquier consideración meteorológica o histórica. La Pornacal [Tel. (98) 575 21 51] forma parte de un insólito conjunto de brañas situado en los altos de Somiedo. También entre montañas, frente al santuario de Covadonga, el hotel Pelayo [Tel. (98) 584 60 00] ofrece calma y naturaleza a todo pasto. El recuerdo de los indianos que hicieron las Américas se perpetúa en el Palacio de Miranda [Tel. (98) 549 10 78], del siglo XV, sito en Llanuces, y en el antiguo torreón de piedra de los Cofiño, cerca de Arriondas, bautizado ahora como Halcón Palace [Tel. (98) 584 13 12]. La familia Duyos posee en Nueva de Llanes un hotelito, el Cuevas del Mar [Tel. (98) 541 03 77], con pretensiones de mucho encanto. Cerca de Llanes, en Andrín, merece una noche el hotel La Boriza [Tel. (98) 541 70 49], asociado a Casonas Asturianas.

Los Picos de Europa se van llenando también de alojamientos pequeños y entrañables en su vertiente cántabra, como El Rebeco [Tel. (942) 73 66 00], de estilo alta montaña, en Camaleño, y la Posada La Montañesa [Tel. (942) 84 19 67], una casa montañesa del siglo XVIII, en Los Corrales de Buelna. En Santander es nuevo el hotel Hoyuela [Tel. (942) 28 26 28], junto al casino. Tirando hacia el litoral, el explorador del encanto hallará una casita familiar, Mies de Villa [Tel. (942) 51 00 73], en Somo, y el Casal del Castro [Tel. (942) 72 00 36], una casona montañesa del siglo XVII, en Comillas, cerca del célebre Capricho de Gaudí.

El color de la esperanza

La costa vasca se va despertando al turismo con unos modelos de alojamientos integrados en su entorno natural y cultural. Es el caso del hotel Uribe [Tel. (94) 677 44 78], en Plencia; del San Roque (pág. 70), en Balmaseda; o del precioso Mendi Goikoa (pág.69), en el valle de Axpe. Adentro están Los Arcos de Quejana [Tel. (945) 39 93 20], en Xexaa, Ayala, provincia de Álava.

Casa rural, Boiro

Posada da Posta do Valmaior

Valmaior, Cespón
15991-Boiro, A Coruña
Tel.: (981) 86 25 48
Acceso: por la comarcal 550, a 3 km. antes de llegar a Boiro, a la izquierda
Comidas: desayuno
Precios: habitación 4.600-5.000 Pta., *suite* 9.000 Pta.; desayuno 500 Pta.
Habitaciones: 10 dobles, 1 *suite;* todas con baño, calefacción, TV color, cosmética de baño
Instalaciones: aparcamiento, jardín, bar, comedor de desayunos, alquiler de bicis
Tarjetas de crédito: V, 6000
Niños: canguro, área de juegos
Minusválidos: acceso fácil
Animales: prohibidos
Cierra: nunca
Propietaria: Josefa González Castaño

Casa de aldea rehabilitada con ayuda de la Xunta de Galicia, cuyo programa de turismo rural merece toda consideración. Su emplazamiento, entre la ría de Arousa y la sierra de Barbanza, permite disfrutar del monte y la playa en una misma jornada, para lo cual existe la posibilidad de alquilar una bicicleta de montaña. La decoración interior es, sencillamente, acogedora. Sin duda, por su amplitud y originalidad —muros de piedra incluidos—, los propietarios recomiendan la número 7. A vivir.

Alrededores: castros de O Neixón (2 km); Pobra do Caramiñal, casa museo de Valle-Inclán (7 km).

Nobles fachadas, lujosas tentaciones

No entran en la guía porque por sus dimensiones trascienden de lo pequeño, pero merecen el adjetivo de encantadores. En Galicia, un establecimiento evocador de los «felices veinte» es el Gran Hotel de la Toja [Tel. (986) 73 00 25], emplazado al final del istmo que separa la ría de Arosa y el mar abierto, un lugar conocido por su industria cosmética y sus atractivos balneario-turísticos. El hospital mayor de Santiago de Compostela, actualmente hotel de los Reyes Católicos [Tel. (981) 58 22 00], dependiente de la red de Paradores, fue construido en el siglo XV para servir de alojamiento a los peregrinos que acudían de toda Europa a rezar ante el apóstol. Está considerado como el hotel más antiguo del mundo. Otro antiguo hospital de peregrinos convertido en parador de lujo es el hostal de San Marcos [Tel. (987) 23 73 00], en el centro de León, un edificio notable por su fachada plateresca, su doble claustro y la sillería del coro. En Oviedo resplandece el hotel de la Reconquista [Tel. (98) 524 11 00], también un antiguo hospicio rehabilitado que sirve de elegante escenario a las deliberaciones de los premios Príncipe de Asturias. Uno de los atractivos turísticos con que cuenta el País Vasco, además de su gastronomía, es la propia ciudad de San Sebastián. Dos herencias de la *belle époque* donostiarra perviven ahí a pesar de los avatares históricos y de unos precios poco asequibles al gran público: el hotel María Cristina [Tel. (943) 29 33 00], adscrito a la cadena Ciga, junto al teatro Victoria Eugenia y al puente sobre el río Urumea, y el hotel de Londres y de Inglaterra [Tel. (943) 42 69 89], emplazamiento actual del casino, con vistas a la playa de la Concha.

Mansión rural, Cornide

Casa Grande de Cornide

Calo-Teo (a 9 km de Santiago)
15886-Santiago de Compostela, A Coruña
Tel.: (981) 80 55 99. **Fax:** (981) 80 57 51
Acceso: por la carretera de Pontevedra, tomando en Casalonga un desvío a la izquierda hacia Luou, justo en el lugar donde se encuentran una capilla y un cruceiro, 2 kilómetros después
Comidas: desayuno
Precios: habitación 10.000-12.000 Pta., *suite* 12.000-14.000 Pta.; desayuno 950 Pta.; garaje gratuito

Habitaciones: 7 dobles, 4 *suites;* todas con baño, calefacción, teléfono, minibar, TV vía satélite, secador de pelo y cosmética de baño
Instalaciones: aparcamiento, jardín, piscina, salón biblioteca, comedor, alquiler de bicis
Tarjetas de crédito: AE, DC, MC, V
Niños: área de juegos
Minusválidos: acceso difícil
Animales: admitidos
Cierra: del 20 de diciembre al 20 de enero
Propietarios: José Ramón Pousa y María Jesús Castro Rivas

Dicen sus dueños que la casa familiar es un lugar ideal para leer un libro, pintar un cuadro, recoger setas, cabalgar, dar una vuelta en bicicleta o, simplemente, descansar teniendo en los pies lo mejor de Galicia. Su jardín guarda, entre otras *saudades,* un junípero rastrero, un magnolio bicentenario, un reloj de sol, dos hórreos y un palomar del siglo XVIII que contagia melancolía.

Seoane, Laxeiro y otras firmas cuelgan sus obras en los adentros, transformados en una sorprendente pinacoteca. Una nutrida colección de libros especializados en temas turísticos y culturales de la región compone otra no menos interesante biblioteca.

Todo el pazo, incluidos los dormitorios, atesora una decorativa sucesión de objetos clásicos y modernos, del más puro diseño gallego. Luces halógenas, techos abuhardillados, esa escalera que conduce al desván... el salón de desayunos pone en bandeja el verdor del jardín a través de una gran cristalera.

Lástima que los dos bloques de apartamentos ahí construidos desentonen por su arquitectura y la menor enjundia de su ornamentación, a pesar del buen tamaño que ofrecen al turismo familiar o de negocios con apetencias de espacio.

Alrededores: coto truchero del Ulla (4 km); Santiago de Compostela (9 km).

Palacio histórico, Neda

Pazo da Merced

A Florida
15510-Neda, A Coruña
Tel.: (981) 38 29 00 y 38 22 00
Fax: (981) 38 01 04
Acceso: a 8 kilómetros de El Ferrol, torcer a la derecha, en dirección a Neda, y después 3 kilómetros de bajada; escasa señalización
Comidas: desayuno
Precios: habitación 12.000 Pta.; desayuno 1.200 Pta.

Habitaciones: 5 dobles con baño, calefacción, teléfono, minibar, TV color y secador de pelo
Instalaciones: aparcamiento, piscina, salón, bar
Tarjetas de crédito: AE, DC, MC, V, 6000
Niños: acogidos
Minusválidos: acceso difícil
Animales: prohibidos
Cierra: nunca
Propietaria: Marinela Medina

El lugar de A Florida, al fondo de la ría del Ferrol, invita a plantar entre los viejos robles un pazo de este porte, con los costados en piedra de sillería y una capilla aneja para rendir culto a la Virgen de la Merced. Durante un tiempo estuvo funcionando ahí, cerca de la villa de Neda, una curtiduría que servía a los peregrinos compostelanos. Merced casi divina para una familia con prosapia y dilatadas necesidades, que se lo construyó allá por el siglo XVII.

Hace pocos años, el pazo fue vendido a un arquitecto restaurador de edificios antiguos. Alfredo Alcalá ha pergeñado un modelo de hotel rural en Galicia que sintetiza el respeto por la arquitectura histórica y cierto vanguardismo en la utilización de los materiales. Su esposa, Marinela Medina, se encarga de la gerencia y la dirección del hospedaje.

Los huéspedes demandan más ámbitos comunes donde disfrutar el fin de semana, pese a la confortable atmósfera de las habitaciones, equipadas con todo lujo de detalles. La número 3 sobresale por su amplitud y sus excelentes vistas sobre la ría. Todos los cuartos de baño ostentan un llamativo revestimiento interior de madera laminada e imputrescible, tipo camarote de barco.
Alrededores: castillo de San Felipe (9 km); castillo de La Palma (14 km).

Casa rural, Cambados

Pazo Carrasqueira

Carrasqueira, s/n (Sisán)
36638-Sisán, Ribadumia, Pontevedra
Tel.: (986) 71 00 32 y 71 84 88
Fax: (986) 71 00 32
Acceso: en la carretera Cambados-Barrantes-La Toxa, a la salida de Cambados rebasar un puente y coger el cruce a la izquierda; apenas señalizado
Comidas: desayuno, almuerzo, cena
Precios: habitación 6.000-12.000 Pta., *suite* 12.000 Pta.; desayuno incluido, comida a la carta

Habitaciones: 7 dobles, 2 *suites;* todas con baño, calefacción central, teléfono, TV color, hilo musical y secador de pelo
Instalaciones: aparcamiento, jardín, piscina, salón de estar, bar, comedor
Tarjetas de crédito: AE, MC, V
Niños: área de juegos
Minusválidos: acceso fácil
Animales: prohibidos
Cierra: nunca
Directora: Milagros Hermida Lago

El origen de esta bonita mansión campestre —una de las tantas que cuidan de los viñedos con denominación albariño— se remonta al año 1678, o incluso un siglo antes, como inducen a pensar los legajos hallados en una antigua alacena. Con el aliciente de las ayudas oficiales al turismo rural, el matrimonio Pintos-Hermida ha hecho de ella un hotelito doméstico de nueve habitaciones, en las que se ofrecen alfombras tibetanas de nudo, visillos de encajes trabajados en Camariñas y rejas a la manera tradicional en los balcones, amén de otros detalles dc buen gusto como la escalinata de granito labrado que compone su entrada principal.

En contraposición, el mobiliario —cómodas, arcones, chineros y camas de hierro— no es muy acertado por su acabado en semiviejo. Los dormitorios más acogedores, abuhardillados, convenientemente insonorizados del escaso tráfico de la carretera próxima, sin duda, se encuentran en la planta superior. Un emparrado húmedo y oloroso invita a pasar la tarde debajo, si no llueve, con un libro en las manos. Pero, ¿quién podría resistirse a ojear un instante en la bodega, repleta de toneles de rico Albariño casero, o en el colmado anejo a la casa, del que han vivido hasta ahora sus propietarios?
Alrededores: pazo de Barrantes, sede de la Fundación Conde de Creixell (1,5 km); Cambados, pazo de Fefiñanes (2 km).

PONTEVEDRA

Mansión solariega, Cambados

Parador de Cambados

Paseo de Cervantes, s/n
36630-Cambados, Pontevedra
Tel.: (986) 54 22 50. **Fax:** (986) 54 20 68
Acceso: en la calle principal de la localidad, frente a la ría; bien señalizado
Comidas: desayuno, almuerzo, cena
Precios: habitación 9.500-12.000 Pta.; desayuno 1.200 Pta., comida 3.200 Pta.
Habitaciones: 51 dobles, 12 individuales; todas con baño, calefacción, teléfono, minibar, TV vía satélite, caja fuerte, cosmética de baño y secador de pelo
Instalaciones: aparcamiento, jardín, piscina, pista de tenis, salas de convenciones, bar, comedor
Tarjetas de crédito: AE, DC, EC, MC, V (se pide por anticipado)
Niños: acogidos
Minusválidos: acceso fácil
Animales: prohibidos
Cierra: nunca
Director: Carlos Herrero Soler

Antiguo pazo de Bazán, de piedra clara, teja y blasón, transformado en parador por el mismo arquitecto que diseñó los paradores de Tui, Verín y Baiona. Su fachada solariega, en el centro de Cambados, mira a la ría de Arousa y a la más lejana isla de la Toxa. Un monumento que compite en belleza y prosapia con los cercanos pazos de Fefiñanes, Figueroa y Montesacro.

Todas sus dependencias giran alrededor de un jardín central presidido por una fuente y una enorme palmera. Precisamente en este lugar se celebra todos los años la popular fiesta del Albariño. Miles de personas venidas de todos los rincones de Galicia se congregan el primer domingo de agosto a regalarse con estos caldos, que ya elaboraban en el siglo XII los monjes benedictinos.

Algunas ventanas dan a la ría, aunque las habitaciones más tranquilas —como la 108 o la 109— se asoman al patio interior. Todas bendicen de comodidades y buen descanso al huésped.

La carta del restaurante está dominada por los pescados, los mariscos y alguna que otra especialidad de la zona. A la hora de la sobremesa, Cambados guarda deleitosas placitas y secretos rincones donde echar una cabezada.

Alrededores: pazo de Fefiñanes; monasterio de Armenteira (10 km); isla de la Toxa (10 km).

Mansión solariega, Vilagarcía de Arousa

Pazo O'Rial

O Rial, 1
Vilaxoan
36600-Vilagarcía de Arousa,
Pontevedra
Tel: (986) 50 70 11 y 50 56 22
Fax: (986) 50 16 76
Acceso: en la carretera de Cambados, a 2,5 kilómetros de Vilagarcía; señalizado
Comidas: desayuno, almuerzo, cena
Precios: habitación 8.000-10.800 Pta., *suite* 12.500-14.500 Pta.; desayuno 800 Pta., comida 3.000 Pta.

Habitaciones: 49 dobles, 6 individuales, 4 *suites*, 1 apartamento; todas con baño, calefacción, teléfono, hilo musical, TV vía satélite y cosmética de baño
Instalaciones: aparcamiento, jardín, piscina, sala de convenciones, bar, comedor
Tarjetas de crédito: AE, DC, EC, MC, V
Niños: acogidos
Minusválidos: acceso fácil
Animales: prohibidos
Cierra: 17 de diciembre al 7 de enero
Director: Julio Mondragón

A pocos trancos de la carretera general y algunos más de la ría de Arousa, muy visitada en verano por clubes de *amigos de la historia,* se encuentra esta construcción solariega flanqueada por un hórreo y una capilla de piedra cuyos orígenes se hunden en una vieja leyenda gallega que hace a sus antiguos propietarios —los Mariño de Lobeira— descendientes directos de Roldán, fugitivo de Roncesvalles y atraído hasta este lugar del Rial por el canto de una sirena con la que acabaría teniendo un hijo de nombre Paladín.

Cierta o no la leyenda, el caso es que un escudo labrado en la fachada revela la imagen de la seductora ondina. Todo ha sido transformado cuidadosamente, respetando las vigas de madera, los suelos de barro y las paredes originales. Este carácter vetusto y señorial se matiza, sin embargo, en el vestíbulo y en los salones, decorados con una triste impersonalidad.

Las habitaciones tampoco están a la altura de la prosapia paceña. La depuración diaria de la piscina y la jardinería ofrecen, por intachables, la contrapartida a las deficiencias observadas. El hotel sigue mereciendo un margen de confianza.
Alrededores: convento de Vista Alegre; mirador de Lobeira (5 km).

Casa de campo, Villalonga

Pazo El Revel

Camino de la Iglesia, 15
36960-Villalonga, Pontevedra
Tel.: (986) 74 30 00
Fax: (986) 74 33 90
Acceso: colina arriba del pueblo, por una carretera desde la que se domina un tramo del litoral; poco señalizado
Comidas: desayuno
Precios: habitación 10.600-11.000 Pta.; desayuno incluido

Habitaciones: 20 dobles, 2 individuales; todas con baño, calefacción, teléfono, TV color (opcional), caja de seguridad
Instalaciones: aparcamiento, jardín, tenis, piscina, salón de estar, bar, comedor
Tarjetas de crédito: MC, V
Niños: acogidos
Minusválidos: acceso difícil
Animales: prohibidos
Cierra: del 15 de septiembre al 1 de junio
Propietario: Luis Ansorena Garret

Luis Ansorena se encarga personalmente de la gestión de este establecimiento desde hace ya 27 años. Se comprende que lo lleve en el alma y lo cuide con la mirada. Su fachada, tupida de enredaderas, ni siquiera insinúa que pudiera tratarse de dos edificaciones distintas —la más antigua es vivienda del dueño— para aposentar el alma de los viajeros.

Se llega, desde el pueblecito de Villalonga, siguiendo una carretera estrecha que conduce a un mirador natural sobre el mar. Es un pazo de aires ecológicos, erigido al parecer en el siglo XVII, bajo el cielo añublado de Galicia. Dentro, la discreción es tan absoluta como la amabilidad del personal de servicio a la hora de cargar con el equipaje. Anonimato que guardan con celo la soledad del paisaje y su silencio.

Antes de llegar a la habitación, el huésped habrá de pasar por un soportal arqueado y un patio, donde las golondrinas tienen instalados sus nidos sobre unas vigas y aleros ya centenarios.

En verano, nada más estimulante que ver pasar las horas delante de un vaso de buen ribeiro, sentado en una de las sillas de mimbre que ambientan la terraza, mientras las nubes transportan imágenes de los genios y *meigas* que pueblan la mitología galaica. A la hora del desayuno se sirve café, pan recién hecho, bollos y pasteles con el toque de la casa.
Alrededores: playa de La Lanzada (3 km); Cambados, pazos (10 km).

Monasterio antiguo, A Guardia

Convento de San Benito

Plaza de San Benito, s/n
36780-A Guardia, Pontevedra
Tel.: (986) 61 11 66
Fax: (986) 61 15 17
Acceso: situado en el paseo marítimo del puerto; señalizado
Comidas: desayuno
Precios: habitación 5.900-8.400 Pta., *suite* 8.000-11.200 Pta.; desayuno 550 Pta., garaje 500 Pta.
Habitaciones: 19 dobles, 3 individuales, 1 familiar, 1 *suite;* todas con baño, calefacción, teléfono, TV color, cosmética de baño y secador de pelo
Instalaciones: garaje, jardín, salón de estar, bar, comedor
Tarjetas de crédito: AE, EC, MC, V, 6000
Niños: acogidos
Minusválidos: acceso fácil
Animales: prohibidos
Cierra: nunca
Directora: Antonia Baz Gómez

Otra versión más moderna de transfiguración benedictina cumple su primer lustro alojando turistas y viajantes en la soledad del puerto. Aquel bonito cenobio de monjas, fundado en 1561 por los Ozores de Sotomayor, guarda hoy en su memoria de ánimas el registro parroquial de sus huéspedes, igualmente noble a los ojos de Dios.

No parece que la simpleza arquitectónica, vista por fuera, esconda tanta tramoya artística a partir del vestíbulo-recepción, cuyo viejo pórtico da la bienvenida al huésped con sus jambas labradas y un frontón muy digno de piedra. Todavía se conservan ahí los tornos por donde las monjas despachaban sus dulces o se comunicaban con el exterior.

Un escueto claustro, presidido por una palmera y una fuente de piedra con tres platos de agua, sirve de distribuidor a las antiguas celdas.

Los domingos por la mañana se puede oír misa en cama a través de las paredes que separan el convento de su iglesia. Entonces, los barquitos de La Guardia dejan de navegar.

Alrededores: monte de Santa Tecla (3 km); Baiona (31 km).

PONTEVEDRA

Casa de campo, Baiona

Villa Sol

Palos de la Frontera, 12
36300-Baiona, Pontevedra
Tel.: (986) 35 56 91
Fax: (986) 35 67 02
Acceso: por una calle perpendicular a la carretera de La Guardia, cerca del parador de turismo
Comidas: desayuno
Precios: habitación 10.500-11.500 Pta., desayuno incluido, garaje 1.000 Pta.

Habitaciones: 6 dobles con baño, calefacción, teléfono y T.V.
Instalaciones: garaje, jardín arbolado, salones, comedor para desayunos
Tarjetas de crédito: MC, V
Niños: no admitidos en temporada alta
Minusválidos: acceso difícil
Animales: prohibidos, salvo en el jardín
Cierra: noviembre a mayo
Director: Carlos López Tapias

A su propietario no parece gustarle mucho la idea de convertir su vivienda en un hotel de lujo. De ahí que nada más haya habilitado seis habitaciones y los salones de la planta baja para los huéspedes. El registro se hace por simple acuerdo verbal. Las bebidas quedan a libre disposición de quien las tome. En su opinión, aquí se está en familia o no se está.

Esta singularidad encuentra razón en la existencia centenaria de la casa, cuyos muebles y objetos decorativos pertenecen a la misma época y familia que la ha habitado hasta el momento presente. Su mantenimiento exige una suculenta cuenta bancaria o tenerla abierta al público en régimen hotelero. Una feliz iniciativa.
Alrededores: Vigo (21 km); A Guardia, monte de Santa Tecla (31 km).

Casa rural, A Estrada

Pazo de Leira Herminia

Carballeira, 6. Nigoi
36684-A Estrada, Pontevedra
Tel.: (986) 57 32 00 y (908) 98 54 64
Fax: (988) 37 04 85
Acceso: desde A Estrada por la carretera local que va a Sabucedo, antes de llegar al puente sobre el río Umia
Comidas: desayuno (a 200 metros)
Precios: habitación 6.000 Pta.; desayuno 400 Pta.

Habitaciones: 4 dobles con baño, calefacción, TV vía satélite y secador de pelo
Instalaciones: aparcamiento, jardín, salón de TV, piscina, barbacoa y alquiler de bicis
Tarjetas de crédito: ninguna
Niños: acogidos
Minusválidos: acceso difícil
Animales: prohibidos, salvo en el jardín
Cierra: del 1 de octubre al 31 de marzo
Propietario: Manuel Eirín Rodríguez

Al husmo de un resguardo hogareño donde ver lloviznar tras los cristales y quedarse dormido entre sábanas gosipinas, el viajero descubre en estos verdegales remotos una casa de labranza apetecible para alimentar todos sus sentidos. Calma, belleza, olor a pienso. Y, también, el barniz de los nuevos tiempos: cierres herméticos en aluminio blanco, equipamiento hostelero moderno y una piscina de gran tamaño para digerir los relajos del verano. Su activo principal estriba en las labores hortícolas y apícolas que el huésped puede realizar, o en las *meigas* inveteradas del *concello* a las que invocar de madrugada.
Alrededores: iglesia de Santa María de Nigoi; balneario de Caldas de Reis (28 km); Santiago de Compostela (35 km).

Castillo remedado, Verín

Parador de Verín

Monterrey
32600-Verín, Ourense
Tel.: (988) 41 00 75
Fax: (988) 41 20 17
Acceso: visible en una colina elevada sobre el pueblo
Comidas: desayuno, almuerzo, cena
Precios: habitación 9.500-11.500 Pta., *suite* 10.500-13.500 Pta.; desayuno 1.200 Pta., comida 3.200 Pta.
Habitaciones: 21 dobles, 1 individual, 1 *suite;* todas con baño, calefacción, teléfono, minibar, TV color, cosmética de baño y secador de pelo
Instalaciones: garaje, jardín, piscina, salas de estar, bar, comedor, alquiler de bicis
Tarjetas de crédito: AE, DC, EC, MC, V
Niños: acogidos
Minusválidos: acceso fácil
Animales: prohibidos
Cierra: del 15 de diciembre al 2 de febrero
Director: Tomás Cardo Arenas

Justo enfrente del castillo de Monterrey, donde permaneció un tiempo escondido Pedro I el Cruel, alza sus muros limpios y amarillentos el parador. ¡Qué curiosa réplica del de Tui! ¡Qué gran parecido con el de Cambados! Si no fuera porque deben su planta al mismo arquitecto cabría deducir un plagio en cualquiera de ellos.

No importa. Sus líneas, su revestimiento interior, la chimenea del salón... guardan una impecable fidelidad a los cánones de la arquitectura regional. Por algo ocupa el solar sobre el que se asentaba, hasta la Desamortización de Mendizábal, el colegio de jesuitas más importante de España.

Mientras el jardín recibe una atención poco menos que exquisita, el resto de las instalaciones acusa cierto envejecimiento por un defecto de gestión o simple desidia. Quizás algunas de esas flores cultivadas alrededor de la piscina servirían para dar un toque de encanto a los severos interiores.

Los dormitorios ofrecen un confort en sintonía con su decoración medieval. Las mejores —números 101, 102, 104, 106 y 107—, con vistas del castillo, visten tonos ocres, con suelos de madera, muy relajantes. Otras miran a Verín y a los viñedos alineados por el valle del Támega.
Alrededores: balneario de Sousas, Cabreiroa y Fontenova (5 km).

Pazo del siglo XVII, Pobra de Trives

Casa Grande de Trives

Marqués de Trives, 17
32780-Pobra de Trives, Ourense
Tel.: (988) 33 20 66
Fax: (988) 33 20 66
Acceso: por la N-120 hasta el kilómetro 468, dirección A Rua, el primer semáforo hasta Poboa de Trives, kilómetro 475; señalizado
Comidas: desayuno
Precios: habitación 7.950 Pta.; desayuno 740 Pta.

Habitaciones: 7 dobles con baño, calefacción y TV color
Instalaciones: aparcamiento, salón de estar
Tarjetas de crédito: AE, EC, DC, MC, V
Niños: área de juegos
Minusválidos: acceso difícil
Animales: admitidos fuera de la casa, perrera (1 km)
Cierra: nunca
Propietaria: Adelaida Álvarez Martínez

Adelaida Álvarez y sus hijos se han inspirado en el *turismo de habitação* portugués al convertir esta noble arquitectura paceña del siglo XVII en un delicioso paradero de cama y desayuno con el que pretende atraer a los viajeros iniciados en el itinerario mágico de Galicia. No está sola; sus hijos la ayudan.

Los Quiroga, Gaioso, Losada y Domínguez *enseñan* sus cuarteles en el escudo de armas adosado al cuerpo de la torre central, rematado por un caballero matando a un dragón. La sillería de la fachada armoniza a la perfección con la madera de sus elegantes salones, dignos del más rancio abolengo. Y una capilla puesta bajo la advocación de la Virgen del Carmen exhibe, con privilegio episcopal, un magnífico retablo fechado en el siglo XVIII.

Únicamente siete habitaciones ayudan a sus propietarios a mantener en pie el edificio; lo que, además de constituir un mérito, demuestra el valor económico de esta industria. Las dos instaladas en la planta baja responden mejor que las cinco de arriba a lo exigible en un hotelito con encanto. No hay mostrador de recepción, ni el menor rastro de eucaliptos en el jardín. Aquí dan sombra los castaños, hierba los prados, silencio el soto y gentileza a raudales la familia de la *pousada.*

Alrededores: Cabeza de Manzaneda, estación de esquí (17 km); Ourense 68 km).

Mansión solariega del siglo XVII, Pobra de Trives

1996 Pazo Paradela

Carretera de Barrio, km. 2
32708-Pobra de Trives, Ourense
Tel.: (988) 33 07 14. **Fax:** (988) 33 07 14
Acceso: desde Pobra de Trives, tomando la C-536 hacia Ourense, el primer desvío a la derecha, a un kilómetro; bien señalizado
Comidas: desayuno
Precios: habitación 7.000 Pta.; desayuno 650 Pta.; descuentos en estancias de tres días

Habitaciones: 5 dobles con baño, calefacción, TV color y complementos de aseo
Instalaciones: aparcamiento, jardín, salón con chimenea, bar y alquiler de bicis
Tarjetas de crédito: V, 6000
Niños: acogidos
Minusválidos: acceso difícil
Animales: prohibidos
Cierra: nunca
Propietario: Manuel Rodríguez

Losada, Feijoo, Macía y Somoza apellidan, desde el siglo XVII, cada uno de los cuarteles que arman el blasón de entrada a este pazo. Todos fueron, de cerca o de lejos, señores de Paradela, y granjearon fuerte dominio sobre los pagos de Trives, en el talón montañoso de la provincia de Ourense.

Pero, hoy, el señor único del pazo transfigurado en hotelito rural es Manuel Rodríguez, trabajador cabal con dilatada experiencia de emigrante gallego en Nueva York. La morriña le hizo cambiar la Gran Manzana por las pequeñas que cultiva en su finca de 50 hectáreas, donde acaba de habilitar cinco habitaciones para uso turístico y un lagar-comedor en el que sirve unos suculentos desayunos con miel, mermelada y pan de hogaza.

Los montes de alrededor invitan a un romántico paseo en bicicleta. El propietario no pierde tiempo en ofrecerle una, convenientemente engrasada, al huésped recién aposentado. Igualmente suele recomendar, si está libre, la alcoba Da Capela, espejo de una Galicia profunda y austera.

Por la noche, bajo el influjo de las *bruxas* y otras oscuras compañías, se celebra en el jardín una tradicional *queimada*.

Alrededores: Cabeza de Manzaneda, estación invernal (19 km); Ourense (66 km).

Casa rural, Escairón

Torre de Vilariño

Fión, 47
27548-Escairón, Lugo
Tel.: (982) 45 22 60
Fax: (982) 45 22 60
Acceso: en la mitad del antiguo camino de Chantada a Monforte de Lemos, por Saviñao
Comidas: desayuno, almuerzo, cena
Precios: habitación 4.000-6.000 Pta.; desayuno 400 Pta., comida 1.500 Pta.

Habitaciones: 9 dobles; todas con baño, calefacción, teléfono, y TV color
Instalaciones: garaje, jardín, piscina, sala de convenciones, bar, comedor y acceso directo a la playa
Tarjetas de crédito: AE, DC, V, 6000
Niños: área de juegos
Minusválidos: acceso fácil
Animales: admitidos
Cierra: nunca
Propietario: Antonio García Beltrán

La ribera alta del Miño, en plena ruta románica por la Galicia más profunda, sorprende al viajero con una casa de piedra del siglo XVII transformada en una confortable *pousada* adscrita al programa autonómico de Turismo Verde. Al parecer, ya en la Edad Media existió en el mismo solar una venta conocida como La Carpaciña, quizás con el fin de dar alojamiento a los devotos del monasterio de San Martiño da Cova, cuya iglesia se conserva en una pronunciada ladera.

Antonio García ha alumbrado un negocio de sólo cinco habitaciones para ser feliz y familiarizar al huésped con los *exconxuros* de la felicidad. Vive y deja vivir, cada uno dormido a su aire. Es afable a mareas y trata a todo el mundo como si mediara un lazo intuido de consanguinidad. Nunca podrá negarle a uno el frescor de su jardín, ni un vaso de vino de su propia cosecha.

Entre tanto, su mujer prepara unos guisos de relamerse, elaborados con productos de la propia huerta. Si no hace frío, en primavera o verano, el mejor lugar para degustarlos es el merendero de fuera de la casa, a la sombra de la arboleda, en tonificante silencio. Imposible no sentirse en pleno contacto con la naturaleza. Lo difícil es encontrar el establecimiento.

Alrededores: monasterio de Ferreira, en Monforte de Lemos (19 km); Chantada (20) km.

Mansión solariega, Vilabade

Pazo de Vilabade

Pazo de Vilabade
27891-Castroverde, Lugo
Tel.: (982) 31 30 00
Fax: (982) 31 20 63
Acceso: por un desvío en el kilómetro 485 de la carretera N-VI, a 1,8 kilómetros de Castroverde; escasa señalización
Comidas: desayuno, almuerzo, cena
Precios: habitación 10.000-12.000 Pta.; desayuno 600 Pta., comida sólo con reserva previa
Habitaciones: 6 dobles, 1 individual, 3 *suites;* todas con baño, calefacción, teléfono y TV color
Instalaciones: aparcamiento, 2 jardines, 5 salones para reuniones, biblioteca y comedor
Tarjetas de crédito: 4B, V
Niños: acogidos
Minusválidos: una habitación accesible desde el jardín
Animales: sólo en unas dependencias de labor anejas
Cierra: 15 de enero al 20 de febrero
Propietaria: María Teresa Arana

De las entrañas solariegas de Galicia surge este pazo edificado en 1650 por el inquisidor canónico de Toledo y virrey de Nueva España, don Diego Osorio y Escobar. Es una casa grande, de muros gruesos y escudo de armas en la fachada, como corresponde a su prosapia paceña. La realza, por detrás, una extensa finca a medio cuidar, de hierba dulce y árboles centenarios, templagaitas de los aires urbanos que se apaciguan aquí por cortesía de su propietaria, María Teresa Arana.

Ella misma, con vocabulario fértil y un acento paisano del de Antonio Gala, recibe a sus huéspedes y otros visitantes en el patio columnado del pazo. La charla acontece, de lo más entretenida y pertinaz, en el lugar de la antigua lareira. Los amantes de las letras agradecerán pasar la tarde encerrados en la biblioteca, junto a los recuerdos familiares de la casa.

Las habitaciones conservan el mobiliario de la época, a tono con el estilo sobrio de los pazos gallegos. Necesitados, eso sí, de una buena restauración. Igual que los colchones de lana y los somieres.

Felizmente, una cena hogareña en compañía de los espíritus paceños restituye el crédito artístico que atesora la señora Arana en su Vilabade. Y, de postre, un helado Hägen Dasz.

Alrededores: Corgo, antiguos pazos (16 km); Lugo (22 km).

LUGO

Torreón medieval, Villalba

Parador de Villalba

Valeriano Valdesuso, s/n
27800-Villalba, Lugo
Tel.: (982) 51 00 11
Fax: (982) 51 00 90
Acceso: en el centro mismo de Villalba, junto a la carretera general; bien señalizado
Comidas: desayuno, almuerzo, cena
Precios: habitación 13.500-15.000 Pta.; desayuno 1.200 Pta., comida 3.200 Pta.
Habitaciones: 6 dobles con baño, calefacción, teléfono, minibar, TV color, cosmética de baño, secador de pelo y prensa diaria en la habitación
Instalaciones: aparcamiento, jardín, salón de estar, bar, comedor
Tarjetas de crédito: AE, DC, EC, MC, V
Niños: acogidos
Minusválidos: acceso difícil
Animales: prohibidos
Cierra: del 22 de diciembre al 11 de febrero
Director: José Vázquez Cámara

La torre ochavada de los Andrade, influyentes señores medievales que fundaron la capital de la *terra chá*, se yergue entre sus apretadas calles y adoquinadas plazas indiferente a los siglos que la contemplan. Con buen criterio, no obstante, la red de paradores mantiene aquí uno de sus establecimientos más pequeños e interesantes, del cual sólo se aprovechan seis habitaciones.

La entrada principal a la torre se efectúa a través de un puente levadizo, entre muros de medio metro de ancho y remates perfectamente almenados. Probablemente, la única ventana que dispondrá el huésped en su habitación será una pequeña rendija en forma de flecha, muy medieval. Ni unos fuegos artificiales le impedirían el sueño.

Es aconsejable subir a pie las escaleras. Existe también un ascensor hasta la azotea; pídase antes la llave en recepción. Las vistas sobre los tejados de Villalba, con los campos ondulados al fondo, son vertiginosas.

El comedor se encuentra bajando las escaleras, en la antigua bodega. Los peregrinos del Camino de Santiago suelen quedarse encantados de parar aquí.

Alrededores: Mondoñedo, ciudad señorial (25 km); Lugo, capital amurallada (36 km).

Mansión solariega del siglo XIX, Alfoz

1996 Pazo Galea

Castro de Oro
27776-Alfoz, Lugo
Tel.: (982) 55 83 23
Fax: (982) 55 83 23
Acceso: por la carretera de Villalba, Mondoñedo y Viveiro, tomando el desvío a Alfoz y luego a castro de Oro; señalizado
Comidas: desayuno
Precios: habitación 7.500-10.000 Pta.; desayuno incluido

Habitaciones: 5 dobles con baño, calefacción, teléfono, TV color y secador de pelo
Instalaciones: aparcamiento, jardín, piscina, comedor
Tarjetas de crédito: MC, V
Niños: acogidos
Minusválidos: acceso difícil
Animales: prohibidos
Cierra: nunca
Propietario: Emilio Méndez

Agua, piedra y luz. Emilio Méndez interpreta en este pazo del siglo XIX, rescatado de una gravera en desuso, una verdadera sinfonía de exaltación de la naturaleza. Ecologistas y responsables de medio ambiente deberían ir en peregrinación a Galea, en el idílico Val do Ouro, para aprender de lo que es capaz su dueño con un poco de imaginación y bastante apego por el líquido elemento.

Aquí el agua corre libremente entre pinos, manzanos y helechos, salta paredes, rasga piedras, fluye por acequias y azudes, tañe mil sonidos. Habla, protesta, grita por su libertad... río abajo, hacia el mar.

Esto no es literatura. Emilio ha creado en Galea su propio plan hidrológico nacional. Un paraíso turístico formado por una torre paceña —donde residen los huéspedes—, una capilla de piedra aneja y un antiguo molino con batán en el que escenifica una espectacular *lluvia de diamantes.* Estallido de luz y agua provocado bajo el influjo de la medianoche.

Las habitaciones ofrecen, en contraste, una imagen modesta. Mejor se está en la lareira, oscura y rural, memorizando ante un vaso de aguardiente los viejos *conxuros*: "*Lume lumeada para aloumiñar a queima queimada*".

Alrededores: Sargadelos, fábrica de cerámica (22 km); ría de Viveiro (40 km).

LUGO

Casa de indianos, Obe, Ribadeo

1996 Huerta de Obe

Carretera al Mirador de Santa Cruz
27700-Obe, Ribadeo, Lugo
Tel.: (982) 12 87 15. **Fax:** (982) 12 87 15
Acceso: desde Ribadeo, por la carretera de Santa Cruz, a 800 metros, pasando el campo de fútbol y la vía del tren; señalizado
Comidas: desayuno
Precios: habitación 6.000-7.500 Pta.; desayuno incluido
Habitaciones: 10 dobles con baño, calefacción y TV color
Instalaciones: aparcamiento, jardín, piscina, salón con chimenes, bar, comedor y alquiler de bicis
Tarjetas de crédito: ninguna
Niños: área de juegos
Minusválidos: acceso fácil
Animales: admitidos perros pequeños
Cierra: nunca
Propietaria: Clotilde Coira Chao

La piedra huele siempre a tierra materna. Cáscara de hogar. Natalicio de las tradiciones y el silencio. Así cabe interpretar la rehabilitación de una casa de indianos, edificada en el siglo XIX, que acaban de practicar Jesús y Reyes en un inédito rincón de Galicia. Sólo por descansar en el jardín, lleno de plantas y canes simpaticotes, vale el esfuerzo de recalar aquí. El establecimiento encierra algunos destellos de ornamentación rural, pese a la estética del mobiliario y la iluminación. ¡Qué suelos más pomposos! ¡Y qué edredones en los dormitorios! Afortunadamente, el tónico de la acogida restituye los esperados placeres de la vacación campestre.
Alrededores: paseo en barca por la ría del Eo (1 km); Castropol, pueblo típico de Asturias (7 km).

Casa rural, Cervo

Pousada O Almacén

Carretera de Sargadelos, 2
27891-Cervo, Lugo
Tel.: (982) 55 78 36 y 55 78 94
Fax: (982) 55 78 36 y 55 78 94
Acceso: por la carretera de Ribadeo a Ferrol, pasando por Villalba, Mondoñedo y Foz, hasta Cervo, en una calle adoquinada del casco antiguo; escasa señalización
Comidas: desayuno, almuerzo, cena
Precios: habitación 5.000-6.800 Pta.; desayuno 400 Pta., comida 1.600 Pta.
Habitaciones: 7 dobles con baño, calefacción, teléfono y TV color
Instalaciones: aparcamiento, jardín, sala de conferencias, bar, comedor y alquiler de bicis
Tarjetas de crédito: AE, DC, MC, V
Niños: acogidos
Minusválidos: acceso difícil
Animales: admitidos
Cierra: 25 de julio
Propietario: Rafael Blas Basanta

Se llama así porque antes fue un almacén de coloniales que abastecía a todas las aldeas de la comarca. Sus promotores se acogieron al programa de alojamientos rurales impulsado por la Xunta de Galicia a fin de detener la progresiva degradación que afectaba al edificio. En el lugar del antiguo molino se ha habilitado el *pub*, que merece una visita incluso a la hora de los *esconxuros*. El comedor, amplio y acogedor, ofrece algunas mesas de sobra para lo que representa en intimidad y quietud la posada. Las mejores habitaciones abren sus ventanas al río Xunco, cuyo cauce se desvanece en la vecina playa de Rueta, antiguo refugio de piratas.
Alrededores: valle de Sargadelos, Real Fábrica de Loza y pazo del marqués de Sargadelos (2 km).

Mansión de indianos, Figueras, Castropol

Palacete Peñalba

El Cotarelo
33794-Figueras, Castropol, Asturias
Tel.: (98) 563 61 25
Fax: (98) 563 62 47
Acceso: por la carretera general, en dirección al barrio alto del pueblo, sobre el puerto; poco señalizado
Comidas: desayuno
Precios: habitación 10.000 Pta., *suite* 14.000 Pta.; desayuno 650 Pta.

Habitaciones: 10 dobles, 2 *suites*; todas con baño, calefacción, teléfono, TV color y secador de pelo
Instalaciones: aparcamiento, jardín, sala de reuniones, bar
Tarjetas de crédito: AE, EC, MC, V
Niños: acogidos
Minusválidos: acceso fácil
Animales: prohibidos
Cierra: nunca
Propietario: Avelino Gutiérrez López

Los asturianos que volvieron de hacer las Américas dejaron en sus aldeas de origen una impronta grandificiente, y, generalmente, de gusto discutible en la arquitectura civil del Principado. No es el caso de este palacete modernista, cuyo diseño fue encargado en 1912 a un discípulo de Gaudí, que concluyó un proyecto de edificio *art nouveau* inédito en estas latitudes.

Gran parte del decorado original, como los tapices y los jarrones, se conserva hasta tal punto que el edificio completo ha sido declarado Monumento Artístico Nacional. De hecho, el huésped siente alguna vez la sensación de estar en un museo, con las escaleras de entrada retorcidas, los balcones ovalados, al atrio de vidrio y azulejos, las torres gemelas con sus delicados relieves de estuco, los dormitorios abovedados a semejanza de algunas conocidas casas de Barcelona.

El hotel dispone de un pequeño campo de golf para uso de los huéspedes. Se trata del club de golf Cierro Grande, ubicado en Tapia de Casariego.

Alrededores: ría del Eo, Castropol (5 km); playa y faro de Tapia de Casariego (10 km).

ASTURIAS

Casa de pueblo, San Martín de Oscos

La Marquesita

Calle Principal
33777-San Martín de Oscos, Asturias
Tel.: (98) 562 60 02. **Fax:** (98) 562 60 02
Acceso: a la entrada del pueblo viniendo desde Vegadeo
Comidas: desayuno, almuerzo, cena
Precios: habitación 5.000-7.000 Pta.; desayuno 350 Pta., comida 1.500 Pta.
Habitaciones: 6 dobles con baño, calefacción, teléfono, TV vía satélite, cosmética de baño y secador de pelo
Instalaciones: aparcamiento, jardín, sala de reuniones, cafetería, restaurante y alquiler de bicis y caballos
Tarjetas de crédito: AE, DC, MC, V, 6000
Niños: acogidos
Minusválidos: acceso fácil
Animales: pequeños
Cierra: nunca
Director: José Luis Pérez Peláez

José Luis Pérez ha recogido el guante lanzado por el turismo rural en el confín galaico de Asturias. Su casa, fruto de una restauración esmerada y llena de buenos propósitos, interpreta con generosidad el modelo puesto en marcha hace algunos años en Taramundi. Desde el tejado, cubierto con lajas de pizarra, hasta el entramado interior de piedra y madera, todo sigue religiosamente lo preceptuado por la arquitectura tradicional. A saber más: un comedor de relieve íntimo, un salón donde cultivar la lectura y unos dormitorios decorados al estilo *Qué verde era mi valle.* Sólo falta ese toque cosmopolita del buen confort.
Alrededores: embalse de Salime (15 km); los Ancares (70 km).

Mansión histórica, Navia

Palacio Arias

Avda. de José Antonio, 11
33710-Navia, Asturias
Tel.: (98) 547 36 75
Fax: (98) 547 36 82
Acceso: desde la carretera nacional, en el centro del pueblo
Comidas: desayuno, almuerzo, cena
Precios: habitación 12.000-14.000 Pta., *suite* 14.000-16.000 Pta.; desayuno 425 Pta.; comida 1.000 Pta.
Habitaciones: 10 dobles, 2 individuales, 4 *suites;* todas con baño, calefacción, teléfono, minibar y TV vía satélite
Instalaciones: aparcamiento, salón de estar, bar, comedor, jardín, tenis
Tarjetas de crédito: AE, MC, V, 6000
Niños: acogidos
Minusválidos: acceso difícil
Animales: prohibidos
Directora: Pilar Méndez

Antiguo palacete de indianos debido al arquitecto Luis Menéndez Pidal, autor de otras muchas obras semejantes en la región. Su restauración, aunque costosísima, valía el esfuerzo como un tributo al turístico «paraíso natural» asturiano. Los salones conservan el estilo íntegro de la época, especialmente la escalera interior, de madera noble. El empeño, sin embargo, desmerece a la hora de medir el confort de las habitaciones, excesivamente oscuras por la pesantez del mobiliario, tan serio, tan aristocrático. Se salvan la *suite* nupcial, que ofrece acceso a la torre, y el jardín de 3.000 metros cuadrados, ideal para sentir el frescor del norte cuando no llueve.
Alrededores: Castro de Coaña, poblado de la edad del hierro (4 km).

ASTURIAS

Casa rural, Taramundi

La Rectoral

Cuesta de la Rectoral, s/n.
33775-Taramundi, Asturias
Tel.: (98) 564 67 67
Fax: (98) 564 67 77
Acceso: desde la entrada al pueblo, por una pendiente que sale frente al Ayuntamiento; bien señalizado
Comidas: desayuno, almuerzo, cena
Precios: habitación 12.000-15.000 Pta.; desayuno 950 Pta., comida 2.200 Pta.
Habitaciones: 18 dobles con baño, aire acondicionado, teléfono, minibar, TV color y caja de seguridad individual
Instalaciones: aparcamiento, piscina, sala de reuniones, gimnasio, sauna, bar, comedor
Tarjetas de crédito: AE, DC, EC, MC, V, 6000
Niños: área de juegos, canguro
Minusválidos: acceso difícil
Animales: prohibidos
Cierra: nunca
Director: Jesús Mier Barrenechea

Esta antigua casa rectoral, del siglo XVIII, representa el súmmum de las tradiciones arquitectónicas, decorativas y gastronómicas de la zona occidental del Principado. Su transformación se debe a la iniciativa del Gobierno asturiano, pionero en el desarrollo y promoción del turismo rural en España, que adquirió este edificio en estado semirruinoso para incorporarlo, junto con otras siete viviendas de la zona, a su red de Núcleos de Turismo Rural.

El hórreo de la entrada, el *llar* (hogar) y la antigua capilla, convertida ahora en un elegante comedor privado, recuerdan los espacios más íntimos, el auténtico sanctasantórum del párroco de Taramundi. El añadido donde se ubican las 18 espaciosas habitaciones, seis más desde la última ampliación, con vistas al valle y al meandro cerrado del río, apenas se distingue del edificio original. Un rotundo acierto.

Entre todas las horas del día, preferimos el instante beatífico del desayuno —pan con mermelada de artesano—, en la galería del dormitorio. Nueve de ellos tienen, además, su propia terraza, desde la cual podemos y debemos disfrutar de todo el silencio, toda la soledad, que regala el paisaje límite de Los Oscos, la última frontera de Asturias.

Alrededores: monasterio de Villanueva de Oscos (20 km), excursiones en barca por la ría del Eo (20 km).

ASTURIAS

Fortaleza urbana, Salas

Castillo de Valdés-Salas

Plaza de la Campa, s/n.
33860-Salas, Asturias
Tel.: (98) 583 22 22 y 583 20 29
Fax: (98) 583 22 99
Acceso: en el centro de la localidad, por la misma carretera general que va de Oviedo a Galicia
Comidas: desayuno, almuerzo, cena
Precios: habitación 5.500-7.500 Pta.; desayuno 500 Pta., comida 1.500 Pta.

Habitaciones: 12 dobles con baño, calefacción y teléfono
Instalaciones: aparcamiento, sala de convenciones, bar, comedor
Tarjetas de crédito: AE, DC, EC, MC, V, 6000
Niños: área de juegos
Minusválidos: acceso difícil
Animales: prohibidos
Cierra: nunca
Director: Manuel López Espiña

Gracias a la disposición original del edificio, en forma de herradura, y al esmero que el arquitecto ha puesto en la obra, este pequeño y sencillo hotel mantiene intacta la atmósfera del siglo al que pertenece. Fue a mediados del XVI cuando el inquisidor general y presidente del Consejo de Castilla, Fernando de Valdés-Salas, lo mandó construir como residencia episcopal, sin sospechar que el Gobierno asturiano, cuatro siglos después, terminaría por incluirlo en su oferta de alojamientos rurales.

Los grandes portones de entrada abren paso, a través de unos gruesos muros, hasta la zona de recepción, utilizada también como centro de información turística. Las piezas se distribuyen en tres plantas alrededor de un patio pavimentado, cubierto para resguardar a los huéspedes de la lluvia, con los típicos corredores de madera. La mayoría de los dormitorios se encuentran en el primer piso, dotados de contraventanas, suelo de madera y cuartos de baño de azulejos rojos y blancos.

Atravesando el patio se encuentra el restaurante, en el que se sirven los típicos *carajitos del profesor*, especialidad repostera de la villa. Puede uno subírselos a la biblioteca y saborearlos al calor de la chimenea.
Alrededores: monasterio benedictino de San Salvador, en Cornellana (10 km); mirador de Tineo (24 km).

Mansión histórica, Pravia

Casa del Busto

Rey Don Silo, 1
33120-Pravia, Asturias
Tel.: (98) 582 27 71
Fax: (98) 582 27 72
Acceso: en una calle adoquinada del casco antiguo, junto al Ayuntamiento
Comidas: desayuno, almuerzo, cena
Precios: habitación 8.500 Pta., *suite* 10.500 Pta.; desayuno 500 Pta., comida 1.500 Pta.

Habitaciones: 11 dobles, 1 *suite;* todas con baño, calefacción, teléfono y TV color
Instalaciones: aparcamiento, sala de reuniones, bar, comedor
Tarjetas de crédito: AE, MC, EC, V, 6000
Niños: acogidos
Minusválidos: acceso difícil
Animales: prohibidos
Cierra: nunca
Director: Alberto Mencos

La casa que se hizo construir don Álvaro del Busto en el siglo XVI acaba de convertirse por arte y encanto de Micaela Valdés en un hotelito de marcada vocación cultural. La propietaria demuestra, con semejante gesto, un respeto casi sagrado por el valor de estas piedras, memoria de unas Asturias ilustradas y señoriales. Precisamente en la villa de Pravia instaló su Corte, en el siglo VIII, el rey don Silo.

Jovellanos, huésped en su día de esta casa, dejó escrito en sus *Memorias familiares* el fuerte aprecio que sentía por el mobiliario fino que guardaba. Su relación de parentesco con los propietarios no le eximía, ciertamente, de la natural pasión por lo libresco. Antes, como ahora, la fachada exhibía un blasón de piedra con corona.

Un zaguán con azulejos y paredes de albero delimita lo que es puerta de acceso a los dormitorios y patio de comedor para celebraciones multitudinarias. Luarca, Luanco, Tazones... Todos ellos ofrecen buena cama y unos cortinajes renuentes a cualquier signo de modernidad. A pesar de lo cual, el huésped sufre ciertas incomodidades que podrían evitarse. Por ejemplo, que le tengan esperando en recepción mientras haya parroquia que atender en el bar...

Alrededores: iglesia prerrománica de Santianes; mirador de Monteagudo, desembocadura del Nalón (8 km).

ASTURIAS

Hotel de montaña, Lena

Hostería del Huerna

Riospaso
33630-Lena, Asturias
Tel: (98)549 64 14
Fax: (98) 549 64 31
Acceso: desde Campomanes tomar la dirección a Puerto de la Cubilla
Comidas: desayuno, almuerzo, cena
Precios: habitación 5.500-6.600 Pta.
Habitaciones: 30 dobles con baño, calefacción, teléfono, TV color y cosmética de baño
Instalaciones: salón de estar, bar y alquiler de bicis
Tarjetas de crédito: AE, EC, MC, V, 6000
Niños: acogidos
Minusválidos: acceso difícil
Animales: admitidos
Cierra: nunca
Director: Juan Manuel Sánchez

A los pies del macizo de Ubiña, abandonando la autopista León-Oviedo a la altura de Campomanes, llega todos los fines de semana un autocar de excursionistas en viaje social desde Madrid. La actividad, encuadrada en el proyecto sindical del GPS —grupo de empresas vinculado a Comisiones Obreras—, tiene cada fin de semana sus adeptos. Pasear, cabalgar y respirar aire serrano fue siempre un poderoso reconstituyente de la fuerza de trabajo.

Como alojamiento ha sido transformado un palacete del siglo XIX, sólido a la vez que rústico, dignamente pertrechado de piedra y madera, sin merma de otros detalles ornamentales más modernos. Está enclavado en la aldea de Riospaso, en uno de los valles menos conocidos de Asturias, alejado del mar y del carbón, pero cercano a la memoria de los pueblos.

Aparte de un bullicioso salón con chimenea, no parece que haya dentro muchas alternativas para disfrutar la velada. Arriba, en los dos pisos superiores, se encuentran las habitaciones, pequeñas y austeras. Por sus vistas de las montañas y su forma abuhardillada, lo propio es reivindicar la 201 y la 202.

Alrededores: senderismo por las faldas de peña Ubiña; puerto de la Cubilla (12 km).

Casa rural, Amandi, Villaviciosa

La Casona de Amandi

Amandi
33300-Villaviciosa, Asturias
Tel.: (98) 589 01 30
Fax: (98) 589 01 29
Acceso: al borde de una estrecha carretera local, a 1 km de Villaviciosa; señalizado
Comidas: desayuno
Precios: habitación 10.900-13.900 Pta.; desayuno 850 Pta.
Habitaciones: 9 dobles; todas con baño, calefacción, teléfono , TV color y cosmética de baño
Instalaciones: aparcamiento, jardín, salón-biblioteca, bar
Tarjetas de crédito: MC, V
Niños: acogidos
Minusválidos: acceso difícil
Animales: prohibidos
Cierra: enero
Propietarios: Rodrigo Fernández y María Isabel Armero

Hace unos años, Rodrigo Fernández y su esposa, María Isabel Armero, compraron una casona de indianos, olvidada en las afueras de Villaviciosa, con la sana intención de vivir en ella. Su natural afabilidad y ese irrefrenable pálpito que provoca la belleza terminó por convertirla en un solitario hotelito rural, tranquilo y abrigado, ejemplo de lo que felizmente prolifera ya en el «paraíso natural» asturiano.

Ellos solos, con el mimo y la paciencia aprendidos en su anterior profesión de anticuarios, han sabido crear un entorno ideal para urbanitas atosigados, un hogar de pueblo con olor a hierba fresca, a madera húmeda y a cucho de vaca.

Las habitaciones, el salón de estar y el nuevo comedor exhiben los viejos enseres de la propiedad: la jofaina, las bacías de afeitado, la pianola de la abuela. El mobiliario es de estilo isabelino, como conviene a la galería que lo acoge y al jardín francés que lo contempla, cuajado de hortensias y magnolios. Todo se hace notar de la manera más discreta.

Aunque el verdadero agasajo viene de la mano de los propios caseros. «Nosotros seguiremos viviendo dentro de la finca para atenderle personalmente», prometen en su cuidada tarjeta de presentación.
Alrededores: Villaviciosa, arquitectura tradicional (1 km); playa de Rodiles (3 km); Tazones, puerto pesquero (10 km).

ASTURIAS

Hotel de carretera, Margolles

La Tiendona

Carretera de Oviedo a Santander, km. 335
33550-Margolles, Asturias
Tel.: (98) 584 04 74
Fax: (98) 584 13 16
Acceso: por la misma carretera nacional, al borde del asfalto; no necesita señalización, se distingue por su color azul
Comidas: desayuno, almuerzo, cena
Precios: habitación 5.000-8.000 Pta., *suite* 10.000-13.000 Pta.; desayuno 600 Pta., comida 1.600 Pta.
Habitaciones: 14 dobles, 4 individuales y 3 *suites;* todas con baño, calefacción, teléfono y TV vía satélite
Instalaciones: aparcamiento, bar, comedor
Tarjetas de crédito: MC, V
Niños: acogidos
Minusválidos: acceso fácil
Animales: admitidos
Cierra: nunca
Directora: Mª Jesús Noriega

Una fachada azulenca al borde de la carretera que discurre junto a las aguas del Sella delata el atrevimiento estilístico aquí perpetrado. Esta casona de 1881 acaba de ser rehabilitada como hotelito rural con unos efectos impactantes, al menos para los habitantes de la zona.

Azul como el alma de los ríos asturianos, como el cielo que únicamente dejan ver los días otoñales, como la camiseta de los jugadores del Real Oviedo o la bandera oficial del Principado de Asturias ondeante en todos los establecimientos públicos. El viajero se acostumbra pronto a pintar de azul sus correrías de vacaciones.

Las 18 habitaciones propuestas administran al ocupante una atmósfera abierta y sedante, sin alardes decorativos, pero dignas, bien iluminadas y espaciosas. Los estetas prefieren las que miran a levante, resueltas con unas cristaleras de alegres colorines.

En la planta baja se encuentra el restaurante, armado con un vistoso costillaje de madera. El principal defecto de la casa estriba en su emplazamiento, justo en los límites del asfalto, vecino de todos los ruidos e incidentes que produce el tráfico.

Alrededores: mar y ría, en Ribadesella (10 km); Cangas de Onís, Picos de Europa (15 km).

Casona rural, Peruyes

1996

Aultre Naray

Peruyes
33547-Cangas de Onís, Asturias
Tel.: (98) 584 08 08
Fax: (98) 584 08 48
Acceso: por la carretera N-634, tomando en el km. 335 la desviación a Peruyes, a 900 metros a mano izquierda
Comidas: desayuno
Precios: habitación 7.400-9.500 Pta.; desayuno 750 Pta.
Habitaciones: 10 dobles con baño, calefacción, teléfono, TV color y complementos de aseo
Instalaciones: aparcamiento, jardín, salón con chimenea, bar, comedor y deportes náuticos
Tarjetas de crédito: AE, MC, V, 6000
Niños: acogidos
Minusválidos: acceso difícil
Animales: prohibidos
Cierra: 15 de enero al 27 de febrero
Propietarios: Fernando Mateos y Pilar Calleja

Con este sugestivo *graffiti* que los caballeros de la Edad Media dedicaban a sus damas, Carlota Mateos e Isabel Lloréns proponen un hotelito de lance y gala en el umbral asturiano de los Picos de Europa. Es una casona del siglo XIX puesta en funcionamiento por ambas féminas con una dulzura y un gusto exquisitos. Como para enamorarse.

Arquitectura romántica, pulcra y elegante. Diseño y prado asturiano en serena armonía, con el río Sella correteando no muy lejos del lugar y su trasfondo de piraguas, camino de la playa. En sus paredes está escrita la música de este viaje. En las tapicerías y cortinajes se leen otros ornamentos del alma humana, el paisaje y el arte.

Hay una terracita exterior idílica para la tertulia o la ensoñación de un fin de semana en Asturias. Cuando el *orbayu* lo permite se sirve en ella un delicioso desayuno con zumo de naranjas y manzanas recién exprimidas, café y *frixuelos* caseros.

Es difícil quedarse con una sola habitación, pero la número 2 cautiva de día por sus vistas a las montañas y, de noche, por sus edredones con la firma de Christian Dior.

¡Aultre Naray! Nadie más podrá ya conquistar el amor del viajero.
Alrededores: Ribadesella (12 km); Covadonga (27 km).

Casona señorial, Lastres

Palacio de los Vallados

Pedro Villarta, s/n
33330-Lastres, Asturias
Tel.: (98) 585 04 44. **Fax:** (98) 585 05 17
Acceso: desde Villaviciosa, tomando la primera calle a la izquierda nada más entrar al pueblo, subiendo hasta la iglesia; apenas señalizado
Comidas: desayuno, almuerzo, cena
Precios: habitación 7.250-10.000 Pta.; desayuno 600 Pta., comida 2.000 Pta.
Habitaciones: 29 dobles con baño, calefacción, teléfono, TV vía satélite y cosmética personal
Instalaciones: garaje, jardín, sala de reuniones, salón de estar, bar, comedor
Tarjetas de crédito: AE, DC, EC, MC, V, 6000
Niños: acogidos
Minusválidos: acceso difícil
Animales: prohibidos
Cierra: febrero
Director: Ernesto Seijas Alonso

Si fuera por su empaque arquitectónico merecería figurar entre los hoteles con más clase de Asturias. La rehabilitación no ha estado exenta de mucha dedicación y grandes aciertos, pese a la severidad impuesta en algunos rincones por el mobiliario. La decoración sorprende por su simpleza, quizás en exceso. Teniendo tiempo para reservar, lo mejor es instalarse en las habitaciones de la tercera planta, con vistas sobre los tejados de Lastres, escalonados pintorescamente hacia el mar. Falta en el pueblo una batería de señales para guiar al huésped hasta su destino. Tal es el enredo de su callejero.
Alrededores: mirador de El Fitu, reserva del Sueve (10 km); ría de Villaviciosa (15 km).

Casita de playa, Ribadesella

1996 La Casa de Paloma Castillo

Ricardo Cangas, 9
33560-Ribadesella, Asturias
Tel.: (98) 586 08 63
Acceso: desde el centro de la villa, por una calle que discurre paralela a la playa
Comidas: desayuno
Precios: habitación 6.000-8.000 Pta., *suite* 9.000-12.000 Pta.; desayuno 1.000 Pta.
Habitaciones: 3 dobles, 1 familiar; todas con baño, calefacción y complementos de aseo
Instalaciones: jardín, salón con chimenea, acceso directo a la playa
Tarjetas de crédito: ninguna
Niños: acogidos
Minusválidos: acceso difícil
Animales: prohibidos
Cierra: de noviembre a marzo, reservas en el Tel. (98) 586 08 63
Propietaria: Paloma Castillo

Apenas un jardincito, un salón con chimenea y cinco elegantes alcobas resumen la utilidad de esta vivienda en primera línea de playa para el turismo con encanto. Las estancias atesoran, además, algunos muebles de estilo, suelos de castaño, cojines mullidos y cuadros de firma, así... un tanto revueltos. Todas con su nombre: Azul, Rosa, Verde, Duquesa y Buhardilla.

La casa forma parte del conjunto arquitectónico imaginado, a principios de siglo, por la marquesa de Argüelles en el barrio del Arenal. Un lugar castigado a menudo por el ruido del oleaje.
Alrededores: cueva de Tito Bustillo (1,5 km); santuario de Covadonga (33 km); lagos de Covadonga (45 km).

Casita de playa, Ribadesella

Ribadesella Playa

Ricardo Cangas, 3
33560-Ribadesella, Asturias
Tel. (98) 586 07 15 y 586 03 13
Fax: (98) 586 02 20
Acceso: cruzando el puente sobre la ría, yendo hacia la playa, en el paseo marítimo
Comidas: desayuno, almuerzo, cena
Precios: habitación 5.000-8.900 Pta.; desayuno 500 Pta., cena 1.800 Pta.
Habitaciones: 16 dobles (14 con baño, 2 con ducha), 1 individual con ducha; todas con calefacción, teléfono y TV color
Instalaciones: aparcamiento, salones, comedor
Tarjetas de crédito: AE, DC, EC, MC, V, 6000
Niños: acogidos
Minusválidos: acceso difícil
Animales: prohibidos
Cierra: del 20 de diciembre al 10 de enero
Director: José Luis García Buenaventura

Alejado del tráfico rodado, en la zona más noble de Ribadesella, el establecimiento es resultado de la modernización de una antigua casa familiar bien plantada en primera línea de playa. La mayoría de sus habitaciones posee amplias ventanas y terrazas que dan al mar, sin lujos pero lo suficientemente cómodas para unas vacaciones con los amigos o la familia.

Atención y amabilidad no faltan en la casa, dado el tenor sincero de su *gobernalle.* Su encanto arquitectónico y el magnífico emplazamiento va exigiendo, a pesar de lo cual, un mejor tono decorativo. Lo añejo no siempre se maquilla con buenas pomadas en los hoteles de playa.

Ciertos aspectos en las zonas comunes son claramente mejorables. Hay quien echa de menos un poco más de coquetería en las paredes, un mayor estilismo en los cuartos de baño y otros aderezos del tipo Relais et Châteaux que tanto gustan a los estetas.

El restaurante se encuentra en la planta baja, a todas horas sazonado de un ambiente apacible. La carta es muy variada, con pescado fresco, generosas *fabes* y, para la sobremesa, un licor de manzana elaborado en la villa por destilerías Los Serranos.

Alrededores: cueva de Tito Bustillo (1,5 km); santuario de Covadonga (33 km); lagos de Covadonga (45 km).

Casa rural, Llanes

La Arquera

La Arquera, s/n
33500-Llanes, Asturias
Tel.: (98) 540 24 24
Fax: (98) 540 01 75
Acceso: desde la carretera Santander-Oviedo, tomando el desvío hacia Llanes, a 100 metros, hacia la derecha, por un camino sin asfaltar
Comidas: desayuno
Precios: habitación 6.500-9.500 Pta.; desayuno 800 Pta.
Habitaciones: 4 dobles, 9 familiares; todas con baño, calefacción, teléfono, TV vía satélite, cosmética de baño y secador de pelo
Instalaciones: garaje, jardín, salón de estar y alquiler de bicis
Tarjetas de crédito: EC, MC, V, 6000
Niños: área de juegos
Minusválidos: habitaciones acondicionadas
Animales: admitidos; perrera
Cierra: nunca
Directora: Virginia Dell'Aversano

Aquello que se ve pintado de amarillo desde la *pista* que es como conocen los llaniscos a la carretera general de Oviedo a Santander, en el desvío que lleva a esta bonita población del litoral asturiano, fue una casona dedicada a la labranza antes de que su propietario colgara en el portón de entrada la placa azul de alojamiento turístico. Sin duda, una excelente idea.

César Álvarez y su esposa Virginia atienden el negocio con el concurso de otro joven matrimonio residente en la zona. Salvo en la decoración de interiores, todos aciertan en la renovación metódica de sus instalaciones, empezando por los accesos, recientemente asfaltados por cuenta del establecimiento.

Todas las habitaciones se prolongan en una típica galería acristalada desde la que empaparse de atmósfera rural y *orbayu* frecuente mirando a los prados descolgados de la sierra del Cuera o al horizonte azul del Cantábrico. Lástima que la decoración de interiores resulte poco estilosa.

En días soleados hay que pasar mejor la tarde en el jardín, abierto en la parte trasera con unas mesitas y un hórreo que guarda sidra. Las horas transcurren en beatífico silencio. Con sus playas, sus *pubs* y su *folixa* (diversión) nocturna, Llanes queda algo lejos.
Alrededores: Llanes, playa de Toró (2 km); ídolo de Peñatú (3 km).

Casa de campo, La Pereda, Llanes

La Posada de Babel

La Pereda
33509-Llanes, Asturias
Tel.: (98) 540 25 25
Fax: (98) 540 25 25
Acceso: desde la carretera general de Oviedo a Santander, tomando el desvío en dirección La Pereda, siguiendo las indicaciones
Comidas: desayuno, almuerzo, cena
Precios: habitación 8.000-10.500 Pta; desayuno 825 Pta.; comida 3.200 Pta.
Habitaciones: 8 dobles con baño, calefacción, teléfono, TV color y cosmética de baño
Instalaciones: aparcamiento, jardín, golf, salón de estar, bar, comedor, alquiler de bicis
Tarjetas de crédito: AE, DC, MC, V, 6000
Niños: canguro
Minusválidos: acceso difícil
Animales: admitidos; perrera 800 Pta.
Cierra: nunca
Propietarios: Luis Carlos Cajiao Gómez y Blanca Fernández de Bobadilla

Asturias apuesta por el turismo rural. Unas veces con la rehabilitación de su patrimonio popular, otras con la creatividad de sus arquitectos en obras de nueva planta. Como esta posada de diseño algo forzado, aislada en medio de un prado rodeado de bosque, en uno de los enclaves con más nítido sabor a campo del Principado, y a sólo cinco minutos de la playa.

Lucas y Blanca, sus jóvenes propietarios, han tenido para ello que librarse del asfalto madrileño, del magnetismo atribulado de una ciudad ruidosa y congestionada en la que ya no podían alimentar sus sueños. El talante con el que han iniciado su negocio, a caballo entre lo urbano y lo rural, puede aportar algo de modernidad a este ángulo semidecadente de Asturias.

El hotel, rigurosamente integrado en su entorno, invita a compartir las horas más intensas de la noche junto a la chimenea, absortos en la lectura de Ovidio; o arriba, en las habitaciones decoradas con telas de Gastón y Daniela, sensibles a los mugidos del ganado y al olor de la hierba fresca.

A un costado del edificio principal se alza un hórreo convertido en dormitorio para solaz de amantes o capricho de románticos. El silencio reinante asegura una óptima digestión después de una cena a la carta, hasta el momento verdadero buque insignia de la casa.

Alrededores: Llanes, palacios y casas señoriales (2 km); playas de Toró, Niembro, Torimbia (hasta 9 km).

Casa rural, Besnes, Peñamellera Alta

La Tahona

Besnes, Alles
33578-Peñamellera Alta, Asturias
Tel.: (98) 541 42 49
Fax: (98) 541 42 49
Acceso: por la carretera que sale de Panes a Covadonga, en un desvío a la derecha que arranca en Niserias, junto a Casa Julián; bien señalizado
Comidas: desayuno, almuerzo, cena
Precios: habitación 5.900-7.950 Pta.; desayuno 700 Pta., comida 1.650 Pta.

Habitaciones: 13 dobles con baño, calefacción, TV vía satélite y secador de pelo
Instalaciones: aparcamiento, jardín, salón de estar, bar, comedor y alquiler de bicis
Tarjetas de crédito: AE, EC, MC, V, 6000
Niños: bien acogidos
Minusválidos: acceso difícil
Animales: prohibidos
Cierra: nunca
Director: L. H. Höök-Nilson

Al final de un sendero que arraiga en Niserias, junto a un riachuelo bordeado de hayas, robles, castaños y avellanos, se encuentra esta antigua tahona de pueblo añadida a uno de los núcleos de turismo rural más sencillos y sugerentes de Asturias.

El entorno de montañas y la lentitud con que transcurren los días en sus recoletas habitaciones son propicios para la lectura, los paseos a pie por el bosque, montar a caballo, en bicicleta o pescar salmones en el río Cares. Con la ayuda de la agencia Rutastur [Tel.: (98) 540 14 58] se organizan, además, diversas excursiones y aulas de naturaleza en los Picos de Europa.

Después del salutífero esfuerzo, el huésped puede restituirse en el comedor, vestido de piedra y madera, como mandan los cánones de lo rústico. Sólo que el viajero debería poder almorzar con la televisión apagada, ya que aquí lo que se paga es el silencio. Un torrente discurre cerca. El canto discontinuo de los pájaros puede acompañar la ingestión de un suculento salmón con sidra. Puro aroma del campo.

Las habitaciones son igualmente rústicas, aunque comienzan ya a acusar ciertos desperfectos y humedades en el suelo de madera. Los cuartos de baño, algo agobiantes, reclaman un cambio urgente.

Alrededores: El Buxu, pinturas rupestres (30 km); mirador de las Estazadas (8 km); Naranjo de Bulnes (varias horas de marcha).

Casa rural, Villanueva de Colombres, Ribadedeva

La Casona de Villanueva

Villanueva de Colombres
33590-Ribadedeva, Asturias
Tel.: (98) 541 25 90 y (908) 28 16 16
Fax: (98) 541 25 14
Acceso: entrando desde Cantabria, por la carretera de Unquera a Colombres, tomando un desvío a la izquierda hasta Villanueva, atención al stop, y, de frente, a 100 metros a mano izquierda
Comidas: desayuno
Precios: habitación 7.300-8.500 Pta., *suite* 11.000-12.000 Pta.; desayuno 600 Pta.
Habitaciones: 5 dobles, 1 individual, 2 *suites;* todas con baño, teléfono y calefacción
Instalaciones: aparcamiento, jardín, salón
Tarjetas de crédito: EC, MC, V, 6000
Niños: previa consulta
Minusválidos: acceso difícil
Animales: prohibidos
Cierra: nunca
Propietarios: Ángel Gascón y Nuria Juez

Uno de los ejemplos más rústicos de la hostelería rural asturiana exhala el aroma del trabajo hecho de corazón. Amor propio y culto como el que desparraman Ángel Gascón y Nuria Juez, que un buen día se liaron la manta a la cabeza con la adquisición de una casona de pueblo, fechada en el siglo XVIII, próxima en distancia al Archivo de Indianos de Colombres. Ella acababa de renunciar a ejercer la medicina en un hospital, mientras él veía en el turismo rural la forma de escapar definitivamente de la ciudad.

La restauración de la casa fue encomendada a un lugareño ducho en las técnicas constructivas que se empleaban antiguamente en la zona. El acicate de lo rústico exigió un respeto casi absoluto por la estructura original, armada de piedras y madera, con fachada de esquineras. Los interiores fueron pintados a mano, con lechada de cal y tintes naturales, para que el edificio respirara desde sus cimientos, consintiendo la relevante imperfección de los detalles. Se comprende que, vencida la tarde, los propietarios se entreguen a la conversación con los huéspedes o les inviten a jugar una partida de Trivial en torno a la mesa camilla.

Alrededores: ría de San Vicente (17 km); Llanes (24 km).

CANTABRIA

Hotel de montaña, Cosgaya

Hotel del Oso

Ctra. de Potes a Fuente Dé
39539-Cosgaya, Cantabria
Tel.: (942) 73 30 18
Fax: (942) 73 30 36
Acceso: por la carretera de Potes a Fuente Dé, en el kilómetro 14
Comidas: desayuno, almuerzo, cena
Precios: habitación 7.000-9.000 Pta.; desayuno 550 Pta., comida a la carta
Habitaciones: 32 dobles, 4 individuales; todas con baño, calefacción y teléfono
Instalaciones: aparcamiento, jardín, piscina, tenis, salones, bar, comedor
Tarjetas de crédito: DC, EC, MC, V, 6000
Niños: acogidos
Minusválidos: acceso difícil
Animales: prohibidos
Cierra: del 7 de enero al 15 de febrero
Propietario: Severo Rivas Marcos

A Cosgaya se llega después de atravesar un excepcional paisaje de entalladuras, cresterías nevadas y vegas cuajadas de frutales. Un puente pequeño salva el último jalón del río Deva, que separa la carretera de la amplia zona de aparcamiento.

La familia propietaria se estableció, algunas décadas atrás, en un pequeño caserón situado en la orilla izquierda, mientras se hacía construir el hotel que le ha dado finalmente prestigio y fortuna, en la orilla derecha. Ahora termina de restaurar el edificio primitivo con todo el encanto de una arquitectura rústica de montaña: muros de piedra, balcones de madera, galerías arcadas y macetas llenas de flores en todos los rincones.

Y es que la bondad de ambas instalaciones es un certero augurio de la conducta profesional de las hermanas Rivas, de su entrega en el servicio y del cúmulo de atenciones que dispensan a los huéspedes.

Las habitaciones son frescas en verano y acogedoras en invierno. El restaurante ofrece una generosa selección de platos regionales, como la trucha de río y el cocido lebaniego. Las tardes invitan a la lectura de un buen libro o a un partido de tenis entre los apreciados frutales del valle.

Alrededores: teleférico de Fuente Dé, Picos de Europa (10 km); monasterio de Santo Toribio de Liébana (16 km); iglesia de Santa María de Lebeña (23 km).

Hotel de montaña, Potes

El Jisu

Ctra. de Fuente Dé, km. 7
39570-Potes, Cantabria
Tel.: (942) 73 30 38
Fax: (942) 73 03 15
Acceso: por la carretera de Potes a Fuente Dé, en el kilómetro 14
Comidas: desayuno, almuerzo, cena
Precios: habitación 7.000-8.000 Pta.; desayuno 500 Pta., comida 1.500 Pta.
Habitaciones: 8 dobles; todas con baño, calefacción, teléfono y TV color
Instalaciones: aparcamiento, jardín, salón, bar, comedor y alquiler de bicis
Tarjetas de crédito: AE, DC, EC, MC, V, 6000
Niños: acogidos
Minusválidos: acceso difícil
Animales: prohibidos
Cierra: nunca
Propietaria: Luz María Rodríguez

A medio camino de la Liébana, el hotelito se eleva sobre un prado con apariencia de chalé grande o de esos clubes sociales tan imprescindibles en las urbanizaciones de segunda residencia. Una vez aposentado, el huésped suele respirar más a gusto entre las escogidas antigüedades, el mobiliario fino, la chimenea encendida o las prodigiosas vistas que ofrece el salón sobre la cara sur de los Picos de Europa.

Un amplio aparcamiento facilita el acceso al hotel. En verano, la terraza sufre demasiado la inmediatez del asfalto. Con buena voluntad y los ojos orientados hacia las constelaciones nocturnas aquí se puede disfrutar de unas vacaciones familiares de dos o tres semanas.

Los dormitorios, limpios y bien conservados, proporcionan un espacio justo a ese propósito. Sitio para moverse, ni les sobra ni les falta. Unos dan al sur —ideales por el espectáculo rocoso que estalla ante sus ventanas— y otros miran al tráfico procedente del norte, más indiscretos y ruidosos.

Desde este enclave se programan excursiones en todo terreno por las canales y *jous* que alumbran los prados de Áliva. Organiza: Wentura, Escuela de Tiempo Libre [Tel. (942) 73 21 61].
Alrededores: base de Peña Vieja (varias horas de marcha); Potes (7 km); teleférico de Fuente Dé, Picos de Europa (14 km).

CANTABRIA

Palacio histórico, Carmona

Venta de Carmona

Barrio del Palacio
39554-Carmona, Cantabria
Tel.: (942) 72 80 57
Acceso: desvío de la carretera en Cabezón de la Sal, a 20 kilómetros
Comidas: desayuno, almuerzo, cena
Precios: habitación 5.800-6.500 Pta., *suite* 6.500-7.200 Pta.; desayuno 350 Pta., comida 1.700 Pta.
Habitaciones: 7 dobles, 1 *suite;* todas con baño, calefacción y teléfono
Instalaciones: aparcamiento, salón de estar, bar, comedor
Tarjetas de crédito: V
Niños: acogidos
Minusválidos: acceso difícil
Animales: prohibidos
Cierra: del 7 de enero al 15 de marzo
Directora: Teresa Martínez Gutiérrez

Hasta el siglo XIII habría que remontarse para saber algo de este espléndido palacio de los Mier, olvidado en uno de los pueblecitos con mejor gusto rural de la región. Carmona ocupa el fondo de una vaguada próxima al hayedo del Saja, entre los valles de Cabuérniga y Nansa, donde la lluvia persistente es el oro verde del norte.

El olor de la piedra y la madera excita nada más franquear los tres arcos de la entrada. A la izquierda se topa uno con el bar, decorado en clave rústica, pero falto de luz y de ciertos detalles ajenos a la utilidad popular.

Más adelante se encuentra el comedor, que acredita una merecida fama en toda la región. Numerosos montañeses reservan mesa los domingos, sabedores de lo que se cuece en estos fogones. Después de haber degustado un cocido de antología es menester dar un paseo por las callejas embarradas del pueblo, en absoluto silencio.

Morfeo se apiada de quien arrastra las fatigas urbanas. Aquí, en el piso de arriba, cualquier insomne duerme a pierna suelta. Las habitaciones resultan quizás demasiado sencillas y austeras, pero la noche cae sobre la fiel soledad al amor de una chimenea encendida en invierno.

Alrededores: valle de Cabuérniga (12 km); Cabezón de la Sal (20 km).

Casona rural, Pechón

Don Pablo

Afueras, s/n
39594-Pechón, Cantabria
Tel.: (942) 71 95 00
Fax: (942) 71 95 00
Acceso: saliendo de la carretera general Oviedo-Santander, visible a la entrada del pueblo; señalizado
Comidas: desayuno
Precios: habitación 5.900-7.900 Pta.; desayuno 500 Pta.
Habitaciones: 17 dobles, 2 individuales; todas con baño, calefacción, teléfono, hilo musical y TV color
Instalaciones: garaje, jardín, salón, bar, comedor; alquiler de bicis
Tarjetas de crédito: AE, EC, MC, V
Niños: acogidos
Minusválidos: habitaciones especialmente acondicionadas
Animales: admitidos
Cierra: nunca
Propietaria: Magdalena Victorero

Como muchos otros, Pablo y Magdalena decidieron un día abandonar sus ocupaciones en la ciudad y marcharse a vivir al campo. Lejano ya el sueño *hippy* de las comunas y los cultivos biológicos, el matrimonio descubrió en el negocio turístico la panacea de su nueva existencia. Además de la necesaria tranquilidad querían asegurarse una vida cómoda y fructífera en emociones.

La construcción propuesta, de apariencia montañesa no excesivamente remedada, se compone de tres cuerpos de edificio comunicados entre sí por una amplia terraza con vistas al mar. Un caminito de tierra conduce a una playa anónima. Tal es su encanto.

A pesar de la modestia de sus instalaciones —falta un lugar donde estar en invierno— y de las fruslerías que lo decoran —cristalería emplomada en las puertas, apliques dorados, tresillo de estilo Luis XV—, el hotel atrae hoy a un estimable número de viajeros por Cantabria. Desde luego, sus propietarios saben cómo ganarse amigos.

Los dormitorios más simpáticos son los abuhardillados, aceptando su tamaño pitufo y la severidad cosmética de los cuartos de baño. En ellos puede uno desayunarse unas dulcísimas *corbatas,* especialidad repostera de la vecina localidad de Unquera.

Alrededores: cueva del Pindal, en Pimiango (3 km).

CANTABRIA

Casona rural, Quijas, Torrelavega

Hostería de Quijas

Barrio Vinueva, s/n.
39590-Quijas, Cantabria
Tel.: (942) 82 08 33 y 82 06 49
Fax: (942) 83 80 50
Acceso: localizado en una curva de la carretera nacional de Oviedo a Santander, a 6 kilómetros de Torrelavega; sin señalización previa
Comidas: desayuno, almuerzo, cena
Precios: habitación 8.500 Pta., *suite* 17.000 Pta.; desayuno 700 Pta., comidas a la carta

Habitaciones: 12 dobles, 1 individual, 2 familiares, 5 *suites* con minibar; todas con baño, calefacción, teléfono, TV vía satélite, secador de pelo y cosmética de baño.
Instalaciones: salones, piscina, comedor
Tarjetas de crédito: AE, DC, MC, V, 6000
Niños: acogidos
Minusválidos: acceso difícil; sin instalaciones especiales
Animales: prohibidos
Cierra: del 23 de diciembre al 4 de enero
Propietario: Demetrio Castañeda Marcos

Los Castañeda reconvirtieron hace un tiempo esta mansión del siglo XVIII, cercana a Torrelavega, en una hostería emblemática del nuevo turismo rural cántabro. Aislada junto a la carretera nacional de Oviedo a Santander, la casa palacio ha merecido una restauración cuidadosa que se hace notoria, sobre todo, en la biblioteca de lance y en el oratorio privado de su antigua dueña, doña Petra González Bustamante, concedido por una bula especial del papa León XIII.

Pero lo más sobresaliente es, sin duda, el jardín de 4.000 metros cuadrados que la circunda, cuajado de hortensias, enredaderas y un magnolio varias veces centenario. En otoño resulta muy grato entregarse a la lectura bajo el emparrado, a ser posible con una botella de sidra delante.

Demetrio y su hija Milagros atienden en persona a los huéspedes, haciéndoles comprender que el oficio de hosteleros en esta tierra se reduce a irradiar por toda la casa perfume de hogar. Su éxito les ha animado a transformar este año las antiguas cuadras y pajares en cinco nuevos dormitorios, ambientados rigurosamente con muebles de anticuario y acceso directo al jardín.

Justo enfrente, al otro lado de la carretera, regentan otro negocio hostelero con la ayuda del cocinero Javier Sobrón, autor de unos guisos de antología.

Alrededores: Santillana del Mar (7 km); cuevas de Altamira (5 km).

Casona rural, Quijas, Torrelavega

Posada La Torre de Quijas

Barrio Vinuesa, 76
39590-Quijas, Reocín, Cantabria
Tel.: (942) 82 06 45
Fax: (942) 83 82 55
Acceso: al pie de la carretera nacional de Oviedo a Santander, a 6 kilómetros de Torrelavega; poco señalizado
Comidas: desayuno
Precios: habitación 3.500-7.500 Pta., *suite* 10.000-12.500 Pta.; desayuno 325 Pta.
Habitaciones: 10 dobles, 1 individual, 1 familiar, 1 *suite;* todas con baño, calefacción, teléfono, secador de pelo y cosmética de baño
Instalaciones: aparcamiento, sala de conferencias, salón de TV, comedor, bar
Tarjetas de crédito: AE, DC, EC, MC, V, 6000
Niños: acogidos
Minusválidos: habitaciones con acceso fácil
Animales: admitidos en el patio y jardín
Cierra: del 23 de diciembre al 3 de enero
Propietarios: Lorenzo López Viana y Pilar García Lozano

A cien metros escasos de la Hostería de Quijas, en la otra orilla de la carretera, Pilar García Lozano ha tomado buen ejemplo de cómo rehabilitar una casona solariega del año 1872 y mantenerla con el sufragio de la hospitalidad turística. Sus hijos ayudan como pueden en esta difícil tarea.

El cobijo de la piedra, entremezclada con la viguería de madera y los aperos de labranza utilizados en la decoración, asegura al huésped la caricia auténtica de una casa de campo. Una sensación archivada en algún lugar remoto de la memoria, que aflorará con toda su rotundidad cuando desvíen el tráfico de la carretera hacia la nueva autopista.

Pilar trata a los pequeños huéspedes como si fueran sus propios vástagos. Quiere que su establecimiento sea, ante todo, un hogar para todos. Y, por eso, organiza los fines de semana unos deliciosos paseos por los alrededores, tertulias al calor de la chimenea, talleres de artesanía y exposiciones en las antiguas cuadras. No hay opción al aburrimiento.

Todas las habitaciones se reconocen por un nombre de algo que se divisa desde las ventanas: «acanto», «acebo», «mimosa», «hortensia». Las más silenciosas, por hallarse en la zona trasera, son la «luna» y el «gladiolo».
Alrededores: playas de Cobreces y Oyambre, paraje natural protegido (7 km).

CANTABRIA

Mansión solariega, Santillana del Mar

Parador de Santillana

Plaza de Ramón Pelayo, 11
39330-Santillana del Mar, Cantabria
Tel.: (942) 81 80 00.
Fax: (942) 81 83 91
Acceso: entrando por la carretera Oviedo-Santander, en el centro del pueblo; bien señalizado
Comidas: desayuno, almuerzo, cena
Precios: habitación 13.500-16.500 Pta., desayuno 1.200 Pta., comida 3.200 Pta.
Habitaciones: 51 dobles, 5 individuales; todas con baño, calefacción, teléfono, minibar, TV vía satélite, cosmética de baño y secador de pelo
Instalaciones: garaje, jardín, sala de conferencias, sauna, bar, comedor
Tarjetas de crédito: AE, DC, EC, MC, V
Niños: acogidos
Minusválidos: acceso fácil en el anexo
Animales: prohibidos
Cierra: nunca
Director: César Álvarez Montoto

Este parador es uno de los edificios más cautivadores que existen en Santillana del Mar —todo el pueblo es un monumento nacional— y la hospedería más idónea para alojarse durante unas largas vacaciones. Fue el solar veraniego de una familia de principales, los Barreda Bracho, que nada tuvieron que ver con el famoso Gil Blas de la localidad, del cual el parador tomó originalmente su nombre.

La casa, construida durante los siglos XV y XVI, exhibe paredes de piedra desgastada, tejado rústico, un precioso patio-jardín y un suelo de adoquines en toda la planta que refuerza la atmósfera medieval reinante en el pueblo.

Un gran salón por piso precede el pasillo que conduce a las habitaciones, algunas de ellas excepcionales, con amplios ventanales, balcones que dan al jardín, muebles de anticuario y camas de estilo español. La número 222 ofrece, además, una terraza panorámica volada sobre los tejados y los prados vecinos.

Al otro lado de la plaza se ha construido, en fecha más reciente, un anexo que amplía el número de habitaciones existente en el edificio antiguo. Conviene advertir al huésped que, en cualquier caso, no porque le toque la parte nueva va a disminuir el encanto del parador.

Alrededores: casa del Águila, casa de la Parra, calle de Santo Domingo; cuevas de Altamira (3 km).

Casona solariega, Santillana del Mar

Altamira

Cantón, 1
39330-Santillana del Mar, Cantabria
Tel.: (942) 81 80 25
Fax: (942) 84 01 36
Acceso: situado en una de las calles principales de la villa, a medio camino de la colegiata
Comidas: desayuno, almuerzo, cena
Precios: habitación 5.900-10.300 Pta., *suite* 8.200-10.850 Pta.; desayuno 600 Pta., comida 1.650 Pta.
Habitaciones: 27 dobles, 5 individuales, 2 *suites;* todas con baño, calefacción, teléfono, TV color, cosmética de baño y secador de pelo
Instalaciones: aparcamiento, terraza, salón de lectura, bar, comedor
Tarjetas de crédito: AE, DC, MC, V, 6000
Niños: acogidos
Minusválidos: acceso difícil
Animales: prohibidos
Cierra: nunca
Director: David Oceja Buján

Uno de esos caserones solariegos que atrapan por su calidez interior a la multitud visitante de Santillana del Mar es el antiguo palacio de los Valdivieso, reconstruido durante el siglo XIX y destinado posteriormente a alojamiento para hidalgos modernos, traídos y llevados por las actuales mayoristas de viajes.

El hotel fue ampliado hace no mucho con la adquisición de una casa contigua. Tiene un gran patio-jardín en la parte trasera y una terraza exterior que le permitirá comer o tomar una copa cuando el tiempo no lo impida. La decoración sobria y rústica de los salones y los dos comedores le otorgan un carácter de antigüedad. Viejos arcones, sillas, cuadros y espejos componen su mobiliario, a pesar de lo cual no se tiene la sensación de estar en un museo.

Unas escaleras de madera cubiertas con una alfombra estampada de flores conducen hasta los dormitorios, concebidos en ángulos y niveles diferentes, amueblados de acuerdo con la atmósfera de la casa. Los suelos policromados de madera, las vigas y las paredes de piedra desnudas hacen ver, a la hora de despertarse, que se encuentra uno inconfundiblemente en el norte cántabro, lluvioso y señorial.

Alrededores: torre Velarde, plaza de las Arenas, calle de Santo Domingo; cuevas de Altamira (3 km).

Casona solariega, Santillana del Mar

Los Infantes

Avda. del Dorat, 1
39330-Santillana del Mar, Cantabria
Tel.: (942) 81 81 00
Fax: (942) 84 01 03
Acceso: en la carretera comarcal de Barrera a San Vicente de la Barquera, que atraviesa tangencialmente el casco urbano
Comidas: desayuno, almuerzo, cena
Precios: habitación 6.000-14.000 Pta.; *suite* 17.000 Pta., desayuno 550 Pta., comida 1.500 Pta.

Habitaciones: 43 dobles, 5 individuales, 2 *suites;* todas con baño, calefacción, teléfono y TV color
Instalaciones: aparcamiento, jardín, salón de estar, bar, comedor
Tarjetas de crédito: AE, EC, MC, V, 6000
Niños: acogidos
Minusválidos: acceso fácil
Animales: admitidos
Cierra: nunca
Director: Luisa Mesones Gómez

En el cíngulo exterior del casco monumental de Santillana, uno de los conjuntos medievales más hermosos y mejor conservados de Europa, se encuentra este hotel, cuya construcción se hizo sobre las ruinas de una casona de piedra del siglo XVIII. El añadido posterior, camuflado hábilmente detrás de la fachada, no logra escapar a la severidad de su entorno.

La grandeza de los salones interiores se hace patente en los enormes baúles, el suelo de piedra y las lámparas de hierro forjado que cuelgan de los techos, sujetas por anchas vigas de roble. El lis genealógico de la propiedad alcanza hasta los centenarios sillones de cuero, distribuidos por el bar del vestíbulo. Si el huésped lo prefiere, podrá tomar una copa en el jardín cubierto o mover el esqueleto en la insólita discoteca del edificio.

Escaleras arriba hay un salón noble adornado con motivos cinegéticos, un rincón sedante para la lectura o las divagaciones personales. El comedor recuerda a un café: moderno y poco recargado. A los dormitorios, insistimos un año más, les falta *pedigrí*: visten unas colchas amarillas estridentes y los cuartos de baño, muy pequeños, no siempre pasan un estado de revista en las debidas condiciones. Así que es mejor decidirse por una *suite*.

Alrededores: cuevas de Altamira (2 km); Comillas, Universidad y palacio de Gaudí (16 km).

CANTABRIA

Casona histórica, Santillana del Mar

Siglo XVIII

Revolgo, s/n.
39330-Santillana del Mar, Cantabria
Tel.: (942) 84 02 10 y 84 01 19
Fax: (942) 84 02 11
Acceso: situado a pocos metros del campo Revolgo y del aparcamiento municipal; señalizado
Comidas: desayuno
Precios: habitación 6.000-10.000 Pta.; desayuno 400 Pta.
Habitaciones: 14 dobles, 2 individuales; todas con baño, calefacción, teléfono, TV vía satélite, cosmética de baño y secador de pelo
Instalaciones: aparcamiento, jardín, piscina, salón de estar, bar
Tarjetas de crédito: AE, EC, MC, V
Niños: acogidos
Minusválidos: acceso fácil
Animales: prohibidos
Cierra: del 12 de diciembre al 1 de marzo
Director: Andrés Fernández Andrés

El abolengo de esta villa cántabra imbuye monumentalidad a cualquier edificación que surja al calor del negocio turístico. Restaurada o de nueva planta, lo importante es que no desentone del resto, como le ocurre a esta casona de 16 habitaciones, montada en piedra y tejas, abierta con arcos y galerías montañesas.

Vistosa sobre todo por fuera, no parece haberse ahorrado ingenio en ambientarla al estilo del siglo que le da nombre. Si acaso, sobraría algún toque barroco en varios de sus indumentos; por ejemplo, en esa escalera de madera labrada o esos espejos dorados sitos en las paredes de los dormitorios.

La calidad del equipamiento es innegable. Tanto en verano como en invierno, el hotel procura atractivos suficientes para el entretenimiento de los huéspedes en viaje cultural por la localidad. No sólo la piscina o la antena parabólica alimentan sus horas quedas, sino también el verdor de los prados y el olor a campo que se respira en los balcones.

Por eso, las habitaciones más recomendables ofrecen una terraza con vistas a los montes y una amplitud interior generosa para que nadie se sienta tentado a minimizar sus vacaciones. Elegancia, sin inflexiones, es lo único que cabe echar de menos.

Alrededores: conjunto monumental de Santillana (1 km); cuevas de Altamira (3 km); Santander (27 km).

Casona remedada, Santillana del Mar

San Marcos

Avda. de Antonio Saudí, s/n
39330-Santillana del Mar, Cantabria
Tel.: (942) 84 01 88
Fax: (942) 81 81 85
Acceso: por la carretera de entrada a la villa, en el cruce de las cuevas de Altamira; señalizado
Comidas: desayuno, almuerzo, cena
Precios: habitación 6.000-8.500 Pta.; desayuno 400 Pta., almuerzo 1.200 Pta.
Habitaciones: 17 dobles, 2 individuales; todas con baño, calefacción, teléfono, TV color y complementos de aseo
Instalaciones: aparcamiento, jardín, sala de reuniones, salón de estar, bar, comedor
Tarjetas de crédito: AE, MC, V
Niños: acogidos
Minusválidos: escalera de entrada
Animales: prohibidos
Cierra: 10 de diciembre al 1 de marzo
Propietario: José Ramón de la Pinta

Aún sabe el aire a estreno. Esta casona de estilo montañés, en piedra y madera y embastada en blanco, no engaña a nadie. Fue construida con arreglo al modelo que interesa en Santillana del Mar, decorada en clave medieval, sin olvidar llenar los espacios con plantas, pequeños faroles y visillos de los que crean atmósfera. Se echan en falta, no obstante, detalles caseros, femeninos. Ideadas para abrazar la luz de la luna y quedarse después roque son las dos alcobas provistas de una típica galería norteña, precisamente las menos agobiantes de todas en estrecheces y simplezas.
Alrededores: cuevas de Altamira, la *capilla sixtina* del arte paleolítico (1 km).

Torreón remedado, Suances

El Castillo

Avenida Acacio Gutiérrez, 142
39340-Suances, Cantabria
Tel.: (942) 81 03 83
Fax: (942) 81 03 74
Acceso: al final de la carretera del Faro, en el acantilado de la playa de Los Locos; bien señalizado
Comidas: desayuno, almuerzo, cena
Precios: habitación 6.500-9.000 Pta.; desayuno 500 Pta., almuerzo 1.700 Pta.
Habitaciones: 9 dobles, 2 individuales; todas con baño, calefacción, teléfono, TV color y cosmética de baño
Instalaciones: aparcamiento, jardín, bar, comedor, acceso directo a la playa y deportes náuticos
Tarjetas de crédito: EC, MC, V, 6000
Niños: canguro
Minusválidos: acceso difícil
Animales: admitidos
Cierra: nunca
Propietario: Marcelo Fernández Sua

La silueta de un torreón con apariencia medieval se divisa claramente desde cualquier ángulo de la playa. ¿Será una torre albarrana para la vigilancia de la costa?, especulan los bañistas poco avisados de vacaciones. No, se trata de un verdadero castillo roquero, con sus torres, almenas y matacanes, que fue alzado en el siglo XIX por capricho del barón de Peramola, justo encima del acantilado llamado, bromas aparte de Los Locos. Ahora funciona como establecimiento hotelero, rutilante de diseño por dentro, con 11 habitaciones asomadas al mar, ideales para contemplar los barcos desde la cama.
Alrededores: playas de Suances y de Los Locos; Santillana del Mar (14 km).

Casona señorial, Escalante

San Román de Escalante

Ctra. Escalante-Castillo, km. 2
39795-Escalante, Cantabria
Tel.: (942) 67 77 45 y 67 77 28
Fax: (942) 67 76 43
Acceso: por la carretera general de Bilbao a Santander, en Gama tomar el desvío a Santoña y, en Escalante, tomando el desvío a Castillo
Comidas: desayuno, almuerzo, cena
Precios: habitación 13.000-18.000 Pta., *suite* 23.000-25.000 Pta.; desayuno 975 Pta., comida 3.750 Pta.
Habitaciones: 7 dobles, 1 *suite;* todas con baño, calefacción, aire acondicionado, teléfono, minibar, TV color, secador de pelo y cosmética de baño
Instalaciones: aparcamiento exterior, jardín, sala de convenciones, bar, restaurante y alquiler de bicis
Tarjetas de crédito: AE, DC, EC, MC, V, 6000
Niños: acogidos
Minusválidos: acceso fácil, habitaciones con rampas
Animales: admitidos
Cierra: del 18 de diciembre al 18 de enero
Director: Juan Melis Díez

El musgo y la lluvia inspiraron su viaje. Juan Melis y otros dos socios mallorquines terminaron por convencerse de que, en este apartado rincón de Cantabria, se podría vivir del arte mejor que en ninguna otra parte. Con tal certeza, adquirieron una casona del siglo XVII en un paraje idílico de árboles y verde prado, casi orillano al mar, junto a la ermita románica de Escalante.

Su gusto refinado y el talante artístico que les asiste atrapan al viajero desde el primer momento. La casa y los jardines que la rodean han sido convertidos en un verdadero museo de pinturas, esculturas y antigüedades, un devocionario de lo bello donde se aman la piedra y la teja, la madera y el cristal, el plomo que nubla el cielo y la luz célibe que adorna cada ángulo interior.

En un templete áulico, debidamente catalogados e informatizados, se guardan más de 10.000 legajos referentes a la historia de la casona desde los tiempos de don Francisco Ladrón de Guevara, primer Señor de Escalante.

Todas distintas, las habitaciones visten unas alegres telas de aguas mallorquinas y colman al huésped de suficiente espacio para la holganza y los sueños. Muy especialmente la que lleva por nombre Trasmiera.
Alrededores: Santoña (7 km); Castro Urdiales (24 km).

Casita de playa, Laredo

El Ancla

González Gallego, 10
39770-Laredo, Cantabria
Tel.: (942) 60 55 00
Fax: (942) 61 16 02
Acceso: siguiendo los indicadores, desde la autovía, hasta una calle paralela al paseo de la playa
Comidas: desayuno, almuerzo, cena
Precios: habitación 7.900-14.400 Pta.; desayuno 800 Pta., comida 2.750 Pta.
Habitaciones: 15 dobles, 8 individuales, 2 familiares; todas con baño, calefacción, teléfono, minibar, TV vía satélite, secador de pelo, cosmética de baño y prensa diaria en la habitación
Instalaciones: aparcamiento, jardín, salón de estar, bar
Tarjetas de crédito: AE, DC, EC, MC, V, 6000
Niños: área de juegos, canguro
Minusválidos: acceso fácil
Animales: prohibidos
Cierra: nunca
Director: Carmelo Morales Arozamena

«Bienvenidos a bordo», dicen sus propietarios. Arribados al puerto de Laredo, la familia Morales Arozamena invita a sus huéspedes a echar el ancla en su establecimiento. Ni 100 metros lo separan de la playa. Una brújula, un fanal, una rueda de timón y otros restos de naufragio lo decoran por dentro.

Pero el primer avistamiento que se produce tras la empalizada da cuenta del jardín, suficiente por su tamaño y por los cuidados que suele recibir a diario. En verano, los desayunos saben aquí más gloriosos. Hasta los niños se quedan embobados frente a tanto columpio, tanto artilugio para doblar el espinazo y jugar a tula. Lejana parece estar de sus mentes la ciudad de los videojuegos.

Entre arcos de piedra y madera, vestidos de hiedra frondosa, se distribuyen los espacios de la zona noble. Otra vez el recuerdo de la mar en sus paredes. De nuevo los muebles y motivos náuticos.

Las habitaciones, sencillas y bien equipadas, deparan al menos tantas apreturas como los camarotes de un barco. Por ello preferimos la 17 (con terraza), la 19 (especial para lunas de miel) y la 37 (la más amplia).
Alrededores: playa de La Salvé, Puebla Vieja; Santoña (12 km); campo de golf de Pedreña (30 km).

CANTABRIA

Casona rural, San Vicente de Toranzo

Posada del Pas

Ctra. Santander-Burgos
39699-San Vicente de Toranzo, Cantabria
Tel.: (942) 59 44 11 y 59 43 62
Fax: (942) 59 43 86
Acceso: está en un costado de la carretera general que asciende al puerto del Escudo
Comidas: desayuno, almuerzo, cena
Precios: habitación 5.500-9.500 Pta,; desayuno 450 Pta., comida 1.400 Pta.
Habitaciones: 27 dobles, 5 individuales; todas con baño, calefacción, teléfono y TV color
Instalaciones: aparcamiento, piscina, tenis, salón de estar, bar, comedor
Tarjetas de crédito: AE, DC, EC, MC, V, 6000
Niños: acogidos
Minusválidos: acceso difícil
Animales: admitidos con reservas
Cierra: nunca
Director: David Oceja Buján

A orillas del río Pas, en la boca de un valle que han popularizado los dulces *sobaos*, se levanta esta casona de piedra del siglo XVIII abanderada por una airosa palmera. Los viajeros accidentales la prefieren a otras como paradero por su paisaje inmediato y porque no rompe del todo con el mundanal ruido. La carretera pasa a sólo cinco metros de la fachada, aunque el resguardo trasero permanece intacto de verde prado y vacas.

Su decoración es ejemplo de sencillez e inteligencia en la selección de una carpintería autóctona: maderas de roble y castaño, texturas de la tierra. Las habitaciones agradan por lo mismo, si bien adolecen de cierta estrechez, de manera especial el espacio reservado para la ducha.

En verano apetece tumbarse alrededor de la piscina, limpísima, de un azul intenso. Es una manera gozosa de saludar el nuevo día, abriendo las ventanas de par en par y dejando que la humedad del norte espese bien los pulmones. Sobre la mesa del desayuno humean un café de puchero y dos picatostes envueltos en plástico, imagen decepcionante en unos pueblos —los cántabros— todavía fragantes de establo y hierba fresca del campo.

Alrededores: balneario de Ontaneda (1,5 km); cuevas y balneario de Puente Viesgo (14 km).

CANTABRIA

Casona rural, Liérganes

Posada del Sauce

José Antonio, s/n
39722-Liérganes, Cantabria
Tel.: (942) 52 80 23
Fax: (942) 52 81 17
Acceso: a 5 kilómetros de Solares, vía Pamanes o a La Cavada; en ambos sentidos hay indicaciones
Comidas: desayuno, almuerzo, cena
Precios: habitación 6.225-15.000 Pta.; desayuno 400 Pta., comida 2.025 Pta.

Habitaciones: 45 dobles, 5 individuales; todas con baño, calefacción y teléfono
Instalaciones: piscina cubierta y climatizada, gimnasio, sauna, salón de reuniones, bar, comedor, jardín
Tarjetas de crédito: AE, MC, V, 6000
Niños: acogidos
Minusválidos: acceso difícil
Animales: prohibidos
Cierra: nunca
Director: José Mirones Díez

A orillas del río Miera, donde la leyenda sitúa el hecho extraordinario del hombre pez, planta sus cimientos esta casona montañesa del siglo XIX, que fue parada de postas, centro de refugiados políticos, noviciado de padres maristas y casa de vacaciones antes de ser convertida en hotel por voluntad de los emprendedores hermanos Mirones.

Si la arquitectura y el paisaje circundante convencen, cuando se traspasa el umbral de entrada entran ganas de pedir algo más. El bar es un poderoso imán para el viajero, tanto por su tipismo como por la escandalera de tener siempre el televisor encendido.

Las habitaciones pecan de excesiva austeridad, igual que los cuartos de baño, pobres encromados y alicatado. Por el contrario, la casona se defiende muy bien en invierno, al calor de las tertulias que se celebran en la buhardilla, cuando los invitados —intelectuales de prestigio— se enzarzan en polémicas jugosas entre el saber geográfico y la entelequia gastronómica.

Los fogones de la casa también merecen un reconocimiento. Su fama se extiende por toda la región y las callejas del pueblo, en domingo, concitan el deseo de vivir en una casa de piedra. Los montes de alrededor invitan a calzarse las botas y recibir la bendición de la lluvia en primavera.

Alrededores: parque natural de Cabárceno (5 km); Santander (25 km).

Monasterio antiguo, Solares

Don Pablo

General Mola, 6
39710 Solares, Cantabria
Tel.: (942) 52 21 80 y 52 22 40
Fax: (942) 52 05 26
Acceso: detrás del cruce que hay en la entrada de la población, viniendo desde Bilbao
Comidas: desayuno, almuerzo, cena
Precios: habitación 6.000-8.000 Pta., *suite* 10.000 Pta.; desayuno 400 Pta., comida 1.950 Pta.
Habitaciones: 23 dobles, 1 individual, 1 familiar, 1 *suite;* todas con baño, calefacción, teléfono, hilo musical y TV vía satélite
Instalaciones: aparcamiento, salón, cafetería y 3 comedores para convenciones
Tarjetas de crédito: AE, EC, MC, V, 6000
Niños: acogidos
Minusválidos: acceso fácil
Animales: prohibidos
Cierra: nunca
Propietario: Eloy Oceja Mazas

Una casona solariega de piedra con escudo de armas en la fachada y una monumental capilla en su interior, cerca del manantial de Solares, es lo que busca mucha gente que se agarra en verano al volante y enfila carretera al norte. Arquitectura y aire puro, suficientemente alejados del sol que abrasa al borde del mar.

En este caso, arquitectura recuperada también con mucho mérito. Tanto, que la iluminación nocturna invita ya a pasar. A un lado está el restaurante, que ofrece una cuidada selección de platos regionales. En otro sector se encuentran los espacios comunes. Y, arriba, las habitaciones, equipadas con gran confort y riqueza de detalles.

Los amantes de lo minuto, pero cálido, se dirigirán preferentemente a los dormitorios abuhardillados. Ningún alarde de decoración los asiste. Son sólo eso: minutos, colocaditos, requetelimpios...

En temporada, el mejor sitio de la casa es la terraza ajardinada que se esparce frente a la artística portada. Lástima tener que soportar a todas horas la visión de unos horrendos bloques de viviendas.

Alrededores: campo de golf de Pedreña (12 km); parque natural de Cabárceno (17 km).

Casa rural, Mundaka

Atalaya

Paseo de Txorrokopunta, 2
48360-Mundaka, Bizkaia
Tels. (94) 687 68 88 y 617 70 00
Fax: (94) 687 68 99
Acceso: desde la carretera, por cualquiera de las calles que llegan al puerto; situado junto a la iglesia de Mundaka
Comidas: desayuno
Precios: habitación 7.900-11.900 Pta.; desayuno 900 Pta.
Habitaciones: 12 dobles, 2 individuales, 1 *suite;* todas con baño, calefacción, teléfono, minibar, TV vía satélite, secador de pelo, cosmética de baño y prensa diaria en la habitación
Instalaciones: aparcamiento, jardín, salón de estar, bar, comedor
Tarjetas de crédito: AE, DC, EC, MC, V, 6000
Niños: acogidos
Minusválidos: acceso fácil
Animales: admitidos
Cierra: nunca
Propietarios: Mari Carmen Alonso y José Ignacio Alkorta

Frente a la ría de Mundaka, paraíso en verano de los surfistas, se resguarda una casa con galería y jardín construida a principios de siglo por el arquitecto Marcelino Arrupe, padre del que fuera superior general de los jesuitas, Pedro Arrupe. Transformada en un hotelito familiar, de corte inglés, constituye hoy uno de los mejores alojamientos de la costa vizcaína.

La buena marcha del negocio en los últimos años ha animado a José Ignacio y Mari Carmen a ampliar el comedor instalando una aparatosa carpa en el jardín, frente a la puerta de acceso.

Esta antesala del vestíbulo, perfumada de pan fresco y mermeladas, se encuentra en la zona trasera de la casa. Arriba, las habitaciones parecen más coquetas, pródigas en buenos detalles, aunque un tanto pequeñas. Tras los cristales se vislumbra la silueta oscura de la iglesia y el mar Cantábrico, en la desembocadura de la ría. Un paisaje para los que saben apreciar los latidos del silencio y el perfume del hogar.

Algunas noches templadas de otoño la propiedad tiene el detalle de invitar a todos sus huéspedes a un *marmitako.* El olor a salitre condimenta los platos.
Alrededores: iglesia de Santa María; puerto pesquero de Bermeo (3 km); Gernika (14 km).

Casa rural, Mendi Goikoa, Axpe

Mendi Goikoa

Barrio de San Juan, 33
48291-Axpe (Atxondo), Bizkaia
Tel. (94) 682 08 33
Fax: (94) 682 08 33
Acceso: desde Durango, desvío a la derecha unos 4 kilómetros antes de llegar a Elorrio, hacia Atxondo, y luego otra vez a la derecha hasta Axpe; se encuentra 200 metros más allá de la plaza del pueblo
Comidas: desayuno, almuerzo, cena
Precios: habitación 12.500 Pta.; desayuno 700 Pta., comida 2.000 Pta.; descuento 10% a ejecutivos
Habitaciones: 11 dobles, 1 individual; todas con baño, calefacción, teléfono
Instalaciones: aparcamiento, jardín, sala de reuniones, bar, comedor
Tarjetas de crédito: AE, EC, MC, V, 6000
Niños: acogidos
Minusválidos: acceso difícil
Animales: prohibidos
Cierra: del 23 de diciembre al 5 de enero
Propietario: Iñaki Ibarra

¿Quién no sería capaz de reconocer el anuncio televisivo de Ariel? Sí, éste es el hotelito del arco de piedra y el prado verde donde lavan más blanco la ropa... Una estampa bucólica, entrañable, que se introduce en nuestros hogares a la hora de la siesta o entre secuencia y secuencia de la película nocturna. Otra prueba meridiana de que lo ecológico vende.

Iñaki Ibarra percibe, como otros, que los caseríos vascos se van animando poco a poco en la búsqueda de alternativas turísticas. El trasiego urbanístico por lo rural ofrece ya generosos ingresos suplementarios y da mucha dignidad a sus propietarios.

Contando con ayudas oficiales, y una irrenunciable vocación de servicio, acometió la transformación paciente de dos caseríos gemelos del siglo XVIII en el valle de Atxondo, cerca de la populosa Durango. Respetó su estructura original, supo jugar con la piedra y la madera, dio nobleza a las habitaciones, cultivó el paisaje alrededor y abrió su alma al viajero foráneo.

Hoy acredita un hotel rural de 13 camas la mar de coqueto. Típico del país, *bai*. Las habitaciones 7, 11 y, especialmente, la 4 nos parecen el mejor refugio para unas vacaciones en paz.

Alrededores: Durango, arco de Santa Ana, casonas solariegas (10 km).

Monasterio del siglo XVII, Balmaseda

1996 San Roque

Encartaciones, 4
48800-Balmaseda, Vizcaya
Tel. (94) 610 22 68
Fax:(94) 610 24 64
Acceso: por la carretera general de Bilbao, en el centro de la población, a la derecha; señalizado
Comidas: desayuno, almuerzo, cena
Precios: habitación 7.000 Pta., *suite* 10.000 Pta.; desayuno 750 Pta., comidas 2.500 Pta
Habitaciones: 13 dobles, 2 individuales y 1 *suite;* todas con baño, calefacción, teléfono, TV vía satélite y complementos de aseo
Instalaciones: aparcamiento exterior, jardín, sala de convenciones, salón de estar, restaurante
Tarjetas de crédito: MC, V
Niños: área de juegos
Minusválidos: 1 habitación acondicionada
Animales: prohibidos
Cierra: nunca
Propietario: Javier Iza

Javier Iza, ducho como buen vasco con los fogones, se ha propuesto también epatar a sus invitados haciéndoles pasar la noche en el histórico monasterio de Santa Clara, subvencionado tres siglos atrás por un rico mercader balmasedano residente en Panamá. Los ahorros de la cocina le han servido para rehabilitar el edificio y convertirlo en un proyecto de noble hotel.

Equivocadamente, el portón de entrada permanece a todas horas clausurado. No se despiste, pues, el viajero y golpee las aldabas con insistencia. El monumento merece una visita, después de la rehabilitación lograda por el bilbaíno Antonio Otaño. Conserva íntegro el claustro de sillería, con el pozo original y la vieja escalera de madera de roble.

Las habitaciones lucen un equipamiento razonable, cuartos de baño incluidos, pese a la ausencia de detalles decorativos y a la estrechez que se padece en las camas. Las habitaciones más tranquilas, las traseras, regalan una deliciosa vista del monte.

Alrededores: Villaverde de Trucios, enclave (7 km); Bilbao (30 km).

Torre de playa, Zarautz

Karlos Arguiñano

Mendilauta, 13
20800-Zarautz, Gipuzkoa
Tel.: (943) 13 00 00
Fax: (943) 83 01 78
Acceso: desvío por cualquiera de las calles tranversales hasta la calle paralela a la playa, situado al borde del mar; mal señalizado
Comidas: desayuno, almuerzo, cena
Precios: habitación 22.500-27.000 Pta., *suite* 34.000-39.000 Pta.; desayuno 1.500 Pta., comidas a la carta
Habitaciones: 7 dobles, 4 individuales, 1 *suite;* todas con baño, calefacción, aire acondicionado, teléfono, minibar, TV vía satélite, cosmética de baño y secador de pelo
Instalaciones: aparcamiento, salón de estar, bar, comedor
Tarjetas de crédito: AE, DC, EC, MC, V, 6000
Niños: acogidos
Minusválidos: acceso difícil
Animales: prohibidos
Cierra: del 20 de diciembre al 2 de enero
Directora: Susana Gómez Merino

Simpático, buena persona, restaurador de alta cocina y famoso gracias a la televisión, Karlos Arguiñano se bandea en la recepción de su hospedería con la misma destreza que en los fogones o ante las cámaras. Debutó hace unos años en la elegante playa de Zarautz y ahora ya regenta un pequeño hotel, fruto de la ampliación llevada a cabo en el restaurante, con la exquisitez y humildad que le distingue.

La casona de piedra en que se apoya el negocio ha sido restaurada con celo y muchos recursos. Una palabra suya, reiterada a pizcas de condimento, define el ambiente interior: ¡rico! Los comedores y la cocina han ganado, de paso, mayor amplitud y vistas al mar Cantábrico.

Luisi, su mujer, atiende personalmente a los huéspedes, les obsequia con unas flores, vela por que en ningún momento se sientan importunados en sus habitaciones. Absolutamente todos los detalles están presentes, mil veces pensados, sin el menor atisbo de desidia o ignorancia. Las dimensiones, 11 dormitorios y 1 *suite,* contribuyen a hacerlo más humano.
Alrededores: Getaria, puerto deportivo y ratón (3 km); San Sebastián/Donostia (20 km).

Caserón urbano, Tolosa

Urrutitxo

Kondeko Aldapa, 7
20400-Tolosa, Gipuzkoa
Tel.: (943) 67 38 22
Fax: (943) 67 34 28
Acceso: en la salida de la ciudad hacia Pamplona; mal señalizado
Comidas: desayuno, almuerzo, cena
Precios: habitaciones 7.500-8.500 Pta.; desayuno 625 Pta., comida 1.500 Pta.
Habitaciones: 6 dobles, 3 individuales, 1 familiar; todas con baño, calefacción central, teléfono, hilo musical y TV color
Instalaciones: aparcamiento, jardín, salón de estar, bar, comedor
Tarjetas de crédito: AE, EC, MC, V, 6000, 4B
Niños: acogidos
Minusválidos: acceso fácil
Animales: prohibidos
Cierra: del 23 de diciembre al 10 de enero
Propietario: Juan José Arruti y Rosario Odriozola

Con un paisaje urbano reluctante a cualquier idea de vacaciones no se comprende qué pinta ahí esta casa tan bonita. Como buenos vascos, Juanjo Arruti y su mujer, Rosarito, volcaron todos sus esfuerzos en asentar en ella un restaurante honesto para los industriales de paso por Tolosa, añadiendo en el piso de arriba unos dormitorios de gusto discreto y utilitario. Tras unos inicios balbuceantes, Maximiano Blanco es quien actualmente la gobierna. Su principal ventaja es que no hay otro hotel en la ciudad.

La casa gusta por su fachada blanca, perfectamente encalada, enmarcada con dinteles rojos, a la usanza tradicional vasca. Una arquitectura alegre y espaciosa, repleta de buenos detalles. Lástima que la fisonomía urbana de los alrededores no guarde ninguna similitud estética con ella.

Apenas hay cabida para las maletas en el vestíbulo que sirve de recepción, pero no importa. El huésped comprende enseguida que éste es un alojamiento doméstico, un hotelito especial.

Si las habitaciones nada ofrecen de particular, el teléfono no funciona en algunas y, en otras, el agua caliente no llega con puntualidad es, tal vez, porque el disfrute consiste en bajar al comedor, decorado con un preciosismo a la francesa, y dejarse engatusar por los platos que componen el menú. Riquísimo y barato.

Alrededores: golf, playa de la Concha, en San Sebastián/Donostia (27 km).

Palacio histórico, Hondarribia (Fuenterrabía)

Pampinot

Nagusia, 5
20280-Hondarribia, Gipuzkoa
Tel.: (943) 64 06 00 y 64 55 66
Fax: (943) 64 51 28
Acceso: en la calle Mayor (Nagusia), después de franquear el arco de piedra situado a la izquierda de la carretera; enfrente del Ayuntamiento
Comidas: desayuno
Precios: habitación 10.000-14.000 Pta., *suite* 15.000-17.000 Pta.; desayuno 1.100 Pta.
Habitaciones: 6 dobles, 1 individual, 1 *suite;* todas con baño, calefacción, teléfono, TV color, cosmética de baño y secador de pelo
Instalaciones: salón, bar, comedor para desayunos
Tarjetas de crédito: AE, DC, EC, MC, V (se pide por anticipado)
Niños: canguro
Minusválidos: acceso difícil
Animales: admitidos
Cierra: noviembre
Propietaria: Olga Álvarez

Olga Álvarez adquirió esta casa-palacio de 1587 con intención de fijar en ella su vivienda habitual. El destino transformó su propósito en un hotelito de ocho acogedoras habitaciones, sólo para amantes de los espacios personales.

Aquello que había sido antiguo almacén, sidrería y residencia de notables guipuzcoanos —aquí pernoctó la infanta María Teresa antes de celebrar sus esponsales con Luis XIV de Francia— se ofrece ahora como una honesta casa de hospedaje en la que no faltan algunos muebles de anticuario, lámparas de araña, dinteles de escayola, suelos alfombrados y otros cálidos detalles ornamentales.

Pero el auténtico lujo de esta casa es el toque femenino que impregna todos sus rincones. La sensibilidad y buenas maneras que instilan Olga y su exclusivo equipo de mujeres no encuentran parangón en ningún otro hotel de la zona. Enamoran al huésped porque le regalan a todas horas su sonrisa y saben alumbrarle el verdadero calor de una casa. Dulce molicie de hogar. Definición perfecta de lo que es un hotel con encanto.

Alrededores: calles del casco antiguo, playa (400 m); Jaizkibel, campo de golf (1 km); San Sebastián/Donostia (19 km).

GUIPÚZCOA/GIPUZKOA

Palacio histórico, Hondarribia (Fuenterrabía)

Obispo

Plaza del Obispo
20280-Hondarribia, Gipuzkoa
Tel.: (943) 64 54 00 y 64 54 04
Fax: (943) 64 23 86
Acceso: por la carretera principal, salvados 100 metros desde el restaurante Roteta, a la izquierda por una calle estrecha que evita entrar por el casco viejo
Comidas: desayuno, cena excepto en invierno
Precios: habitación 10.000-14.000 Pta.; desayuno 900 Pta.; descuento a empresas
Habitaciones: 13 dobles, 1 individual; todas con baño, calefacción, teléfono, minibar, radio y TV vía satélite
Instalaciones: salones de reuniones, bar, comedor
Tarjetas de crédito: AE, DC, EC, MC, V, 6000
Niños: acogidos
Minusválidos: acceso difícil
Animales: prohibidos
Cierra: del 15 de diciembre al 15 de enero
Propietario: Víctor Alza Lekuona

En los últimos tiempos, la localidad balnearia de Fuenterrabía, en euskera Hondarribia, ha aumentado su capacidad de alojamiento con algunos hoteles de tamaño pequeño y gestión familiar que cautivan a los viajeros interesados en algo más que disfrutar de la playa. El Obispo destaca sobre todos por su arquitectura gótica.

Su nombre proviene de quien nació en ella y tiene en la plaza un busto dedicado, el arzobispo de Oviedo y Sevilla y capellán de Carlos V, don Cristóbal de Rojas y Sandoval. El prelado, igual que el huésped de hoy, pudo asomarse desde sus balcones de hierro forjado al paisaje pirenaico que se recorta tras el cauce del río Bidasoa, fronterizo con Francia.

Víctor Alza, ondabitarra como el obispo, lo ha convertido en un hotelito primoroso, que comulga con los mandamientos de esta guía. Posee únicamente 14 habitaciones, amuebladas con sillas de enea y veladores rústicos, aunque hiperbólicas en el tratamiento de la piedra labrada.

El huésped aprecia la atmósfera serena y perfumada de los salones, la quietud balsámica del vestíbulo, la luz que penetra por las terrazas; pero se agradecería también otros detalles de tanta consideración como un cestito florido con cosmética de aseo y la eliminación del zumbido del ventilador en los cuartos de baño.

Alrededores: calles del casco antiguo, playa (400 m); San Sebastián/Donostia (15 km).

Castillo medieval, Hondarribia (Fuenterrabía)

Parador de Hondarribia

Plaza de Armas, 14
20280-Hondarribia, Gipuzkoa
Tel.: (943) 64 55 00
Fax: (943) 64 21 53
Acceso: subiendo por el arco, desde la carretera general, al final de la calle Mayor; bien señalizado
Comidas: desayuno
Precios: habitación 13.500-16.500 Pta., *suite* 16.500-21.000 Pta.; desayuno 1.200 Pta.

Habitaciones: 29 dobles, 4 individual, 3 *suites;* todas con baño, calefacción, teléfono, minibar y TV color
Instalaciones: salones de reuniones, bar
Tarjetas de crédito: AE, DC, EC, MC, V
Niños: acogidos
Minusválidos: acceso difícil
Animales: prohibidos
Cierra: nunca
Director: Carlos Felipe Tablado

Antes se llamaba El Emperador, en claro homenaje a Carlos I, que endureció su traza arquitectónica siguiendo el guión de su adusto carácter y bien depurado intelecto. Pero la fortaleza ya existía desde los tiempos de Sancho Abarca, rey de Navarra. La ciudad, mal que bien, defendía sus fronteras.

Un dato impresionante: los muros miden tres metros de espesor. Así cualquiera defiende su casa. Terminadas ya unas laboriosas obras de reforma, el parador incorpora el confort exigible hoy a los usos del hospedaje sin perder nada de su original acento defensivo.

Escaleras de piedra y forja, salones de techo alto, tapices solemnes, patio de buen resguardo. Dependencias augustas, bien calefactadas, capaces de resistir otros tres asedios de la nueva tropa turística. Como hace años escribió Luis de Castresana, y realizando un delicioso ejercicio de nostalgia, aquí «se combinan los ecos del pasado con la comodidad sibarita del baño y el teléfono en cada habitación».

Encaradas, algunas, hacia el monte Jaizkibel, y, las otras, al río Bidasoa, invitan a considerar que detrás de ese histórico curso de agua se extiende otro país llamado Francia. La vista alcanza hasta la misma playa de Hendaya.

Alrededores: calles del casco antiguo, playa (400 m); monte Jaizkibel, campo de golf (1 km).

Mansión solariega, Laguardia

Posada Mayor de Migueloa

Mayor, 20
01300-Laguardia, Araba
Tel.: (941) 12 11 75
Fax: (941) 12 10 22
Acceso: por cualquiera de las vías que desembocan en la calle Mayor del pueblo, dentro de la zona peatonal, fácil de encontrar; no está señalizado
Comidas: desayuno, almuerzo, cena
Precios: habitación 12.000 Pta.; desayuno 800 Pta.; comida 4.000 Pta.

Habitaciones: 6 dobles, 1 individual; todas con baño, calefacción, teléfono, TV vía satélite y secador de pelo
Instalaciones: aparcamiento, salón de estar, bar, comedor
Tarjetas de crédito: AE, MC, DC, V, 6000
Niños: acogidos
Minusválidos: acceso difícil
Animales: admitidos
Cierra: del 22 de diciembre al 22 de enero
Propietario: Jaime Gutiérrez

Mucho corazón. Eso es lo que han puesto los dueños de esta mansión noble de 1640 en su transformación como hotel. Amor, sabiduría y sensibilidad para viajar a placer hacia el Siglo de Oro español: viguería de madera, paredes de granito, suelos de barro, alfombras, jofainas, pupitres, escribanías...

Jaime Gutiérrez y Mery G. Huergo son, ante todo, un matrimonio de buenos asturianos con acreditados conocimientos enológicos en la D.O. Rioja. Del vino a las sábanas, todo ha sido cuestión de adaptarse. Su fino olfato les ha granjeado enseguida el afecto de todos los huéspedes, la mayoría hombres de negocios, intelectuales, artistas y escapados de fin de semana con inquietudes por sentir los efluvios de Laguardia y disfrutar de un establecimiento hotelero verdaderamente familiar.

La casa se resume en tres plantas de magnífica fábrica, en piedra de sillería, rematada por un ático convertido en sala de reuniones y decorada con un antiguo escritorio de notario y unas buganvillas trasplantadas desde la villa asturiana de Llanes. ¡Qué preciosidad!

El comedor merece un almuerzo y acaso también el desayuno, una colación honesta que puede ser sustituida por una instructiva cata de vinos en el lagar.

Alrededores: viñedos de la Rioja Alavesa; Logroño (15 km).

Palacio histórico, Argómaniz

Parador de Argómaniz

Carretera N-I, km 363
01192-Argómaniz, Araba
Tel.: (945) 29 32 00
Fax: (945) 29 32 87
Acceso: saliendo de Vitoria en dirección a Pamplona, a 10 kilómetros; cruce señalizado
Comidas: desayuno, almuerzo, cena
Precios: habitación 12.500-13.500 Pta.; desayuno 1.200 Pta., comida 3.200 Pta.
Habitaciones: 53 dobles con baño, calefacción, teléfono, minibar y TV vía satélite
Instalaciones: aparcamiento, jardín, 3 salones de convenciones, cafetería, comedor
Tarjetas de crédito: AE, DC, EC, MC, V
Niños: área de juegos; menú especial
Minusválidos: acceso fácil; habitaciones especialmente acondicionadas
Animales: prohibidos, excepto perros pequeños
Cierra: nunca
Director: Jesús Garrido

El pueblecito de Argómaniz se asienta en un altozano con vistas a las sierras de Urbasa y Gorbea, el monasterio de Estíbaliz y toda la Llanada alavesa, al que conduce un ramal estrecho y solitario de la carretera nacional Madrid-Irún, muy próximo a Vitoria-Gasteiz. Aquí, entre tejados humildes y forjados de siempre, sobresale la piedra austera y monumental del palacio de los Larrea, caballeros de la Orden de Calatrava y ministros de varios monarcas españoles, que mandaron construir algo apropiado a su alcurnia y méritos políticos. Napoleón quiso alojarse en él antes de dirigir la batalla contra las tropas españolas atrincheradas en la capital alavesa.

La obra pertenece al discreto siglo XVII. De ahí tanta repetición de mobiliario castellano en sus interiores, transformados en un respetable parador de turismo. Sólo el televisor y el mueble del minibar, en los aposentos, logran devolver al huésped a nuestro prosaico final de siglo.

La ausencia de discoteca y el silencio reinante facilita de noche bostezar con prontitud. Nada puede perturbar el sueño hasta la hora sagrada del desayuno, servido mejor en la galería de la propia habitación, con la mirada extraviada en el verde del norte.

Alrededores: Vitoria-Gasteiz (15 km); basílica de Nuestra Señora de Estíbaliz (4 km); embalse de Zadorra (15 km).

LA RIOJA

Hospital antiguo, Santo Domingo de la Calzada

Parador de Sto. Domingo de la Calzada

Plaza del Santo, 3
26250-Santo Domingo de la Calzada, La Rioja
Tel.: (941) 34 03 00
Fax: (941) 43 03 25
Localización: en una de las plazas más conocidas de la localidad, junto a la catedral; problemas de aparcamiento
Comidas: desayuno, almuerzo, cena
Precios: habitación 13.500-15.000 Pta.; *suite* 18.500 Pta.; desayuno 1.200 Pta.; comida 3.500 Pta.; garaje 1.100 Pta.

Habitaciones: 59 dobles, 2 *suites;* todas con baño, calefacción central, aire acondicionado, teléfono, TV vía satélite, cosmética de baño y secador de pelo
Instalaciones: garaje, gimnasio, sauna, salón de convenciones, bar, comedor.
Tarjetas de crédito: AE, DC, EC, MC, V
Niños: acogidos
Minusválidos: acceso fácil
Animales: prohibidos
Cierra: nunca
Director: José Navío Serrano

A pie, mejor que en coche, los peregrinos ortodoxos siguen recorriendo la calzada iniciática que lleva a Compostela, una de cuyas etapas catedralicias se encuentra en la población que fundara el santo patrono de las obras públicas en España. Aquí, salido no hace mucho de unas importantes obras de reforma, el parador utiliza las dependencias del hospital fundado en el siglo XII sobre los cimientos del antiguo palacio, residencia de los reyes de Navarra.

La fachada de sillería, encarada a medias con la catedral, avisa ya a los viajeros de su noble historia. Y no es sólo su logia bien conservada, ni el imponente vestíbulo con arcos góticos, pilares de piedra y artesonado de madera, todo lo que de puertas adentro reluce. También el mobiliario rústico y otros objetos ornamentales exhiben aquí una gran vivacidad. Poco a poco va desapareciendo en los paradores el tópico manierista de lo austero, la indolente pesantez funcionarial, como expresiones hiperbólicas de la monumentalidad.

El mismo criterio vale para los dormitorios. Confort, gusto elegante y cuartos de baño obsequiosos con los aditamentos cosméticos, que el camino es largo para todos los peregrinos y a Compostela no se llega en una hora.
Alrededores: monasterio de San Millán de la Cogolla (20 km); estación invernal de Valdezcaray (22 km).

Monasterio antiguo, Haro

Los Agustinos

San Agustín, 2
26200-Haro, La Rioja
Tel.: (941) 31 13 08
Fax: (941) 31 03 48
Acceso: en el centro de la ciudad, atravesando la plaza de la Cruz en dirección a la plaza de la Vega
Comidas: desayuno, almuerzo, cena
Precios: habitación 9.300-12.500 Pta., *suite* 24.200 Pta.; desayuno 975 Pta., garaje 700 Pta.
Habitaciones: 54 dobles, 6 individuales, 2 *suites;* todas con baño, calefacción, aire acondicionado, teléfono, minibar, TV vía satélite, cosmética de baño y secador de pelo
Instalaciones: garaje, 4 salas de convenciones, jardín, salón, bar, comedor; transporte al aeropuerto
Tarjetas de crédito: AE, DC, EC, MC, V
Niños: acogidos
Minusválidos: acceso difícil
Animales: prohibidos
Cierra: nunca
Director: Jesús María de Miguel Luengo

La Rioja es una región prolífica en cenobios y conventos siempre dispuestos a dar alojamiento a los peregrinos del Camino de Santiago. Los viajeros de hoy, ejercientes de romeros modernos, saben aprovechar muy bien esta hospitalidad sospechosamente mal recompensada. A fin de poner remedio a ello, algunos de estos edificios desamortizados se han visto en los últimos tiempos reconvertidos en magníficos establecimientos hoteleros.

Tal es el caso de este monasterio agustino, construido por Diego López de Haro para que diera aposento, en la mismísima capital del vino, a sus ermitaños predilectos. Los menesteres de la patria motivaron que el edificio fuera luego destinado a guarnición militar, hospital, escuela y cárcel municipal. En las columnas del claustro pueden leerse todavía los grafitos que dejaron los presos con sus nombres y fechorías.

A la hora de deambular por los pasillos vienen a la memoria esas imágenes de soledad que atrapaban a san Agustín. Sobrecoge el empaque de la piedra, la altura de las bóvedas, la decoración severa de los muros. Una impresión similar a la de muchos paradores. Por eso, de poder elegir, nos quedamos con la habitación 124 o la 224.

Alrededores: iglesia de Santo Tomás, bodegas y estación enológica; viñedos y riscos de Bilibio, en las afueras de la ciudad.

LA RIOJA

Molino antiguo, Arnedillo

1996 Molino del Cidacos

Ctra. de Arnedo, km. 63,500
26589-Arnedillo, La Rioja
Tel.: (941) 39 40 63. **Fax:** (941) 39 42 00
Acceso: en el km. 63,5 de la carretera que va de Arnedo a Arnedillo
Comidas: desayuno, almuerzo, cena
Precios: habitación 10.000 Pta.; desayuno 500 Pta., comida 2.500-3.500 Pta.
Habitaciones: 8 dobles con baño, calefacción, teléfono, TV vía satélite, secador de pelo, complementos de aseo y prensa diaria en la habitación
Instalaciones: aparcamiento exterior, jardín, frontón, bañera de hidromasaje, sala de convenciones, salón de estar, bar; alquiler de bicis
Tarjetas de crédito: AE, EC, MC, V
Niños: acogidos
Minusválidos: acceso difícil
Animales: prohibidos
Cierra: nunca
Propietario: Pedro Garrido

A orillas del río Cidacos, uno de los paisajes más agrestes a la vez que feraces de España, acaba de ser restaurado un molino del siglo XVII con pretensiones de alojamiento rural. El caserón alivia las penas del viaje con su sabrosura campestre, a caballo entre el buen oficio de quienes lo gobiernan y la aséptica rusticidad de sus dormitorios. Tranquilidad sobra. Y buenos guisos. Y mejores caldos, elaborados en bodega propia. Todo aquí está impregnado de buen gusto y sensaciones ecológicas.

A los huéspedes se les ofrece incluso una tienda repleta de productos artesanales, para que no olviden dónde han pasado la noche.

Alrededores: Enciso, huellas de dinosaurios (10 km); Arnedo, balneario (12 km).

Antigua ferrería, Azarrulla, Ezcaray

1996 Hostería Valle del Oja

Azarrulla, s/n.
26280-Ezcaray, La Rioja
Tel.: (941) 42 74 16.
Fax: (941) 42 74 32
Acceso: desde Ezcaray, por la carretera de Las Aldeas en dirección a la estación de esquí y luego en el cruce tomar la dirección Posadas hasta llegar a Azarrulla
Comidas: desayuno, almuerzo, cena
Precios: habitación 8.400-9.900 Pta.; desayuno incluido, comida a la carta
Habitaciones: 10 dobles y 2 familiares; todas con baño, calefacción, teléfono, TV color y complementos de aseo
Instalaciones: aparcamiento exterior, jardín, piscina exterior, salón con chimenea, guardaesquís y bar; alquiler de bicis y caballos en verano
Tarjetas de crédito: V, 6000
Niños: área de juegos
Minusválidos: acceso fácil
Animales: admitidos
Cierra: nunca
Propietario: Emilio Serrano Mantecón

Enclavada en la zona alta del valle del Oja, esta ferrería originaria del siglo XVIII ha sido recientemente transformada en un hotel de apenas ocho habitaciones, bruñidas en piedra de río, teja árabe y entramado de madera. El complejo fabril, segmentado en varias construcciones, ofrece el atractivo añadido de su completo aislamiento en medio del campo. En un edificio se encuentran los apartamentos, en otro el restaurante y, en la antigua fundición, un salón para reuniones. Todo muy rústico, con muebles pintados y maderas envejecidas. Aquí empieza y termina el itinerario GR23, para amantes de las excursiones a pie.

Alrededores: Valdezcaray (14 km); Santo Domingo de la Calzada (17 km).

Monasterio, San Millán de la Cogolla

1996 Hostería del Monasterio de San Millán

Monasterio de Yuso, s/n
26226-San Millán de la Cogolla, La Rioja
Tel.: (941) 37 32 77
Fax: (941) 37 32 66
Acceso: por la autopista A-68 (Bilbao-Zaragoza), salida en Nájera, y de ahí a San Millán de la Cogolla; por la N-232 de Burgos a Logroño, también a través de Nájera
Comidas: desayuno, almuerzo, cena
Precios: habitación 8.400-9.900 Pta.; desayuno incluido, comida a la carta
Habitaciones: 24 dobles y 1 *suite;* todas con baño, calefacción, teléfono, TV vía satélite, minibar, complementos de aseo, secador de pelo; habitaciones para no fumadores
Instalaciones: aparcamiento exterior, sala de convenciones, salón de estar, salón de billar, cafetería; alquiler de bicis
Tarjetas de crédito: AE, MC, V, 6000
Niños: acogidos
Minusválidos: acceso fácil
Animales: prohibidos
Cierra: del 20 de diciembre al 3 de enero
Propietaria: Sonia Bartolomé

San Millán de la Cogolla, cuna de las lenguas vasca y castellana, es un monasterio de estilo herreriano habitado actualmente por una influyente comunidad de monjes agustinos. En el ala de poniente, el Gobierno riojano acaba de apadrinar un hotel de primera para aposentar a los cada vez más numerosos visitantes del monumento.

La restauración no ha estado exenta de funcionalismo y coqueteo con lo moderno. Desde el gran patio entrático salta a la vista el acristalamiento del vestíbulo interior y el lustre marmóreo del resto de las dependencias. ¡Ostentosa manera de ganarse el cielo! Quien sueñe con un fin de semana tranquilo, leyendo, váyase del salón-pasillo abierto en la zona trasera. Decenas de autocares irrumpen desde primera hora de la mañana en los aparcamientos del monasterio.

Sólo la *Suite* Real, ubicada en los antiguos aposentos del abad, invita a la contemplación laica y al sosiego. Los dormitorios no decepcionan por su confort, pero ganarían con unos toques mínimos de aderezo. En los cuartos de baño cabe disfrutar, al menos, con la estética de la pulcritud y la fantasía de un buen equipamiento.

La verdadera paz del cenobio se aposenta extramuros, en los tupidos montes circundantes y entre los arcos mozárabes de Suso.
Alrededores: Nájera (17 km); Abadía de Valvanera (35 km).

Aigües Tortes (Lleida)

Parque nacional

Introducción a la zona

Hoteles de los Pirineos

La montaña es un refugio más exigido de día en día por los urbanitas ahogados en los males de la ciudad. Conocida por la piedra férrica con que se construyó, el viajero no podrá escapar al atractivo de la Venta Echalar [Tel. (948) 63 50 00], ni al de la Casa Equiza [Tel. (948) 47 01 20], en Uscarrés, ni tampoco al de las pensiones Aurtiz Ostatua [Tel. (948) 45 04 77], en Ituren, e Indianoa-Baita [Tel. (948) 59 90 21], en Urdax. Bonitos, pero mejorables, los hoteles Burguete [Tel. (948) 76 00 05], en Burguete, y La Posada [Tel. (948) 76 02 25], en Roncesvalles.

En el Pirineo de Huesca interesan el hotel Faus-Hütte [Tel (974) 37 81 36], en Villanúa; Montanglasse [Tel. (974) 37 33 11], en Canfranc-estación; Sabocos [Tel. (974) 48 75 11], en Panticosa; Casa Frauca [Tel. (974) 48 63 53] y Viña Oliván [Tel. (974) 48 63 58], estos dos últimos en Sarvisé. En Biescas se encuentra Casa Ruba [Tel. (974) 48 50 01], el hotel más antiguo del Pirineo, fundado en 1884. Y cerca de ahí, en Tramacastilla, el hotel Mariana [Tel. (974) 48 70 81]. Los hoteles Eguzki-Lore [Tel. (974) 48 80 75], en la estación de Formigal; el parador de Bielsa [Tel. (974) 50 10 11] y la Hospedería de Arguis [Tel. (974) 27 12 11] completan el panorama altoaragonés.

Concebidos para los amantes del esquí que acuden todos los inviernos a Baqueira-Beret, los paradores de Viella [Tel. (973) 64 01 00] y Arties [Tel. (973) 64 08 01] ofrecen lo mejor del Pirineo leridano. El hotel Valarties [Tel. (973) 64 09 00], en Arties, depara una acogida cálida, una atención familiar y una cocina tradicional inigualable. No le van a la zaga el hotel Deth Païs [Tel. (973) 64 58 36], en Salardú; el Ostau D'Òc [Tel. (973) 64 15 97], en Viella; ni el Pas de la Pera [Tel. (973) 51 50 01], a 5 kilómetros del circuito de esquí nórdico de Aranser. Con poco que se ambientara el hotel Fonts del Cardener [Tel. (973) 49 23 77], en Sant Llorenç de Morunys, atraería a muchos esquiadores de subida a la estación de Port del Compte.

Más hacia levante, en la estación invernal de La Molina, destacan por su magnífica presencia los hoteles Solineu [Tel. (972) 89 20 16] y La Molina [Tel. (972) 89 20 42], sin olvidar el histórico Vall de Núria [Tel. (972) 73 03 26], renovado en fecha reciente, en un circo montañoso al que no llegan los automóviles. Éstos son los Pirineos que aprenden de los Alpes suizos.

La ley del solitario

Según la normativa vigente, cuando el cliente ocupe una habitación doble porque el establecimiento no disponga de una habitación individual sólo podrá cobrársele un precio máximo del 80% de lo que normalmente cuesta la habitación doble. Si con posterioridad se le ofreciere una individual, dejaría de existir la limitación de precio establecida anteriormente.

NAVARRA/NAFARROA

Casa rural, Udabe

Venta Udabe

Valle de Basaburúa
31869-Udabe, Nafarroa
Tel.: (948) 50 31 05
Acceso: al borde de una carretera local que entronca con la N-240
Comidas: desayuno, almuerzo, cena
Precios: habitación doble 6.000-7.000 Pta.; desayuno incluido; comida 1.500 Pta.
Habitaciones: 8 dobles con ducha y calefacción
Instalaciones: aparcamiento, jardín, piscina climatizada, bar, comedor, alquiler de bicis, cuadra de caballos propios
Tarjetas de crédito: V, 6000
Niños: acogidos
Minusválidos: acceso difícil
Animales: admitidos; duermen en las cuadras
Cierra: del 15 de diciembre al 20 de enero
Propietarios: Javier Hernández Goñi y Laura Ganuza Tudela

No podía continuar en la ciudad porque el barco de la vida le hacía aguas por todos los sitios. Javier Goñi cambió su empleo en un café de Pamplona por el arrebato juvenil de irse a vivir al campo en compañía de su mujer. Le gustaban los hotelitos con encanto, los caballos y la libertad de perderse a galope por las montañas de Navarra.

Y adquirió esta antigua venta de carretería, semiarruinada, al borde de un camino en el valle de Basaburúa. Trabajó lo suyo en arreglarla, cuarto a cuarto, dando barniz a las vigas, cosiendo almohadas y cortinas, recuperando la cuadra para servir bebidas.

El edificio muestra hoy el auténtico perfil de la arquitectura tradicional navarra, toda hecha a mano, rústica, fiel a la tierra. Una piscina y un cenador en el jardín ponen el contrapunto moderno a los benignos veranos del valle. En invierno, cuando llueve, la casa pide un día de encierro junto a la chimenea.

La cocina es apreciable por su sabor casero, limitada a los productos frescos del día y a lo que provee de bueno el lugar. Un relincho de caballos en tiempo de sobremesa invita a trotar por las praderías que rodean la casa.

Alrededores: alto de Olagain (5 km); Pamplona/Iruña (23 km).

Casa rural, Puente La Reina

Mesón del Peregrino

Ctra. Pamplona-Logroño, km. 23
31100-Puente la Reina, Nafarroa
Tel.: (948) 34 00 75. **Fax:** (948) 34 11 90
Acceso: justo en el cruce de las carreteras que bajan de Roncesvalles y Somport, al lado del monumento al peregrino
Comidas: desayuno, almuerzo, cena
Precios: habitación 8.000-15.000 Pta., *suite* 12.000 Pta.; desayuno 1.300 Pta., comida 3.500 Pta.
Habitaciones: 11 dobles, 2 *suites;* todas con baño, calefacción, teléfono, TV vía satélite y cosmética de baño
Instalaciones: garaje, jardín, piscina, gimnasio, sauna, sala de convenciones, bar, comedor
Tarjetas de crédito: EC, MC, V, 6000
Niños: bien acogidos; área de juegos
Minusválidos: acceso fácil
Animales: admitidos
Cierra: del 24 de diciembre al 7 de enero
Propietario: Ángelo Cambero

El *chef* Ángelo Cambero gobierna con esmero y generosidad este caserón rústico de piedra y madera, enclavado en una encrucijada trascendental del Camino de Santiago. Su nombre rinde homenaje a los grandes viajeros de la Edad Media europea, reconocidos también en un monumento erigido por la Diputación Foral de Navarra en el hito donde se unían los dos caminos jacobeos tradicionales: el de Somport y el de Roncesvalles.

Finalizada la renovación del jardín y la zona de aparcamiento, así como el acondicionamiento e insonorización de las habitaciones, el hotel acredita una premeditada exquisitez tanto en sus salones como en las zonas más privadas. Ángelo y su mujer, Nina, se han confirmado en los avíos de cama con la misma rotundidad evidenciada anteriormente con los utensilios de cocina, cuando regentaban un restaurante de lujo en Castellón.

«Queremos un hotel de modos antes que de moda», dicen convencidos de la excitación que el tratamiento de las paredes, los objetos, el color, el olor y la temperatura ambiente provocan en el huésped. Sin duda que es un buen hospital para curarse la fatiga del Camino, mucho mejor desde que el arreglo del jardín aísla al huésped del tráfico motorizado que discurre por dos de sus costados. A no perderse una cena en el restaurante.
Alrededores: callejuelas del pueblo; puente de los Peregrinos, siglo XI; iglesia de Eunate (6 km).

Caserío de montaña, Donamaria

Donamaria'ko Benta

Barrio Ventas, 4 (a 2 km de Santesteban)
31750-Donamaria, Nafarroa
Tel.: (948) 45 07 08 y 45 09 25
Fax: (948) 45 07 08
Acceso: desde Santesteban, por la carretera de San Sebastián a Pamplona, tomando un desvío por la carretera de Saldias, a 2 kilómetros
Comidas: desayuno, almuerzo, cena
Precios: habitación 7.000 Pta.; desayuno 500 Pta., comida 1.500 Pta.

Habitaciones: 5 dobles, todas con baño y calefacción central
Instalaciones: aparcamiento, jardín, salón con chimenea, salita de exposiciones, comedor
Tarjetas de crédito: V
Niños: área de juegos
Minusválidos: acceso difícil
Animales: admitidos si no molestan
Cierra: nunca
Propietarios: Imanol Luzuriaga y Elixabet Badiola

Amantes de la montaña y pescadores del salmón cuentan, desde hace pocos años, con un nuevo paradero donde disfrutar de los fines de semana o de unas vacaciones más largas, en uno de los enclaves menos conocidos del Pirineo navarro. El pueblo de Donamaria era solamente un hito secundario en el camino que llevaban los peregrinos compostelanos a su paso por el valle de Ulzama.

Por esta razón, los habitantes del lugar desconocían sus grandes posibilidades turísticas hasta el día en que el matrimonio formado por Imanol Luzuriaga y Elixabet Badiola quiso rehabilitar una vieja casa y dedicar a su mantenimiento los escuetos recursos del hospedaje. La *benta* inspira hoy un fuerte aroma rural y todo el calor de un hogar en familia.

Los dormitorios se encuentran en un edificio aparte, también de piedra antigua y tejas. El sanctasanctórum, no obstante, es el restaurante y las dos pequeñas salas de la entrada, decorados con intención en todos sus detalles: radios viejas de madera, lámparas de tela, óleos, bustos de escayola, la mecedora de la abuela... Arreglos hechos con cariño y buen fundamento.

Alrededores: Señorío de Bértiz, parque natural (14 km); San Sebastián/Donostia (50 km); Pamplona/Iruña (51 km).

Construcción típica vasca, Lekumberri

Ayestarán

Aralar, 50
31870-Lekumberri, Nafarroa
Tel.: (948) 50 41 27
Fax: (948) 50 41 27
Acceso: por la carretera N-310 de Pamplona a San Sebastián, a la izquierda de la vía principal de entrada a la población
Comidas: desayuno, almuerzo, cena
Precios: habitación 5.500-6.500 Pta.; desayuno 400 Pta., comida 1.450 Pta.

Habitaciones: 10 dobles con baño
Instalaciones: aparcamiento exterior, jardín, tenis, piscina, salón de estar, sala de convenciones, bar, comedor
Tarjetas de crédito: MC, V
Niños: área de juegos, canguro
Minusválidos: acceso difícil
Animales: prohibidos
Cierra: en Navidad
Propietario: Jacinto Manuel Ayestarán Garro

La familia Ayestarán instaló a principios de siglo una venta caminera en uno de los ejes de comunicación inmediatos con Francia. Enfrente del edificio original, transformado hoy en un hostal multitudinario para el verano, permanece abierta durante la estación invernal un discreto palacete de 10 habitaciones y planta de torreón vasco, con piedras esquineras y contraventanas pintadas de verde.

El verdadero encanto aquí se llama María Jesús Ayestarán, nieta del fundador del establecimiento y ángel de la guarda de todos sus huéspedes, a cargo de la recepción y funcionamiento técnico de la casa. Mayor disponibilidad, entusiasmo y entrega en el trabajo, imposible.

Ella sabe darle la vuelta al envejecimiento de las instalaciones poniendo a punto diariamente, por ejemplo, la chimenea del salón. Así, el inquilino suele pasar por alto la oscuridad reinante en el caserón, la presencia de humedades en los pasillos y del déficit de mobiliario o confort electrodoméstico en las habitaciones, sin teléfono ni aparato de televisión.

El único dormitorio reseñable por su decoración, visto lo visto, es el número 23, en el segundo piso, ambientado con una cama de matrimonio y un edredón estampado en azul.

Alrededores: subida a San Miguel de Aralar, impresionantes vistas; excursión en bici por el trazado del antiguo ferrocarril del Plazaola.

NAVARRA/NAFARROA

Monasterio antiguo, Yesa

Hospedería de Leire

Monasterio de Leire
31410-Yesa, Nafarroa
Tel.: (948) 88 41 00
Fax: (948) 88 41 37
Acceso: subiendo por una carretera sinuosa, desde la general que bordea el pantano de Yesa; mal señalizado
Comidas: desayuno, almuerzo, cena
Precios: habitación 7.000-8.500 Pta.; desayuno 700 Pta., comida 2.050 Pta.
Habitaciones: 20 dobles (17 con baño, 3 con ducha), 5 familiares con baño, 12 individuales con ducha; todas con calefacción y teléfono
Instalaciones: aparcamiento, sala de convenciones, bar y comedor
Tarjetas de crédito: AE, DC, EC, MC, V
Niños: acogidos
Minusválidos: acceso fácil
Animales: prohibidos
Cierra: nunca
Director: Luis Pérez Labari

Cuenta la leyenda que el abad Virila, un escéptico de la idea de eternidad, salió un día del monasterio y se internó por el bosque siguiendo la estela de un pajarillo cuyo canto le hizo entrar en éxtasis. Cuando despertó nada estaba como lo había dejado, y en Leire ningún monje consiguió acordarse de él. Habían transcurrido 300 años.

¿Qué pensaría el pobre Virila al volver en sí un milenio después? Muy probablemente identificaría su celda y su escaño en el coro gregoriano, tal parecido guarda actualmente el monasterio con aquel que fue, a partir del siglo IX, centro espiritual y político del reino de Navarra. Una noche en su hospedería devuelve al viajero a la Alta Edad Media.

Los aposentos no entusiasman por lo acogedores ni por sus lujos, sino por el silencio religioso que los preside. También, por sus vistas del verde serrano y los perfiles del embalse de Yesa, al fondo. Sin duda, un paisaje de excepcional belleza.

Las instalaciones comunes a los visitantes del monasterio, limpias y suficientemente confortables, garantizan el pretendido reposo y la meditación por la vía trascendental o festiva. Por nada habría que sacrificar un paseo por los aledaños ni prescindir de un buen guiso en el restaurante. Sabe a gloria celestial.

Alrededores: embalse de Yesa (4 km); Foz de Lumbier, maravilla de la naturaleza (4 km); castillo de Javier (8 km).

Castillo medieval, Olite

Parador de Olite

Plaza de los Teobaldos, 2
31390-Olite, Nafarroa
Tel.: (948) 74 00 00. **Fax**: (948) 74 02 01
Acceso: en la plaza principal de la zona vieja, dificultades en encontrar aparcamiento; bien señalizado
Comidas: desayuno, almuerzo, cena
Precios: habitaciones 13.500-16.500 Pta.; *suite* 12.000-15.250 Pta.; desayuno 1.200 Pta., comida 3.200 Pta.
Habitaciones: 42 dobles, 1 individual, 7 *suites*; todas con baño, aire acondicionado, teléfono, minibar, TV vía satélite
Instalaciones: salones de reuniones, bar, restaurante, pequeño comedor para 15 personas
Tarjetas de crédito: AE, EC, MC, DC, V, 6000
Niños: acogidos
Minusválidos: acceso fácil
Animales: prohibidos
Cierra: nunca
Director: Antonio Bertolín Blasco

Convulsa y más que tozuda ha sido la historia de esta fortaleza, varias veces devastada por el fuego. Carlos III el Noble quiso tener en ella su retiro mortuorio, entre los palacios y casonas que gobernaban las huertas del río Cidacos, escenario de aquellas guerras que enfrentaron sucesivamente a agramonteses y beamonteses por el trono de Navarra.

Gracias al espíritu arqueológico de los paradores de turismo, el edificio ha podido ser rescatado de la ruina en que lo dejó Espoz y Mina para impedir que los franceses se atrincherasen entre sus almenas, en 1813.

Hoy, como en las catedrales góticas, una tenue luz traspasa las vidrieras de colores, sugiriendo calma y recogimiento. El servicio es educado, intachable en su tarea administrativa, funcionario cabal.

Las habitaciones antiguas, orientadas a la plaza de los Teobaldos, de gruesos muros de piedra y camas con dosel, merecen rascarse el bolsillo. ¿Un rincón secreto? El que ocupa la pieza 108, bajo una de las torres exteriores, o el pequeño reservado donde antiguamente estaba instalada la capilla de San Jorge.
Alrededores: calles y fachadas del casco antiguo; monasterio de Oliva (34 km).

HUESCA

Mansión urbana, Jaca

Conde Aznar

Paseo de la Constitución, 3
22700-Jaca, Huesca
Tel.: (974) 36 10 50. **Fax:** (974) 36 07 97
Acceso: entrando en Jaca, al lado del parque, a la izquierda
Comidas: desayuno, almuerzo, cena
Precios: habitación 5.800-7.800 Pta., *suite* 8.000-10.000; desayuno 575 Pta., comida 1.975 Pta.
Habitaciones: 19 dobles, 3 individuales, 2 *suites;* todas con baño, calefacción central, teléfono, TV vía satélite, cosmética de baño y secador de pelo
Instalaciones: salón de estar, bar, comedor
Tarjetas de crédito: AE, EC, MC, V
Niños: acogidos
Minusválidos: acceso difícil
Animales: admitidos con condiciones
Cierra: nunca
Propietaria: Mercedes Aldanondo

Menos mal que nos queda el Conde Aznar. En espera de ver qué sucede con el nuevo intento de organizar unas olimpiadas de invierno en el año 2002, algunos hoteleros siguen ofreciendo lo mejor de ellos mismos, inasequibles al desaliento posconstructivo de Jaca. Y hacen bien. Entre tanto esqueleto arquitectónico inútil, Mercedes Aldanondo regenta con mimo un caserón de paredes recias y jardincillo acogedor que perteneció a una familia muy principal, en el paseo más distinguido de la ciudad. Es un establecimiento de pocas estrellas, añejo y discreto, sin relumbres, pero de una hospitalidad sin límites. Y, además, ofrece un restaurante de cocina regional para no olvidar.
Alrededores: ciudadela de San Pedro, Catedral románica; estaciones de esquí de Candanchú y Astún (32 km).

Mansión urbana, Jaca

Canfranc

Avenida Oroel, 23
22700-Jaca, Huesca
Tel.: (974) 36 31 32
Fax: (974) 36 49 79
Acceso: perfectamente señalizado por carteles en todas las carreteras de entrada a Jaca y en las calles cercanas
Comidas: desayuno, almuerzo, cena
Precios: habitación 5.500-7.500 Pta.; desayuno 550 Pta., comida 1.450 Pta.
Habitaciones: 18 dobles, 2 individuales; todas con baño, calefacción central, teléfono, minibar, TV vía satélite, cosmética de baño y secador de pelo
Instalaciones: aparcamiento, bar, comedor; alquiler de bicis
Tarjetas de crédito: AE, EC, MC, V, 6000
Niños: bien acogidos; área de juegos
Minusválidos: acceso fácil
Animales: admitidos
Cierra: nunca
Director: Luis Abos Guinda

Abierto en 1993. Esquiadores, montañeros y exploradores domésticos del Pirineo aragonés lo prefieren a otros por su carácter familiar y lo llamativo de su fachada, toda pintada de rosa, en uno de los paseos más tranquilos y envidiables de la capital jacetana. La luminosidad de los dormitorios, así como su sencillez ornamental y el abrigo de su aislamiento térmico, son como un seguro para el sueño. Especialmente, los familiares abuhardillados —401 y 402—, desde cuyas ventanas se obtienen unas bonitas vistas de la peña Oroel.
Alrededores: ciudadela, catedral; iglesias de Abay, Canillas, Lerés y Sinués (en un radio de 13 km).

Hotel de montaña, Formigal

Villa de Sallent

Urbanización Formigal
22640-Sallent de Gállego, Huesca
Tel.: (974) 49 02 23
Fax: (974) 49 01 50
Acceso: por una calle que asciende a la izquierda de la entrada a la estación; señalizado en una esquina
Comidas: desayuno, almuerzo, cena
Precios: habitación 9.000-12.000 Pta., *suite* 13.000-16.000 Pta.; desayuno 950 Pta., comida 2.100 Pta.; garaje 1.000 Pta.
Habitaciones: 37 dobles, 3 individuales, 1 *suite;* todas con baño, calefacción, teléfono, TV vía satélite y cosmética de baño
Instalaciones: aparcamiento, guardaesquís, salón con chimenea, bar, comedor, situación a pie de pista de esquí
Tarjetas de crédito: AE, DC, EC, MC, V, 6000
Niños: acogidos
Minusválidos: acceso fácil
Animales: prohibidos
Cierra: nunca
Propietario: Fidel Tejero Sánchez

Fidel Tejero y su familia han invertido todos sus ahorros en esta construcción de nueva planta que sintetiza lo mejor de la tradición arquitectónica en el Alto Aragón: piedra, pizarra y madera. El hotel, situado en el núcleo de la estación de Formigal, existe gracias al sentido de hospitalidad que profesa la familia y su confeso amor por las cosas bien hechas. Lo demás es obra de una geografía arrebatadora como la del Pirineo aragonés, llena de vigor y altitudes olímpicas.

El hotel invita a pasar la semana blanca al calor de la chimenea; también las vacaciones de verano, tentando a marcha lenta las cumbres pirenaicas o los ibones de origen glaciar que proliferan en los alrededores.

Nada más acceder al vestíbulo, ampliado recientemente con un nuevo salón, se tiene la impresión de estar en alguno de esos entrañables hotelitos de montaña suizos o escandinavos. El revestimiento de madera, las luces indirectas o las cortinas de hilo logran el clima de confort que el huésped espera. No hay lujos que valgan, salvo la mano de Fidel en la cocina.

Las habitaciones están perfectamente acondicionadas para resistir el frío y la nieve durante gran parte del año. La prueba definitiva es ver nevar a través de los cristales, mientras cae a chorros por la espalda el agua de la ducha.

Alrededores: balneario de Panticosa (21 km); Jaca (49 km).

Casa de pueblo, Sallent de Gállego

Almud

Espadilla, 3
22640-Sallent de Gállego, Huesca
Tel.: (974) 48 83 66
Fax: (974) 48 83 66
Acceso: entrando en el pueblo desde la carretera hacia el Portalent, la primera calle a la izquierda y, luego, la siguiente a la derecha
Comidas: desayuno
Precios: habitación 10.000-12.000 Pta.; desayuno incluido, garaje 1.000 Pta.

Habitaciones: 8 dobles con calefacción, teléfono, minibar, TV vía satélite, cosmética de baño y secador de pelo
Instalaciones: garaje, salón de estar, guardaesquís
Tarjetas de crédito: DC, V, 6000
Niños: acogidos
Minusválidos: acceso difícil
Animales: prohibidos
Cierra: nunca
Propietario: Mariano Martín de Cáceres

Aprovechando unas caballerizas del siglo XVIII, Mariano y María José han hecho realidad el sueño de su vida: poner en pie uno de los hotelitos con mayor encanto de todo el Pirineo aragonés. Piedra a piedra, día tras día, la edificación ha supuesto para ambos una labor de orfebrería hostelera.

Primero ha sido la construcción de la casa, a la usanza tradicional, urdida con materiales procedentes de demoliciones y solares abandonados, valiéndose Mariano Martín de su profesión de arquitecto. Después, el paciente trabajo de amueblamiento y restauración de antigüedades, recurriendo a los viejos enseres de la familia y a una afanosa búsqueda por los anticuarios de la región, en el que María José Zandundo ha gastado todo su tiempo.

El hotel es un museo hogareño donde conviven los recuerdos de la abuela y un sinfín de comodidades para enamorar al huésped. Herrajes de caballería, esquilas y un espedo de asar decoran las paredes del salón, ensolado de ladrillos artesanos. En dos plantas se distribuyen los ocho únicos dormitorios, a cual más elegante y exquisitamente rústico, entelados con ayuda de la interiorista Carmina Sanz.

Es nuevo y, sin embargo, ya parece una casa vivida.

Alrededores: estación invernal de Formigal (3 km); valle de Tena (a lo largo de 20 km).

Casa tradicional, Morillo de Tou, Ainsa

Casa Cambra

Ctra. Barbastro-Ainsa, km. 45
22395-Ainsa, Huesca
Tel.: (974) 50 07 93
Acceso: por la carretera que bordea el embalse, antes de llegar a Ainsa, desvío a la izquierda, al final del complejo; señalizado
Comidas: desayuno, almuerzo, cena
Precios: habitación 3.700-5.200 Pta.; desayuno 375 Pta., comida 1.100 Pta.
Habitaciones: 25 dobles (12 con baño), 17 familiares (5 con baño); todas con calefacción central
Instalaciones: aparcamiento, jardín, piscina, salón de convenciones, bar, comedor, deportes náuticos, guardaesquís
Tarjetas de crédito: ninguna
Niños: área de juegos
Minusválidos: acceso difícil
Animales: prohibidos
Cierra: nunca
Director: Miguel Ángel Loriente

El sindicato Comisiones Obreras recibió hace pocos años un pueblecito abandonado en pleno Pirineo aragonés para su recuperación y puesta en valor turística. Los afiliados emplearon más de 70.000 horas de trabajo gratuito en la reconstrucción de las casas, piedra a piedra, hasta levantar un complejo rural integrado en el entorno pirenaico. Ideología o amor a las tradiciones, el caso es que el concepto sirve hoy de modelo a otros sindicatos en otros lugares. Afortunadamente para la historia y el futuro de estas montañas.

Además de una sencilla hospedería de mampostería y pizarra, el pueblo alberga un cámping de gran capacidad, un restaurante de gastronomía autóctona y diversos talleres en los que se programan actividades deportivas y culturales. Los animadores practican no solamente con los visitantes, sino también con la población de la comarca, el Sobrarbe, necesitada de un impulso económico. Todo un ejemplo de reinserción rural.

Quizás por lo que ello significa, el huésped venido de la ciudad espera algo más de rusticidad en el mobiliario interior, unos detalles más artesanos o campestres. Y se queda con el regosto de probar el puchero de los pastores en el comedor.
Alrededores: Ainsa (5 km); santuario de Torreciudad (46 km).

Caserón rural, Alquézar

Villa de Alquézar

Pedro Arnal Cavero, 12
22145-Alquézar, Huesca
Tel.: (974) 31 84 16
Fax: (974) 31 84 16
Acceso: desde Huesca, pasado el puente del Alcanadre, a la izquierda y, llegando a la población, seguir las indicaciones al centro histórico, cerca de la plaza porticada
Precios: habitación 5.000-5.500 Pta.; desayuno incluido, comida 500 Pta.

Habitaciones: 18 dobles, 2 individuales; todas con baño, calefacción y TV color
Instalaciones: aparcamiento, jardín; alquiler de bicis
Tarjetas de crédito: EC, MC, V
Niños: acogidos
Minusválidos: acceso difícil
Animales: prohibidos
Cierra: 2ª quincena de febrero
Propietario: José Mariano Altemir Lascorz

José Mariano, alcalde de Alquézar, ha hecho su apuesta personal por el turismo de interior en el Alto Aragón. Los nuevos entusiastas del parapente, el *puenting*, la bicicleta de montaña o el descenso de cañones son los clientes naturales de su hotelito rural, fruto de la renovación y acondicionamiento del viejo caserón de la familia, en el epicentro social y aventurero de la sierra de Guara. Cuenta con 20 habitaciones bien aclimatadas, de lo más rústicas y compañeras para la noche. Sus ventanas miran al conjunto monumental de Alquézar.
Alrededores: cañón del río Vero, descensos organizados (3 km).

Refugio de montaña, Benasque

Los Llanos del Hospital

Ctra. La Reclusa, s/n
22440-Benasque, Huesca
Tel.: (908) 53 60 53
Fax: (908) 53 60 53
Acceso: desde Benasque, por la carretera A-139, siguiendo recto en la confluencia con el ramal a Cerler, hacia Los Llanos del Hospital, en los altos valles.
Precios: habitación 3.000 Pta.; desayuno 600 Pta., comida 1.500 Pta.; descuento a la 3ª persona
Habitaciones: 8 dobles, 7 familiares; todas con baño, calefacción, TV vía satélite, cosmética de baño
Instalaciones: aparcamiento exterior, salón de estar, bar, restaurante; alquiler de bicis; junto a las pistas de esquí de la estación Llanos del Hospital
Tarjetas de crédito: ninguna
Niños: acogidos
Minusválidos: acceso difícil
Animales: prohibidos
Cierra: noviembre
Director: Antonio Lagón

Peregrinos, contrabandistas y aventureros de diversa estirpe han hallado como morada de sus correrías por los Pirineos un hospital-refugio en funcionamiento desde... el siglo XII. Si bien, el actual edificio —rehabilitado hace un lustro— data más exactamente de los años posteriores a la guerra civil española.

Además de las 70 plazas que el establecimiento ofrece como refugio están las 15 habitaciones en régimen hotelero, cada una con un equipamiento moderno y unas camas abrigadas con edredones nórdicos. A los pies del glaciar de Aneto.
Alrededores: refugio de la Renclusa, valle de Vallibierna (horas a pie); estación invernal de Cerler (6 km); Benasque (13 kilómetros).

Hotel de montaña, Benasque

Aragüells

Avda. de los Tilos, s/n
22440-Benasque, Huesca
Tel.: (974) 55 16 19
Fax: (974) 55 16 64
Acceso: en la entrada a Benasque, desvío a la izquierda hacia el centro de la población, al principio de la zona comercial
Comidas: desayuno
Precios: habitación 4.500-7.865 Pta.; desayuno 575 Pta.; garaje 375 Pta.
Habitaciones: 9 dobles, 3 individuales, 7 familiares; todas con baño, calefacción central, teléfono, TV color y cosmética de baño
Instalaciones: garaje, guardaesquís, salón de estar, bar, comedor; situación a pie de pista de esquí
Tarjetas de crédito: AE, EC, MC, V, 6000
Niños: acogidos
Minusválidos: acceso difícil
Animales: prohibidos
Cierra: del 2 al 30 de noviembre
Propietaria: María José Mora Lanau

A nadie se le escapa que Pepita Mora regenta este hotelito de montaña con tino y bastante encanto. Su emplazamiento, en la entrada de la población, y su manera querenciosa de atender a los huéspedes invita a repetir todos los años la invernada. Especialmente si uno es esquiador.

El edificio, totalmente concebido en estilo rústico de montaña, parece hecho a la medida de su propietaria. Alberga 19 habitaciones sostenidas, en la planta baja, por un bar comedor bien caldeado que sirve de reclamo a los visitantes del pueblo. Multitudinario en noches de frío y nieve.

No hay otro inconveniente que el chaflán de la fachada, donde parece ubicada la puerta principal del establecimiento; ello obliga a pasar con las maletas por delante de la barra. Pepita aconseja, a tiempo pasado, utilizar la entrada lateral. Aquí se encuentra el mostrador de recepción.

Los dormitorios del chaflán, a pesar de su austeridad interior, ofrecen las mejores vistas de las montañas. Más ambiente de invierno encierran los abuhardillados, con sus techos cruzados con perfiles de madera y suelos de parqué bien barnizado.
Alrededores: estación invernal de Cerler (6 km); hospital de Benasque (11 km).

HUESCA

Hotel de montaña, Benasque

Ciria

Avda. de los Tilos, s/n
22440-Benasque, Huesca
Tel.: (974) 55 16 12
Fax: (974) 55 16 86
Acceso: desvío a la izquierda hacia el centro del pueblo, en la zona comercial
Comidas: desayuno, almuerzo, cena
Precios: habitación 5.500-9.275 Pta., *suite* 15.000-18.775; desayuno 800 Pta., comida 1.750 Pta.; garaje 800 Pta. Descuentos del 20 % para niños.
Habitaciones: 30 dobles, 4 *suites*, 6 individuales, 6 familiares; todas con baño, calefacción central, teléfono, TV vía satélite y secador de pelo
Instalaciones: garaje, jardín, tenis, guardaesquís, polideportivo, sala de convenciones, bar, restaurante El Fogaril; alquiler de bicis
Tarjetas de crédito: AE, EC
Niños: canguro, área de juegos
Minusválidos: sin instalaciones especiales
Animales: admitidos
Cierra: nunca
Director: José María Ciria Plana

Infatigables en el trabajo, eficaces en el servicio, amables con todo el mundo, humildes, callados, enamorados de la montaña... La familia Ciria ha merecido el premio al mérito turístico por su entrega en hacer más grato el tiempo de *après-ski* a los huéspedes, sus amigos.

No cabe duda, los Ciria saben muy bien lo que se hacen. Llevan algunos años demostrando con este establecimiento de 30 habitaciones que la hostelería de montaña está casi obligada a ser familiar, cálida, hogareña. El valle de Benasque pone el resto durante las vacaciones: esquí, excursiones a pie, juegos al aire libre, etcétera.

En invierno da gusto arroparse entre las sábanas y disfrutar de unos colchones gosipinos. Especialmente en las habitaciones abuhardilladas, mirando —unas— hacia las cresterías nevadas y —otras— hacia la faz rústica del pueblo.

Pero hay algo más esencial en Ciria que abre el apetito de los viajeros. Es el indiscutible toque casero, enraizado en la tierra, de sus fogones y sus manteles. En ningún sitio se come un cordero tan sano ni tan bien ambientado como el que sirve la familia en El Fogaril.

Alrededores: estación invernal de Cerler (6 km); Baños de Benasque (11 km).

Castillo medieval, Alcañiz

Parador de Alcañiz

Castillo de los Calatravos, s/n
44600-Alcañiz, Teruel
Tel.: (978) 83 04 00 y 83 04 00
Fax: (978) 83 03 66
Acceso: desde la plaza de España, subiendo hasta el promontorio que domina la ciudad; bien señalizado
Comidas: desayuno, almuerzo, cena
Precios: habitación 13.500-15.000 Pta.; desayuno 1.200 Pta., comida 3.500 Pta.
Habitaciones: 10 dobles, 2 individuales; todas con baño, aire acondicionado, teléfono, minibar, TV color, caja fuerte, cosmética de baño y secador de pelo
Instalaciones: aparcamiento, jardín, 2 salas de reuniones, cafetería, comedor
Tarjetas de crédito: AE, DC, EC, MC, V
Niños: acogidos; menú especial
Minusválidos: acceso fácil, con ascensor
Animales: prohibidos
Cierra: del 12 de diciembre al 1 de febrero
Director: Miguel Cruz Sánchez

Justo en lo alto de una colina que domina la ciudad asienta sus sólidos muros este castillo-monasterio del siglo XII, antiguo hogar que fue de los caballeros de la orden de Calatrava, atalaya imprescindible para ejercer el control geopolítico del Maestrazgo. El tiempo ha hecho de esta formidable arquitectura un parador de únicamente 12 habitaciones con amplios salones, dos comedores y un patio interior desde el que emerge la torre primitiva, señuelo de los calatravos.

Sorprende que esta mole de sillares medievales disponga de un número tan reducido de alcobas; aunque, bien mirado, esto acaba siendo la mejor garantía de unas instalaciones confortables, modernas y, desde luego, acordes con la historia de sus bóvedas.

Los salones están amueblados a semejanza de como se decoraban los viejos castillos, con lámparas de hierro, ornamentos dorados en las sillas del comedor y otros adminículos que recuerdan a los banquetes medievales de las películas.

El monumento asegura en las horas nocturnas un silencio sagrado y conceptual. A sólo tres palmos del cielo.

Alrededores: Caspe (30 km); cuevas de los Molinos (40 km).

TERUEL

Mansión solariega, Albarracín

Casa de Santiago

Subida a las Torres, 11
44100-Albarracín, Teruel
Tel.: (978) 70 03 16
Accesos: siguiendo las indicaciones hacia el casco antiguo de la ciudad a escasos metros de la plaza Mayor, junto a la iglesia de Santiago
Comidas: desayuno, almuerzo, cena
Precios: habitaciones 6.300-7.000 Pta.; desayuno 450 Pta., comida 1.500 Pta

Habitaciones: 5 dobles con baño, calefacción, teléfono y cosmética de baño
Instalaciones: salón de estar, comedor
Tarjetas de crédito: V, 6000
Niños: acogidos
Minusválidos: acceso difícil
Animales: admitidos
Cierra: nunca
Propietarios: Jesús Jiménez y Mª Jesús Soriano

Quienes andan al husmo de un hotel acogedor, familiar, grávido de pasado y, además, sobresaliente por el preciosismo de su decoración interior pueden dejarse caer un fin de semana por estos amurallados parajes. Allí les espera la antigua sede de los Caballeros de la Orden de Santiago, rehabilitada para el turismo con los aditamentos culturales de un arquitecto apasionado por la historia, Pedro Ponce de León, y de dos prometedoras interioristas, Teresa Cordero y Cassandra Constant.

Cada rincón de la casa posee su propio valor, su propia imagen fotográfica. Las telas más bonitas, los suelos más campiranos, las soluciones mobiliarias más inteligentes han sido reinterpretadas aquí por el sanedrín de la decoración española: Becara, Pepe Peñalver, Gastón y Daniela... A ellos se ha sumado con celo entusiasta los artesanos de la escuela taller de Albarracín.

Desde el salón de estar se domina el impresionante conjunto monumental lobetano. Igual sucede desde las habitaciones 1 y 2. La número 3, de mayor tamaño, reserva su luz para los bienhallados caprichos decorativos. Pero los cuartos de baño decepcionan por su austeridad.
Alrededores: catedral, monasterio de San Bruno; nacimiento del Río Tajo (32 km).

Masía del siglo XV, Fuentespalda

1996 Torre del Visco

Aptdo. 1.544.580 de Valderrobres
44587-Fuentespalda, Teruel
Tel.: (978) 76 90 15
Fax: (978) 76 90 15
Accesos: desde Valderrobres, por la carretera de Fuentespalda y Monroyo, a 6 kilómetros se entra en una pista forestal, a la derecha, después de recorrer 5,5 kilómetros; bien señalizado
Comidas: desayuno, almuerzo, cena
Precios: habitación 6.850 Pta., *suite* 30.000 Pta.; desayuno 375 Pta.
Habitaciones: 7 dobles y 1 *suite;* todas con baño, calefacción y complementos de aseo
Instalaciones: garaje, terraza, jardín, patio con fuente, biblioteca, salones de estar, salón de convenciones, bodega, comedor
Tarjetas de crédito: AE, V, 6000
Niños: acogidos
Minusválidos: acceso difícil
Animales: admitidos
Cierra: nunca
Propietarios: Piers Dutton y Jamma Markham

Al final de una pista sin asfaltar, después de desenredar el ovillo de malas carreteras que trenza el Bajo Aragón salvando bosques de olivos y montes de matorral, uno llega por fin a este inimaginado Shangri-La. Desde la última curva se divisa, en toda su esbeltez, una masía del siglo XV rodeada por 80 hectáreas de finca hortofrutícola, dedicada hoy al turismo rural.

Piers y Jamma, fundadores de la librería Turner en Madrid, escogieron un buen día la alternativa de la vida campestre yéndose al quinto pino de la geografía ibérica. Ahí, casi sin teléfono ni señal de televisión, acabaron convirtiendo la masía en un hotelito acogedor, con un encanto muy británico, absolutamente romántico.

El jardín delantero, el zaguán de piedra, la bodega, las vistas desde la torre... El salón con piano, el amor de las tres chimeneas, el comedor, la biblioteca... Y esa cocina tan recomendable para quedarse a desayunar pan con mermeladas caseras, huevos de corral y aceite de almazara propia.

Los dueños saben cómo amigarse con el huésped. Su disposición intelectual explica la elegancia observada en el servicio. Sólo el silencio, la apacible calma del lugar, podría conceder más nobleza a una noche en la *suite* del torreón.

Alrededores: Valderrobres, pueblo típico (11 km); Morrella (53 km).

LÉRIDA/LLEIDA

Casa típica aranesa, Arties

1996 Besiberri

Calle del Fuerte, 4
25599-Arties, Lleida
Tel.: (973) 64 08 29
Accesos: por la N-230 hasta Viella y por la C-142 hasta Arties. El hotel esta dentro del pueblo
Comidas: desayuno
Precios: habitación 7.500-9.500 Pta., *suite* 14.000 Pta.; desayuno incluido
Habitaciones: 15 dobles, 1 individual, 1 *suite;* todas con baño, calefacción, teléfono, TV vía satélite
Instalaciones: aparcamiento, jardín, guardaesquís, salón con chimenea, bar
Tarjetas de crédito: MC, V
Niños: servicio de canguro
Minusválidos: acceso fácil
Animales: prohibidos
Cierra: nunca
Propietario: Carmen Lara Aguilar

A la gente del esquí se les amiga con una chimenea encendida y unas ventanas empañadas de vaho. La imagen simboliza ese instante hogareño, reparador, al final de una agotadora jornada en pistas, cuando toca quitarse las botas y prepararse para una suculenta cena al amor de la chimenea. Así lo han entendido los propietarios de esta casona rústica, situada en el centro del pueblo, convertida desde hace poco en un hotelito de 18 habitaciones para dar temperatura y satisfacción a los forofos de Baqueira-Beret. El interior, a pesar de ciertas carencias, no puede resultar más coqueto ni más balsámico.
Alrededores: estación de esquí de Baqueira-Beret (5 km); puerto de la Bonaigua (9 km).

Hotel de montaña, Arties

1996 Valarties

Mayor, 4
25599-Arties, Lleida
Tel.: (973) 64 43 64. **Fax:** (973) 64 21 74
Acceso: por la carretera de Viella al puerto de la Bonaigua, desvío a la derecha en Artíes; poco señalizado
Comidas: desayuno, almuerzo, cena
Precios: habitación 8.750 Pta., *suite* 12.800 Pta.; desayuno 950 Pta., comida 2.600 Pta.
Habitaciones: 22 dobles, 3 individuales, 2 familiares y 1 *suite;* todas con baño, calefacción, aire acondicionado, teléfono, TV color, secador de pelo y complementos de aseo
Instalaciones: aparcamiento exterior, jardín, guardaesquís, salón con chimenea, salón de billar y bar
Tarjetas de crédito: AE, DC, MC, V
Niños: acogidos
Minusválidos: 1 habitación acondicionada
Animales: prohibidos
Cierra: 15 de octubre al 1 de diciembre, 1 de mayo al 24 de junio
Propietario: Irene España Plagnes

Es moderno, pero ya atesora una tradición familiar consagrada a la hostelería. Irene España se ha hecho popular en todo el valle por su honesta cocina, competidora de la que se ofrece enfrente, en la torre de Portolà, actualmente parador de turismo. Su casa hospeda a los conversos del diseño y a los esquiadores de vueltas del fosforito, atraídos por la delicada atmósfera interior, las coquetísimas habitaciones abuhardilladas y el *delicatessen* gastronómico que nutre el tiempo de *après-ski*. Llueva o nieve, la noche discurre con mejor humor ante la mesa de billar, en compañía de la familia o los amigos.
Alrededores: estación de Baqueira-Beret (5 km); Les, frontera con Francia (29 km).

Hotel de montaña, Arties

Parador de Arties

Carretera de Baqueira-Beret, s/n
25599-Arties, Lleida
Tel.: (973) 64 08 01 y 64 08 02
Fax: (973) 64 10 01
Acceso: por la carretera que jalona el valle de Arán, en su borde derecho, conforme se asciende hacia el puerto de la Bonaigua; bien señalizado
Comidas: desayuno, almuerzo, cena
Precios: habitaciones 11.500-13.500 Pta., *suite* 17.000 Pta.; desayuno 1.200 Pta., comida 3.200 Pta.

Habitaciones: 38 dobles, 7 familiares sin baño, 2 *suites;* todas con baño, calefacción, teléfono, minibar, TV vía satélite
Instalaciones: aparcamiento, salas de convenciones, bar, comedor
Tarjetas de crédito: AE, DC, EC, MC, V
Niños: área de juegos, canguro
Minusválidos: acceso fácil
Animales: prohibidos
Cierra: nunca
Director: Manuel Español Aventín

Incitante. Y aun, para muchos, emergente. A medio camino entre Viella y la estación de Baqueira, para que los esquiadores de economía media se calcen las botas de descanso y celebren cena y tertulia sin miedo al sablazo final de la factura.

El parador no puede alardear todavía de instalaciones vistosas, en espera de las mejoras proyectadas para 1996, pero ofrece unas dosis de confort que incitan a la molicie. La morada sobre la que se asienta perteneció al capitán de dragones y explorador de la alta California don Gaspar de Portolà.

La torre y una pequeña capilla son sus únicos restos visibles. Lo demás acuña novedad de muros a cubiertas, todo en piedra y pizarra con buen aislamiento climalit, como es debido en estas cotas pirenaicas. Aunque las habitaciones se hayan quedado pequeñas y un tanto rancias.

Desde luego, la zona más deslumbrante para el común de los huéspedes es el conjunto que forman el salón principal, en una altura, y la cafetería y zona de billares, en la planta sótano. Ambos pisos lucen un precioso suelo de pizarra con molduras de madera y unas chimeneas amplísimas —pero inexplicablemente apagadas— de estilo alpino.
Alrededores: estación de esquí de La Tuca (3 km); estación de Baqueira-Beret (5 km).

Hotel de montaña, Tredòs, Val d'Aran

Hotel de Tredòs

Ctra. a Baqueira-Beret, km. 177,5
25598-Viella, Lleida
Tel.: (973) 64 40 14
Fax: (973) 64 43 00
Acceso: en Viella, tomar la carretera hacia el puerto de la Bonaigua; el hotel se encuentra visible en el margen derecho, a unos 10 kilómetros
Comidas: desayuno, cena
Precios: habitaciones 7.500-11.900 Pta.; desayuno 850 Pta., cena 2.200 Pta.
Habitaciones: 34 dobles, 3 familiares; todas con baño, calefacción, teléfono, TV vía satélite
Instalaciones: garaje, guardaesquís, sala de convenciones, bar, comedor, transporte a las pistas de esquí
Tarjetas de crédito: EC, MC, V, 6000
Niños: área de juegos
Minusválidos: habitaciones acondicionadas
Animales: prohibidos
Cierra: mayo y junio; del 12 de octubre al 1 de diciembre
Director: Jaime Tormo Sánchez

Poco a poco, el valle de Arán se va llenando de infraestructuras turísticas a la medida de sus tradiciones. Esquiadores y montañeros celebran descubrir, entre estas montañas, un paraíso diferente a lo habitual, un lugar donde reconocerse al amor de la chimenea o entre las dobleces de un edredón de plumas.

A pocos kilómetros de la estación invernal de Baqueira-Beret tienen, por ejemplo, el hotel de Tredòs. Se trata de una nueva construcción en piedra y pizarra de la zona, con tejado a dos aguas y bajo cubiertas abuhardillados. Ninguno de los dormitorios impone su personalidad sobre los demás, es cierto, quizás porque todos guardan una nobleza mobiliaria, un *disseny* democrático, a gusto de su variopinta clientela catalana. Son, sencillamente, distintos.

El huésped, de igual manera, sucumbe a las muestras de cordialidad y atildada disposición que prodiga a todas horas el servicio. Así cualquiera puede llegar y pedir que le enseñen varias habitaciones antes de confirmar la reserva. Mayor garantía no cabe.

Al menor riesgo de heladas se ofrece un cómodo garaje para preservar la salud de los vehículos particulares.

Alrededores: pistas de esquí de Baqueira-Beret (2 km); parque nacional de Aigües Tortes (54 km).

Hotel de montaña, Baqueira-Beret

Royal Tanau

Carretera de Beret, s/n
25598-Baqueira-Beret, Lleida
Tel.: (973) 64 44 46
Fax: (973) 64 43 44
Acceso: por la carretera general de Baqueira, ascendiendo a la cota 1700, a pie de telesilla
Comidas: desayuno, almuerzo, cena
Precios: habitación 13.000-30.300 Pta.; desayuno 1.600 Pta., comida 3.900 Pta.
Habitaciones: 25 dobles y 5 *suites;* todas con baño, teléfono, minibar, TV vía satélite, cosmética de baño, secador de pelo y prensa diaria en la habitación
Instalaciones: garaje, jardín, piscina climatizada, *jacuzzi,* guardaesquís, sauna, gimnasio, simulador de golf, salón de estar, bar, restaurante, situación a pie de pista de esquí
Tarjetas de crédito: AE, DC, V, 6000
Niños: canguro
Minusválidos: habitaciones acondicionadas
Animales: prohibidos
Cierra: principios de mayo a principios de julio y mediados de septiembre a principios de diciembre
Director: Miguel Ángel Calero

¡He aquí todo un lujo! Baqueira, la estación más chic de España, cuenta desde hace relativamente poco con el único *cinco estrellas* de montaña que existe en el firmamento hotelero invernal. Un pastelito para exquisitos implantado a pie mismo de telesilla, en la zona de Tanau 1700, bien comunicada con las pistas de esquí.

Salones de tipo inglés, moqueta aterciopelada, atención personalizada y madera, mucha madera bajo cubierta... Se ve que la cadena Tryp, inventora del negocio, lo mima hasta en sus últimos detalles. Esquiadores linajudos no faltan que sepan apreciar sus encantos —contra factura— en cuanto caen los primeros copos de nieve.

En sus 30 habitaciones rige el lujo como una interpretación del espacio y el equipamiento, por encima del buen gusto que asiste a los abuhardillados. La fragancia de una ropa de cama bien limpia o el potito del champú en la lustrosa bañera a veces resultan más reconfortantes que una buena nevada sobre las pistas. Pero lo privativo de esta joya de la corona Tryp llega a la hora del *après-ski*: burbujas en el baño, simulador de golf y caricias UVA en la espetera.

Alrededores: valle de Boí, iglesias románicas (45 km); parque nacional de Aigües Tortes (64 km).

LÉRIDA/LLEIDA

Casa típica aranesa, Salardú

1996 Deth Païs

Pica, s/n.
25599-Arties, Lleida
Tel.: (973) 64 58 36
Fax: (973) 64 45 00
Acceso: por la carretera general de Viella a Baqueira-Beret, en el casco antiguo de Salardú; mal señalizado
Comidas: desayuno
Precios: habitación 4.500-8.000 Pta., desayuno 800 Pta.
Habitaciones: 18 dobles con baño, calefacción, teléfono, TV color y complementos de aseo
Instalaciones: aparcamiento, salón de estar, bar, comedor
Tarjetas de crédito: DC, MC, V
Niños: acogidos
Minusválidos: acceso difícil
Animales: prohibidos
Cierra: 5 de mayo al 30 de junio, 1 de octubre al 30 de noviembre
Propietario: Jaime Geli Noguero

En el país de las nieves, los hotelitos cálidos y familiares resucitan tras años de olvido gracias a la nueva clientela del esquí. Éste no se encuentra a pie de pistas, ni ofrece servicios específicos para el esquiador, pero cuenta a su favor con el carácter pirenaico de sus piedras y la baja temperatura de sus precios. Apenas se vislumbra desde la carretera de subida a Baqueira-Beret; más bien es un hotel que se guarda Salardú para sus adentros. Las habitaciones, distribuidas en dos plantas con una tercera abuhardillada, proporcionan suficiente confort para alcanzar pronto el sueño. En verano, los alféizares se cubren de flores.
Alrededores: estación de esquí de Baqueira-Beret (3 km); puerto de la Bonaigua (7 km).

Casa de montaña, Tremp

1996 Casa Guilla

Santa Engràcia
25636-Tremp, Lleida
Tel.: (973) 25 20 80
Fax: (973) 25 20 80
Acceso: desde Tremp, por la carretera a Pobla de Segur, tomando un desvío a la izquierda hacia Santa Engràcia; señalizado
Comidas: desayuno, almuerzo, cena
Precios: habitación 5.500 Pta. por persona en media pensión
Habitaciones: 4 dobles, 1 familiar; todas con baño y calefacción
Instalaciones: aparcamiento, salón con biblioteca y chimenea, bar, autoservicio
Tarjetas de crédito: ninguna
Niños: acogidos
Minusválidos: acceso difícil
Animales: admitidos
Cierra: nunca
Propietario: Richard Loder

Una pareja de británicos, Richard y Sandra Loder, buscaban una casa típica del Pirineo para vivir del noble oficio del hospedaje. Su proyecto se hizo realidad, hace diez años, en un promontorio rocoso de las afueras de Tremp. Los antiguos graneros fueron transformados en habitaciones, los establos en bar y el pajar en el salón principal de la casa. Ninguna de estas piezas se excede en comodidades, pero armoniza con la austeridad pétrea del paisaje. La decoración interior, ya se sabe, responde a un estricto gusto inglés. Por el momento, el lugar atrae a montañeros y parroquianos de la naturaleza entendida de manera científica.
Alrededores: parque nacional de Aigües Tortes (80 km).

Complejo turístico, Peramola

Can Boix

Afueras, s/n
25790-Peramola, Lleida
Tel.: (973) 47 02 66
Fax: (973) 47 02 66
Acceso: tomando el desvío que, desde la carretera de Igualada a La Seu d'Urgell, sale hacia la localidad de Peramola; o, por la carretera de La Seu a Lleida, tomando un desvío indicado a la derecha
Comidas: desayuno, almuerzo, cena
Precios: habitación 4.600-8.400 Pta., *suite* 15.500 Pta.; desayuno 735 Pta., comida 2.300 Pta.
Habitaciones: 25 dobles (17 con ducha), 3 individuales (con ducha), 20 *suites*; todas con baño, calefacción, teléfono y cosmética de baño
Instalaciones: garaje, jardín, tenis, sauna, piscina, golf, sala de convenciones, bar, restaurante; alquiler de bicis y vehículos 4x4
Tarjetas de crédito: AE, DC, EC, MC, V, 6000
Niños: área de juegos, canguro
Minusválidos: acceso fácil; algunas habitaciones especialmente acondicionadas
Animales: admitidos; tarifa extra 600 Pta.
Cierra: 15 días en noviembre y 15 en enero
Propietario: Joan Pallarès Oliva

Amar la tradición es anticipar el futuro. Esta máxima parece residir en la mente de todos los Pallarès, una familia de hosteleros que lleva ya diez generaciones a cargo del legendario Can Boix, en el prepirineo leridano. Su historia ha sido objeto de un libro publicado por el padre del actual propietario, a la venta en recepción.

¡Qué vocación! Desde 1763, esta singular familia ha cuidado de su pequeño complejo, renovándolo tantas veces cuanto ha sido necesario, para confort y complacencia de su asidua clientela. Así, en todo momento, el huésped se siente agasajado.

Las instalaciones resplandecen, verdaderamente empequeñecidas, bajo los peñascos que lamen, entre pinos y bojes, el cauce del río Segre. Sin desdeñar todo lo que encierra el edificio primitivo, y a pesar de cierta falta de resolución decorativa, preferimos las habitaciones nuevas —en un anexo— por su amplitud y vistas sobre el jardín. Cada una se identifica con el nombre de alguno de los 20 manantiales existentes en la zona.

El hotel dispone, además, de dos saunas finlandesas, una ducha a presión —escocesa—, sala de masajes y una playa UVA para la profilaxis vacacional del estrés.

Alrededores: pesca a orillas del Segre (2 km); La Seu d'Urgell (46 km).

Hotel de montaña, La Seu d'Urgell

El Castell

Ctra. de Lleida, km. 129
25700-La Seu d'Urgell, Lleida
Tel.: (973) 35 07 04 y 35 10 41
Fax: (973) 35 15 74
Acceso: antes de llegar a la Seu d'Urgell, por el sur, en el borde derecho de la carretera; bien señalizado
Comidas: desayuno, almuerzo, cena
Precios: habitación 15.500 Pta., *suite* 25.000 Pta.; desayuno 1.500 Pta., comida a la carta
Habitaciones: 3 dobles y 4 *suites;* todas con baño, calefacción, aire acondicionado, teléfono, minibar, TV color, secador de pelo y cosmética de baño
Instalaciones: aparcamiento, jardín, piscina, salón de convenciones, bar, comedor y alquiler de bicis
Tarjetas: AE, DC, MC, V
Niños: acogidos
Minusválidos: acceso fácil
Animales: admitidos
Cierra: del 8 de enero al 8 de febrero
Propietario: Jaume Tàpies i Travé

Carácter, cortesía, calma, cocina y encanto —las claves de la buena hostelería francesa— se cumplen debidamente en este hotel de balcones corridos próximo al Coprincipado de Andorra, en el valle leridano de Urgellet. Por eso capitanea en España, con todos los merecimientos, la asociación Relais et Châteaux.

La familia Tàpies, agrandada ahora con la incorporación de Jaume hijo y su esposa Katja a las tareas directivas, ha creado aquí uno de los ambientes más cálidos y evocadores del Pirineo catalán. El edificio se columbra desde la carretera al amparo del castillo de la Seu d'Urgell. Sus interiores, íntimos y floridos, exhiben una decoración suntuosa pero nada amanerada.

La *suite* principal, al fondo del corredor, ofrece a sus ocupantes un jardincito privado con vistas al valle. No es la excepción: todas las habitaciones proyectan sus terrazas sobre el horizonte de montañas. El hotel es una base excelente para esquiar o saciar el apetito de compras en la vecina Andorra.

Los Tàpies prestan una atención suplementaria a la cocina, de la que se sienten especialmente orgullosos. La carta incluye unos platos catalanes y franceses con pretensiones de agradar a la clientela.

Alrededores: ciudadela de La Seu; Andorra (10 km); estación invernal de Port del Compte (30 km).

Casa de payés, Meranges

Can Borrell

Retorn, 3
17539-Meranges, Girona
Tel.: (972) 88 00 33
Fax: (972) 88 01 44
Acceso: siguiendo las indicaciones existentes en la entrada a la población, por un laberinto de callejas, al fondo; bien señalizado
Comidas: desayuno, almuerzo, cena
Precios: habitaciones 8.000 Pta.; desayuno 650-850 Pta., comida 3.000 Pta.
Habitaciones: 4 dobles, 2 individuales, 2 familiares; todas con baño, calefacción central y teléfono
Instalaciones: aparcamiento, salón de estar, bar, comedor
Tarjetas de crédito: EC, MC, V
Niños: acogidos
Minusválidos: acceso difícil
Animales: prohibidos
Cierra: del 9 de enero al 20 de marzo, excepto fines de semana
Propietario: Antonio Forn Alonso

Oscura como el tizón. Entallada en pizarra y granito de los montes aledaños. Toda forrada de madera, desde las vigas del techo, los balcones, las puertas y ventanas, hasta el mobiliario interior, rústico y duradero, apropiado a una acendrada vivienda de pastores de la Cerdanya.

Esta solitaria *casa de la pradera,* perdida en un confín del valle más próspero de los Pirineos, donde la gente guapa de Barcelona suele tener su segunda residencia, lleva un tiempo funcionando como un agradable hotelito de montaña, a un paso de las 22 estaciones de esquí existentes en un radio de apenas 15 minutos.

Lo regenta la familia Forn, empeñada ahora en mejorar el espacio para alojamiento. Las habitaciones, en manos de sus anteriores dueños, ofrecían una atmósfera bastante desangelada.

Y es que el plato fuerte de la casa es la cocina, auténtica restauración de la Cerdanya «al estilo de la abuela», en especial la *escudella.* Un sabor genuino para olvidarse durante unos días de la oficina, de los telediarios y de los humos de la gran ciudad. En el pueblo viven unas 64 personas, más o menos.

Alrededores: iglesia lombarda del siglo XII, en el pueblo; campo de golf, Puigcerdà (18 km); pesca en el río Segre, Bellver de Cerdanya (19 km).

Hotel de montaña, Llanars

Grèvol

Ctra. Camprodón-Setcases
17869-Llanars, Girona
Tel.: (972) 74 10 13 y 13 01 30
Fax: (972) 74 10 87
Acceso: antes de llegar a la estación de esquí de Vallter 2.000, por la carretera de Camprodón a Setcases; señalizado
Comidas: desayuno, almuerzo, cena
Precios: habitación 12.150-15.560 Pta., *suite* 19.250-25.000 Pta.; desayuno 1.260 Pta., comida 3.550 Pta.; garaje 1.100 Pta.
Habitaciones: 34 dobles, 2 *suites;* todas con baño, calefacción, teléfono, minibar , TV color y cosmética de baño
Instalaciones: garaje, jardín, piscina climatizada, guardaesquís, salón de reuniones, bar, comedor; alquiler de bicis
Tarjetas de crédito: AE, DC MC, EC, V, 6000
Niños: área de juegos, canguro
Minusválidos: acceso fácil
Animales: prohibidos
Cierra: nunca
Propietario: Antonio Solé i Fajula

Sorprendente esta arquitectura bávara en plenos Pirineos catalanes. Los dueños no han regateado medios para poner en funcionamiento un hotelito de montaña tan inesperado como escrupulosamente mimado. Todas las habitaciones, diseñadas en tonos suaves verdes y rosas, revestidas con maderas de color azúcar cande, llevan nombre de flor de montaña. El desayuno, a cualquier hora de la mañana, constituye un excelente prolegómeno de un paseo por el monte o una jornada de esquí en la cercana estación de Vallter 2000. Desde luego, fuera de lo habitual.
Alrededores: estación de esquí Vallter 2000 (18 km); monasterio Sant Joan de les Abadesses (18 km).

Club deportivo, Bolvir

Chalet del Golf

La Devesa del Golf
17463-Bolvir de Cerdanya, Girona
Tel.: (972) 88 09 62. **Fax:** (972) 88 09 66
Acceso: a 3 kilómetros de Puigcerdà, por la carretera que va a La Seu d'Urgell, al fondo de un camino particular que sale a la derecha, hacia el campo de golf
Comidas: desayuno, almuerzo, cena
Precios: habitaciones 11.000-14.000 Pta.; desayuno 1.150 Pta., comida 2.500 Pta.
Habitaciones: 8 dobles, 3 individuales, 8 bungalós; todas con baño, calefacción central, teléfono, TV color y cosmética de baño
Instalaciones: aparcamiento, jardín, piscina, tenis, squash, campo de golf de 18 hoyos, guardaesquís, salones, restaurante, bar
Tarjetas de crédito: AE, DC, EC, MC, V
Niños: área de juegos, canguro
Minusválidos: acceso fácil
Animales: admitidos en habitaciones
Cierra: nunca
Director: Alberto Lucarini Santini

El campo de golf de la Cerdanya ofrece a sus socios y aficionados en general la casa club para alojamiento de reposo. Las camas se aprecian mejor después de un *match play* con los amigos o una tarde entera ensayando el *swing*. Todas las habitaciones dan al campo, de 18 hoyos, sin aderezos justificados por las horas que pasa el golfista en el *green*. Pero eso sí, dotadas de todas las comodidades para sentirse alguna vez campeones. Los salones y el comedor destilan una atmósfera muy británica, origen y seña de identidad de este deporte.
Alrededores: restos de murallas y Ayuntamiento de Puigcerdà (5 km); enclave de Llivia (9 km).

Palacete modernista, Bolvir

Torre del Remei

Camí Reial, s/n
17463-Bolvir de Cerdanya, Girona
Tel.: (972) 14 01 82. **Fax:** (972) 14 04 49
Acceso: desde Barcelona, a través del túnel del Cadí, por la N-260 de Puigcerdà, tomando un desvío a la izquierda en Bolvir; bien señalizado
Comidas: desayuno, almuerzo, cena
Precios: habitación 25.000 Pta., *suites* 37.000 Pta.; desayuno 2.200 Pta., comida 4.500-5.500 Pta.
Habitaciones: 4 dobles, 7 *suites;* todas con baño, hidromasaje, calefacción, aire acondicionado, teléfono, TV vía satélite, secador de pelo, cosmética de baño y prensa diaria en la habitación
Instalaciones: aparcamiento, jardín, piscina, *putting-green* de golf, guardaesquís, salón de reuniones, comedor, alquiler de bicis y servicio de transporte al aeropuerto
Tarjetas de crédito: AE, DC, EC, MC, V, 6000
Niños: canguro
Minusválidos: acceso fácil
Animales: admitidos; tarifa extra
Cierra: nunca
Propietario: Josep María Boix

Josep María Boix y su mujer, Loles Vidal, han acreditado sus cualidades profesionales en aquel hotel-restaurante de Martinet que forjó una leyenda en el Pirineo catalán. Ahora repiten con una suntuosa mansión ceretana, edificada en 1910 y rehabilitada como hotel de gran lujo por la vanguardia más seria e imaginativa del *disseny* catalán.

El palacete, a unos pasos de Puigcerdà, es un capricho modernista propio de aquellos indianos retornados de hacer las Américas. Cuenta con sólo 11 habitaciones exclusivas y personales, una piscina, dos *putting green* de golf y un jardín de 20.000 metros cuadrados plantado de abetos y secuoyas impresionantes.

Los Boix han creado en su casa un paraíso de la elegancia, colmado por una infinidad de detalles exquisitos, desde el vídeo y el televisor Bang & Olufsen hasta la botella de Moët & Chandon o el surtido de perfumes que se ofrece en las habitaciones, pasando por los complementos de aseo Nina Ricci, el suelo radiante de los cuartos de baño y la bañera con hidromasaje. Pero, al final, lo más apreciado es el trato personal de José María y Loles con sus huéspedes, a los que inspiran fidelidad y mucho sentido hogareño.
Alrededores: iglesia del convento de Santo Domingo; Ayuntamiento de Puigcerdà (3 km).

Hotel de montaña, Camprodón

Edelweiss

Ctra. de Sant Joan, 28
17867-Camprodón, Girona
Tel.: (972) 74 06 14
Fax: (972) 74 07 04
Acceso: por la carretera general, en la entrada misma a la población, del lado izquierdo
Comidas: desayuno
Precios: habitación 12.300 Pta.; desayuno incluido
Habitaciones: 21 dobles con baño, calefacción central, teléfono, TV vía satélite, cosmética de baño y prensa diaria en la habitación
Instalaciones: aparcamiento, jardín, guardaesquís, lavandería, salón con chimenea, bar; alquiler de bicis
Tarjetas de crédito: AE, DC, EC, MC, V, 6000
Niños: acogidos
Minusválidos: acceso fácil
Animales: admitidos
Cierra: 24-25 diciembre
Directora: Marga Cabó

Al norte de Ripoll, cerca ya de la frontera francesa, Camprodón acoge en sus hoteles y pensiones a los cada vez más numerosos viajeros que, tanto en invierno como en verano, eligen la montaña como ámbito natural para sus vacaciones. El de mejor aspecto, justo en la entrada, se llama como la flor de la nieve: el edelweiss.

La fachada cautiva por su toque modernista, recurrente en cierto modo a la estética del lujo patentada por los grandes hoteles europeos de aquella época. Maderas barnizadas en paredes y plafones, cortinajes de cretona en los salones y el vestíbulo-recepción, mármoles venecianos y grifería dorada en los cuartos de baño completan el paisaje del establecimiento.

De los dormitorios cabe decir lo mismo. Muebles de imitación, suelos relucientes, cortinas de peso y —¡qué detalle!— floreados de estilo inglés en todos los rincones. Más amplios parecen los 107, 207 y 307. Una galantería para correr avivado hacia el desayuno, en el salón Bernaus, donde saborear una exquisita mermelada casera servida en frascos de abuela. Con el cambio de gerencia, la cocina ha ganado en tipismo.
Alrededores: iglesia de Sant Esteve, Llanars (2,5 km); estación de esquí Vallter 2000 (15 km); collado de Ares, límite con Francia (20 km).

Masía moderna, Albons

1996 Albons Calm Hotel

Ctra. de Figueres a La Bisbal, km. 18
17136-Albons, Girona
Tels.: (972) 78 82 99
Fax: (972) 78 81 17
Acceso: tomando la carretera de La Bisbal, por un camino privado que surge a la derecha; bien señalizado
Comidas: desayuno, almuerzo, cena
Precios: habitación 9.900-16.000 Pta., *suite* 22.000 Pta.; desayuno incluido, comida 2.500 Pta.
Habitaciones: 29 dobles, 3 *suites*; todas con baño, calefacción, aire acondicionado, teléfono, TV vía satélite, secador de pelo y cosmética de baño
Instalaciones: garaje, jardín, piscina, sala de convenciones, salón de reuniones, bar, comedor; alquiler de bicis
Tarjetas de crédito: AE, DC, MC, V; solicitada por anticipado
Niños: acogidos
Minusválidos: habitaciones acondicionadas
Animales: admitidos
Cierra: nunca
Director: Alex Vinacua

Encima de una pequeña colina que mira a la carretera, todo rodeada de sembraduras, en el corazón rural del Empordà, acaba de inaugurarse a bombo y platillo el último hito del *disseny* catalán. La arquitectura podría sugerir, para muchos, una lectura no demasiado afortunada: se da un aire de búnker que espanta. Y, sin embargo, de puertas adentro los atrevimientos estéticos brillan más que sus precios. Un lujoso centro de salud se ofrece como complemento a unas simples vacaciones en el campo. La cocina hipocalórica e hiposódica, de pelaje muy serio, no le hace muchos ascos a una carta de vinos tan sugerente como su decorativa bodega.
Alrededores: Ampúries, ruinas (6 km); Figueres (23 km).

Hoja de reclamaciones

Si viajar por España supone todavía un descubrimiento, pasar la noche en un hotel ha constituido siempre una atrevida incógnita. A menudo, la elección se realiza tras la lectura del folleto de presentación, ilustrado con los mejores ángulos del edificio, la mesa puesta con mantel de hilo y el plano general de la *suite* principesca tomado con gran angular. Una vez dentro, el color de la fotografía puede virar al rojo o al negro. Si inexplicable resulta el control policial de los huéspedes, la retención que algunos establecimientos hacen de su documento de identificación personal, para cumplir con este inquietante trámite, es una manifiesta ilegalidad. El *couché* de los folletos oculta, en muchos casos, el desgaste que sufren las instalaciones cuando no se renuevan. Existe cierta timidez en denunciar que la grifería de los cuartos de baño está rayada, los muebles se ven algo descascarillados, hay suciedades y lamparones en techos y paredes, o una bombilla fundida que nadie reemplaza, cuando no se trata de la muda de las sábanas o de las toallas. Apuros para lamentar que en este hotelito tan mono no admitan a un caniche, se desentiendan de los minusválidos, salgan siempre crueles olores de la cocina o, peor aún, se vea uno obligado a despertarse cada vez que el vecino acude al inodoro o enchufa de noche el televisor.
La calidad de un hotel se mide realmente a la hora del desayuno. En ese instante luminoso del desperezo nadie debería hacer concesiones a un zumo de naranja que supiera a aspirina, ni a unos bollos de anteayer, ni mucho menos a un café que, si llega, esté para servir de refresco. Existe una hoja de reclamaciones a disposición de los huéspedes que sean capaces de vencer su timidez.

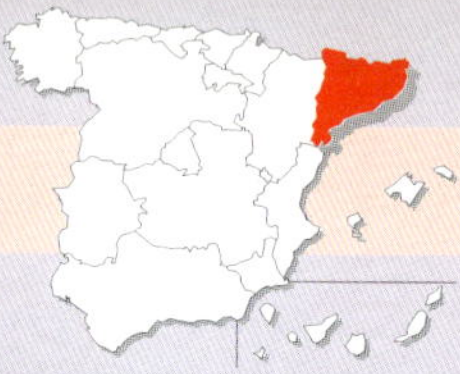

Aigua Blava (Girona)

Cala Fornells

Introducción a la zona

Hoteles de la Costa Brava

Si durante el invierno los hoteles permanecen en su mayoría cerrados, en verano la costa gerundense registra tal llenazo que resulta aconsejable reservar plaza con cierta antelación.

Blanes ofrece una de las playas más extensas de la Costa Brava y uno de los mejores establecimientos familiares: el Park Hotel Blanes [Tel. (972) 33 02 50], escondido entre los pinos. En Lloret de Mar, siguiendo el litoral, aparece el hotel Santa Marta [Tel. (972) 36 49 04], muy recomendable a las familias en busca de retiro y tranquilidad. Sus precios se justifican por su categoría, adscrito a la marca Relais et Châteaux.

Un clásico de las escapadas mundanas, hoy en decadencia, es el hotel que posee Carles Camós en Platja d'Aro, el Big Rock [Tel. (972) 81 80 12]. Más discretos y confortables parecen Casa Rovira [Tel. (972) 32 12 02], perteneciente a un inglés adicto a Internet, y el hotel Plaça [Tel. (972) 32 51 55], en el centro de la plaza del Mercat, de Sant Feliu de Guíxols. En esa misma localidad se acaba de inaugurar un complejo de salud, el Curhotel Hipócrates [Tel. (972) 32 06 62], para ejecutivos estresados.

Más arriba, en Palamós, sigue funcionando el hotel Trías [Tel. (972) 31 41 00], abierto en 1900 por la familia Colomer. También un legendario, a pesar de sus defectos, es el Hostal de la Gavina [Tel. (972) 32 11 00], en S'Agaró. Otros establecimientos en los que fijarse son el Diana [Tel. (972) 34 18 86], en Tossa de Mar; el Hostalillo [Tel. (972) 61 02 50], en la playa de Tamariu; el Garbí [Tel. (972) 61 40 40] y el Sant Roc [Tel. (972) 61 42 50], ambos en Calella de Palafrugell; el Jordi's [Tel (972) 30 15 70], en Begur; y el Aiguablava [Tel. (972) 62 20 58], en cala Fornells, de honda tradición familiar, merecedor de más espacio en esta guía si no fuera por el límite en el número de habitaciones.

Y, tierra adentro, conviene referirse a un hotel de carretera con fama en toda Cataluña por su carácter culinario, el Ampurdán [Tel (972) 50 05 62], en Figueres.

La mar de estrellas

La clasificación de los establecimientos hoteleros en España es un verdadero *comecocos* para todo el mundo. El sistema oficial de atribución de estrellas, que prima la cantidad sobre la calidad de los servicios, ha quedado definitivamente obsoleto. En algunos países existen publicaciones rigurosas e independientes —Michelin, Gault Millau, AAA, Mobil, ADAC— que sustituyen, por su mayor crédito, a los controles administrativos. El debate sobre una alternativa está, en cualquier caso, abierto.

GERONA/GIRONA

Masía tradicional, Pont de Molins

El Molí

Ctra. Las Escaules
17706-Pont de Molins, Girona
Tel.: (972) 52 80 11
Fax: (972) 52 81 01
Acceso: salida autopista Figueres dirección Francia por la N-II, a 6 kilómetros de Figueres; mal señalizado
Comidas: desayuno, almuerzo, cena
Precios: habitaciones 9.000 Pta.; desayuno incluido, comida 1.450 Pta.

Habitaciones: 8 dobles con baño, calefacción y teléfono
Instalaciones: aparcamiento, jardín, tenis, salón de estar, bar, comedor
Tarjetas de crédito: AE, DC, EC, MC, V
Niños: área de juegos
Minusválidos: acceso difícil
Animales: prohibidos
Cierra: del 1 de septiembre al 15 de abril
Propietario: Pere Lladó Grau

Las aguas del río Muga impulsaron, desde el siglo XVIII, la rueda catalina de este precioso molino harinero, actualmente transformado en hotel por ventura de la familia Lladó. Su casa, aislada en un paraje de arboleda y sembraduras, resume la plástica rústica de la Cataluña payesa, sensible, afanosa, asida a lo suyo.

Atmósfera familiar de los pies a la cabeza. Sensación de calidez, prolongado bienestar. Ornato sencillo, muros adentro, muros afuera. Eso es lo que percibe el huésped a su llegada y durante la despedida. ¡Qué gozada salir a respirar bálsamo de pinos y seguir las huellas de liebre por el terruño cargado de frutales!

Atención propia recibe la cocina, especializada en los platos típicos del Empordà: la *escudella,* el *bou estofat,* una *costellada* de cordero... El salón Torrent, decorado con cuadros de este pintor ampurdanés amigo de la familia, suele utilizarse en banquetes o celebraciones privadas. Los dormitorios ofrecen lo imprescindible: alfombras, camas de colchón rígido y doseles isabelinos. Nada anclados en el estilo arquitectónico del molino, quizás, pero tan cotidianos que el sueño llama pronto a ellos.

Alrededores: museo Salvador Dalí, Figueres (8 km); playas de la Costa Brava (18 km).

Casa de payés, Avinyonet de Puigventós

Mas Pau

Despoblado, s/n
17742-Avinyonet de Puigventós,
Figueres, Girona
Tel.: (972) 54 61 54. **Fax:** (972) 54 63 26
Acceso: desde Figueres, a 4 km por la carretera a Besalú y Olot, a la izquierda; señalizado
Comidas: desayuno, almuerzo, cena
Precios: habitación doble 8.500-12.000 Pta., *suite* 12.000-14.000 Pta.; desayuno 1.200 Pta., comida 4.000-5.000 Pta.
Habitaciones: 7 dobles y 1 *suite;* todas con baño, calefacción, aire acondicionado, teléfono, minibar y TV vía satélite
Instalaciones: aparcamiento, jardín, piscina, golf, salones de conferencias, bar, comedor
Tarjetas de crédito: AE, DC, EC, MC, V, 6000
Niños: área de juegos
Minusválidos: acceso fácil
Animales: admitidos
Cierra: del 10 de enero al 1 de febrero
Directores: T. Gerez y X. Sagristà

Nuria Serrat, la antigua propietaria de esta masía del siglo XVII, se ha jubilado. Su lugar lo ocupan ahora dos personajes de la alta cocina catalana, Toni Gerez y Xavier Sagristà, entrenados en el prestigioso restaurante El Bulli, de Roses. Ambos garantizan, como el lógico, la continuidad de las excelencias hospederas y el trato personalizado, delicadamente familiar.

El paisaje de bosques y tierras de cultivo, cercano a la localidad daliniana de Figueres, ayuda a crear una atmósfera limpia y sosegada, necesaria para el buscado reposo del viajero. Las instalaciones son visiblemente rústicas, especialmente el jardín, lleno de flores, paseos de tierra y un pozo de hierro forjado.

Tanto los tres comedores, comunicados entre sí, como el bar abovedado, con unas mesas fabricadas a partir de antiguas máquinas de coser, merecen toda la atención. En un edificio contiguo de apariencia igualmente rústica se encuentran las habitaciones, en trance de ampliación.

Todas adolecen de un estilo ya pasado de moda, con las paredes estucadas en color salmón, los cuartos de baño en mármol rosa y el cortinaje en tonos variables según los colores de cada estación: cálidos y rosados en invierno y frescos y grises en verano.

Alrededores: museo Dalí, museo de Juguetes, Figueres (3,5 km); Girona (40 km).

Casa rural, Corçà

1996 La Mère Michelle

Major, 8
17121-Corçà, Girona
Tel.: (972) 63 05 35
Accesos: desde Gerona, por la salida norte hacia la costa, antes de llegar a La Bisbal, en el centro de la población; poco señalizado
Comidas: desayuno, almuerzo, cena
Precios: habitación 8.000 Pta.; desayuno 1.200 Pta., comida 2.500 Pta.
Habitaciones: 3 dobles con baño y calefacción
Instalaciones: aparcamiento exterior, terraza, bar, comedor
Tarjetas de crédito: V
Niños: acogidos
Minusválidos: acceso difícil
Animales: admitidos
Cierra: sólo abre en fin de semana
Propietaria: Michelle Amram

Es una pena que esta lindeza del Ampurdán, edificada en 1760, abra solamente los fines de semana y, fundamentalmente, con el reclamo de su restaurante. La propietaria, Michelle Amran, acaudala buen gusto tanto en la cocina como en el hospedaje. Las tres únicas habitaciones, situadas en la planta de arriba, destilan un inconfundible *charme* francés. Inteligente la armonía entre la madera y los suelos de terrazo catalán... Atrevida la transparencia de los visillos... Embriagador el silencio que preservan sus piedras en la soledad de una calleja del pueblo. ¡Qué magnífico *relais de campagne*!
Alrededores: La Bisbal, cerámicas (4 km); playas de la Costa Brava (20 km); Gerona (23 km).

Castillo medieval, Peratallada

Castell de Peratallada

Plaza del Castell, 1
17113-Peratallada, Girona
Tel.: (972) 63 40 21
Fax: (972) 63 40 11
Acceso: desde la costa, por la carretera C-255 hasta Vulpellac, y luego a la derecha hasta Peratallada, en cuyo centro se encuentra el castillo; señalizado
Comidas: desayuno
Precios: habitación 19.000 Pta., *suite* 25.000-30.000 Pta.; desayuno incluido
Habitaciones: 4 dobles, 1 *suite*, 1 familiar; todas con baño, calefacción, teléfono, aire acondicionado, minibar, cosmética de baño, secador de pelo
Instalaciones: jardín, salón de estar, sala de convenciones, restaurante, bar
Tarjetas de crédito: AE, DC, MC, V
Niños: acogidos
Minusválidos: acceso difícil
Animales: prohibidos
Cierra: nunca
Propietaria: Carmen Ferrer Cajigal, marquesa de Torroella de Montgri

Si la villa constituye uno de los mejores ejemplos de conservación del patrimonio medieval, indemne a la explosión inmobiliaria sufrida por la Costa Brava, su vetusto castillo feudal demuestra cómo sobrevivir a las modas y al expolio artístico. Los marqueses de Torroella de Montgri, sus actuales propietarios, han tomado nota «a la inglesa» de cómo sostener estos edificios nobiliarios a costa del turismo. Dormir en una de las dos habitaciones del piso superior, la de la Lluna o la de les Estrelles, decoradas con auténticas tablas medievales, revela un gusto tan linajudo cuanto un placer plebeyo.
Alrededores: Ullastret, poblado ibérico (6 km); La Bisbal, cerámica (6 km).

Casa de payés, Peratallada

1996 La Riera

Plaça Les Voltes, 3
17113- Peratallada, Girona
Tel.: (972) 63 41 42
Fax: (972) 63 50 40
Accesos: por la carretera que entra desde La Bisbal, tomar la segunda entrada al pueblo y seguir los indicadores amarillos
Comidas: desyuno, almuerzo, cena
Precios: habitación 6.000-10.000 Pta.; desayuno 750 Pta., comida 2.800-3.800 Pta.

Habitaciones: 6 dobles y 2 familiares; todas con baño, calefacción y TV color
Instalaciones: aparcamiento exterior, jardín y sala de convenciones
Tarjetas de crédito: AE, MC, V
Niños: acogidos
Minusválidos: acceso difícil
Animales: admitidos
Cierra: del 6 de enero al 6 de febrero
Propietario: Albert Castellví

El hostal respira sobre una masía del siglo XV restaurada con bastante mimo por Albert Castellví. Su mujer, Shudy, restaura otras arquitecturas, las relacionadas con el sustento y la pernocta de los viajeros, que aprecian aquí el aroma a fonda antigua y a los platos auténticos del *terrer* ampurdanés. Más felicidad no cabe en este solariego rincón de Cataluña.

La construcción respeta, en rigor, la tradición de la viguería en madera, los balcones de forja y el mobiliario rescatado de casa de los abuelos. Una casa payesa tal cual, en piedra y barro. Rústica, pero fina. Turística. Adscrita a la asociación rural de Casas-Fonda.

Todas las habitaciones ofrecen vistas sobre los campos de la comarca. Es lo mejor que tienen. La decoración, por desgracia, se pierde en unos pobres cuadritos de brigadieres franceses y un ventilador de aspas al puro estilo colonial. El artesonado, de verde y blanco escaqueados, causa efectos sicodélicos sobre el durmiente.

Naturalmente, el jaque mate llega a la hora de la cena, en el comedor de la antigua casa. Ahí es donde Shudy y su equipo prestan un convincente auxilio al huésped, a la vez que cumplen con la exigencia de que todo hotelito doméstico disponga también de una mesa familiar.

Alrededores: La Bisbal, cerámica (6 km); Pals, pueblo medieval (10 km).

Masía tradicional, Castelló d'Empúries

Allioli

Urbanización Castell Nou, s/n
17486-Castelló d'Empúries, Girona
Tel.: (972) 25 03 20
Fax: (972) 25 03 00
Acceso: en una hondonada, a la derecha de la carretera Figueres-Roses, detrás de la fábrica de Danone; señalizado
Comidas: desayuno, almuerzo, cena
Precios: habitación 6.500-11.000 Pta.; desayuno 550 Pta., comida 1.650 Pta.
Habitaciones: 36 dobles, 4 individuales, 2 familiares; todas con baño, calefacción, aire acondicionado, teléfono y TV color
Instalaciones: garaje, jardín, piscina, salas de estar, bar, comedor
Tarjetas de crédito: AE, DC, EC, MC, V
Niños: área de juegos
Minusválidos: instalaciones con ascensor
Animales: admitidos
Cierra: del 22 de diciembre al 17 de febrero
Propietario: José Peig Rions

Masía catalana del siglo XVII decorada al gusto de los que transitan en verano por la carretera principal Roses-Figueres, pero no soportan unas vacaciones típicas en ninguna playa de la Costa Brava. La familia que lo atiende se emplea con generosidad y sentido común en el agasajo a los huéspedes, sean de la nacionalidad que sean.

La planta baja está prácticamente dedicada a la restauración. De los estómagos, se entiende. Cuatro grandes salas se abren al visitante, atiborradas de sillas, mesas, arcos de ladrillo, vigas de madera y cacharros de plástica campestre para todos los gustos. Una verdadera *ruralía* de cosas.

Los dormitorios, en cambio, hacen gala de una sencillez beatífica: las colchas son de lino; las vigas, vistas; y las paredes, de pura cal. Todo ello sin perder un ápice de confort y modernidad. Los cuartos de baño relucen de limpios; su iluminación es suave y equilibrada. Nadie lo diría después de pasar entre las dos columnas que flanquean el acceso a la primera planta.

Abajo, en el bar, cuelgan del techo unos apetitosos jamones de Jabugo. Da gusto verlos. Y pagar, al salir, la reducida factura por tan buen servicio.

Alrededores: animación nocturna, playa de Roses (8 km), Empúria-brava (2 km); Figueres, museo Dalí (10 km).

Masía tradicional, Torrent

Mas de Torrent

Afueras, s/n
17123-Torrent, Girona
Tel.: (972) 30 32 92. **Fax**: (972) 30 32 93
Acceso: desde la autopista A-7 salida 6, por la carretera que va a la Costa Brava, pasando La Bisbal y tomando a la izquierda la carretera que va hacia Pals; bien señalizado
Comidas: desayuno, almuerzo, cena
Precios: habitación 25.000-30.000 Pta., *suite* 28.000-35.000 Pta.; desayuno 1.750 Pta., comida 4.000 Pta.; descuentos a jugadores de golf y empresas
Habitaciones: 25 dobles, 5 *suites;* todas con baño, calefacción, aire acondicionado, teléfono, minibar, TV vía satélite, caja fuerte, cosmética de baño, secador de pelo y prensa diaria en la habitación
Instalaciones: aparcamiento, jardín, piscina, tenis, salones, bar, comedor; alquiler de bicis; servicio de transporte al aeropuerto
Tarjetas de crédito: AE, DC, EC, MC, V, 6000 (se pide por anticipado)
Niños: canguro, área de juegos
Minusválidos: habitaciones acondicionadas
Animales: admitidos en las habitaciones del jardín
Cierra: nunca
Director: Gregori Berengüi

Como se intuye desde la carretera, esta deslumbrante masía del siglo XVIII es uno de los pocos hoteles españoles adscritos a la prestigiosa organización Relais et Chateaux. Sus balcones son una atalaya privilegiada del tramo litoral comprendido entre Pals y el castillo de Begur, itinerario monumental obligado a los asiduos a la Costa Brava. Lo dirige, con mucha simpatía, Gregori Berengüi.

Remodelado no hace muchos años, ofrece unas instalaciones impecables entre las que se cuentan unas pistas de tenis, la cancha de *paddle* y una piscina, rodeada de campo abierto con vistas al horizonte costero.

Un gran salón con sofás de colores vivos y una chimenea muy vistosa da paso al dominio de las terrazas y el bar inglés. La decoración interior hace gala de una originalidad y un gusto exquisitos, sabia mezcla de lo rústico con el *disseny* intencionado. Diáfano, sin ambages.

Arriba existen otros espaciosos salones llenos de antigüedades y detalles de gran lujo. Alrededor de ellos se concentran las *suites,* cada una con nombre de flor. El restaurante, adosado al edificio principal, con sus vigas y tejado de pizarra, ofrece un menú genuino y equilibrado.
Alrededores: Pals (4 km); playas de la Costa Brava (10 km).

GERONA/GIRONA

Masía tradicional, Santa Cristina d'Aro

Mas Torrellas

Ctra. Santa Cristina a Platja d'Aro, km. 1,713
17246-Santa Cristina d'Aro, Girona
Tel.: (972) 83 75 26
Fax: (972) 83 75 27
Acceso: siguiendo la antigua carretera de Santa Cristina a Platja d'Aro, a la izquierda de la carretera; bien señalizado
Comidas: desayuno, almuerzo, cena
Precios: habitación 7.500-10.500 Pta.; desayuno incluido, comida 2.000 Pta.

Habitaciones: 17 dobles con baño, calefacción, aire acondicionado, teléfono, minibar y TV vía satélite
Instalaciones: aparcamiento, jardín, piscina, sauna, tenis, salón de estar, bar, comedor
Tarjetas de crédito: AE, DC, EC, MC, V
Niños: área de juegos
Minusválidos: acceso difícil
Animales: prohibidos
Cierra: del 10 de enero al 15 de marzo
Propietario: José Carrera Castro

Lo singular de esta casa pairal fechada en 1771 es, precisamente, lo menos pairal de su arquitectura: la torre cuadrada, visible a cierta distancia, su principal seña de identidad y vigía privilegiado del horizonte mediterráneo. A pesar de ser un añadido posterior, aloja bajo cubierta la habitación número 18, preferida entre los huéspedes sibaritas por la bañera casi redonda del cuarto de baño.

Nada menos que 10 hectáreas de terreno se extienden en torno a la masía. Una familia de hosteleros con tradición en la Costa Brava, los Carrera, compró la finca con la convicción de que este tipo de infraestructura representa ya el futuro del turismo. No se equivocan. La atmósfera que aquí se respira es infinitamente más sana e imaginativa que la del litoral remanente.

Cabría esperar otro tono quizás en la decoración de los interiores, pero la piedra desnuda conforta por igual a la vista y al espíritu. Las cuadras han sido transformadas en comedor. La bodega conserva sus viejos barriles. El servicio respeta los biorritmos de la vacación. ¿Acaso no es lo que Josep Pla buscaba en sus viajes?

Alrededores: campos de golf Mas Nou y Santa Cristina; Platja d'Aro (3 km); Girona (31 km).

Casa de pueblo, Viladrau

Hostal de la Glòria

Torreventosa, 12
17406-Viladrau, Girona
Tel.: (93) 884 90 34
Fax: (93) 884 94 65
Acceso: carretera N-152 de Barcelona a Puigcerdà, hasta llegar a la localidad de Tena, luego se sigue por la carretera dirección Seva y Viladrau, al principio del pueblo
Comidas: desayuno, almuerzo, cena
Precios: habitación 7.000 Pta., *suite* 9.500 Pta.; desayuno 800 Pta., comida 1.850 Pta.; garaje gratuito

Habitaciones: 18 dobles, 3 individuales, 1 *suite*, 2 familiares; todas con baño, calefacción central, teléfono, TV vía satélite y cosmética de baño
Instalaciones: garaje, jardín, piscina, tenis, sala de convenciones, bar, comedor y alquiler de bicis
Tarjetas de crédito: EC, MC, V
Niños: canguro, área de juegos
Minusválidos: acceso fácil
Animales: prohibidos
Cierra: del 22 de diciembre al 7 de enero
Propietario: Eudald Formatje Clos

Acogedor. Coqueto. Honesto. Todos estos epítetos hacen honor a la verdad cuando nos referimos al hostal que regenta Eudald Formatje en la pequeña localidad de Viladrau, detrás de la sierra del Montseny. El establecimiento, construido en estilo masía catalana hace unos cincuenta años, dispone en la entrada de una bonita y tranquila terraza-jardín, antesala perfecta del mimo que recibirán de puertas adentro los viajeros que recalan a veces sin saberlo en el pueblo.

La minúscula pieza de recepción aparece adornada con decenas de cuadritos, tal vez cientos. A un lado se abre el bar y unas mesitas, lugar favorito de los ancianos lugareños para jugar a las cartas durante los fines de semana con bajo nivel de ocupación.

La propiedad se ocupa de mantener relucientes los cazos de cobre, las lámparas de bronce y las sillas antiguas españolas que componen el catálogo ornamental interior. Eudald y su familia se muestran orgullosos de su negocio, siempre dispuestos a agradar.

Las habitaciones son sencillas y modernas, decoradas con cierto gusto. El comedor es un espacio de paredes blancas, suelos de baldosa y vigas de madera para dar ambiente a un menú de cuatro platos, puro aroma del hogar.

Alrededores: sierra del Montseny; Vic (25 km); Girona (60 km).

Barcelona

Parque Güell, obra de Gaudí

Introducción a la zona

Hoteles de Barcelona

Que Barcelona *posa guapa* lo dice el diseño tecnológico que corre por las venas laminares del hotel Les Arts [Tel. (93) 488 28 54], ejercicio *cad-cam* del arquitecto Bruce J. Graham. Eclecticismo, transvanguardia, neomodernismo, *disseny* catalán, al fin y al cabo, gravitan sobre el patio interior del Gran Hotel Havana [Tel. (93) 412 11 15] y en la polémica fachada del hotel Clarís [Tel. (93) 487 62 62], antes palacio de los condes de Vedruna, en el Eixample. No muy lejos se acaba de estrenar el Caledonian [Tel. (93) 453 02 00], en una sencilla casa de vecinos.

Entre los más clásicos y suntuosos figura el Ritz [Tel. (93) 318 52 00], un edificio principesco de la *belle époque*, empelechado de mármoles, escayolas barrocas, arañas de cristal, brocados en las paredes y unos baños epicúreos, llamados romanos, con labra en mármol y mosaicos de Sevilla. Otro establecimiento de gran solera es el hotel Duques de Bergara [Tel. (93) 301 51 51], instalado en un edificio modernista construido por un arquitecto que fue maestro de Gaudí. El hotel Regente [Tel. (93) 215 25 70] exhibe también una preciosa fachada *art nouveau* con vidrieras y unos balcones de hierro forjado. Instalado en la casa modernista de Batlló, el Condes de Barcelona [Tel. (93) 487 37 37] merece una visita sólo por admirar la iluminación nocturna de su fachada. Casi enfrente, otro clásico: el Majestic [Tel. (93) 488 17 17], en proceso de renovación.

En la zona de las Ramblas existen varios establecimientos renovados en profundidad. El más lujoso de todos es el hotel Le Méridien [Tel. (93) 318 62 00], aunque tampoco desmerecen el Rivoli Ramblas [Tel. (93) 302 66 43], con unos precios en consonancia, ni el decano de los hoteles barceloneses, el Oriente [Tel. (93) 302 25 58], que ofrece un ambiente nostálgico para reconocerse en las noches del Liceo.

En el corazón del barrio Gótico, el hotel Colón [Tel. (93) 301 14 04] atrapa por las tardes al *tout* Barcelona por los *Bloody Mary* que se sirven en el bar. El hotel Gravina [Tel. (93) 301 68 68], renovado no hace mucho, es punto de reunión de los visitantes extranjeros. Y, próximo al palacio de la Generalitat, el hotel Gótico [Tel. (93) 315 22 11] conserva cierto acento añorante de un pasado que posiblemente le fuera mejor.

Un fin de semana payés

El peaje de las autopistas se paga bien a gusto cuando llega el viernes por la tarde con su olor a campo. En las inmediaciones de la capital prosperan los hotelitos de fin de semana, unos consagrados al culto balneario, otros al sesteo en familia, sin perder el *seny*. El recientemente inaugurado Can Roselló de Munt, en La Garriga, el Vila de Caldes [Tel. (93) 865 41 00], en Caldes de Montbui, o el Cal Nen [Tel. (93) 821 00 27], de Berga, entran dentro de esta lógica recreativa.

BARCELONA

Hotel de montaña, Montseny

Sant Bernat

Finca el Cot
08460-Montseny, Barcelona
Tel.: (93) 847 30 11
Fax: (93) 847 31 02
Acceso: a 8 kilómetros al noroeste del Montseny, por la sinuosa carretera que va a Tona, a la derecha
Comidas: desayuno, almuerzo, cena
Precios: habitación 11.725 Pta.; desayuno incluido, comida 2.710 Pta.
Habitaciones: 20 dobles con baño, calefacción central, teléfono, TV color y secador de pelo
Instalaciones: garaje, jardín, salón de juegos, bar, comedor
Tarjetas de crédito: AE, DC, EC, MC, V
Niños: área de juegos
Minusválidos: acceso difícil
Animales: prohibidos
Cierra: nunca
Director: Juan Miguel Pérez

Junto a la capilla de Sant Bernat de Menthon, patrono de los esquiadores y montañeros, en plena sierra del Montseny y rodeada de un tupido bosque, esconde sus líneas serenas esta casona construida hace cuarenta años para el cultivo de unas viñas próximas. La fachada, cubierta por un tapiz verde de enredaderas, anticipa unas instalaciones bastante acogedoras, aunque machacadas por el numeroso turismo del fin de semana.

Unos sauces, un estanque y una fuente en la entrada completan el refrescante entorno. Por contra, la zona trasera del edificio es una linda terraza-mirador sobre los faldones vegetales de la sierra, flanqueada por la susodicha capilla de Sant Bernat, frente a la cual transcurre el tiempo ralentizado con una taza de té en la hierba.

El comedor, decorado con columnas de madera, invita a una agradable sobremesa. Los salones intermedios, con su chimenea encendida en invierno, proporcionan una sensación de abrigo placentera a la caída de la tarde. Bucólicos también, los dormitorios arropan la noche de los sábados.

Alrededores: paseos a pie por la sierra del Montseny; Barcelona (70 km).

Mansión urbana, Granollers

Fonda Europa

Anselm Clavé, 1
08400-Granollers, Barcelona
Tel.: (93) 870 03 12
Fax: (93) 870 79 01
Acceso: salida 13 de la autopista A-7 hacia Francia
Comidas: desayuno, almuerzo, cena
Precios: habitación 12.500 Pta.; desayuno incluido, comida unas 3.000 Pta. a la carta
Habitaciones: 7 dobles con baño, calefacción, aire acondicionado, teléfono, minibar, TV vía satélite, secador de pelo y cosmética de baño
Instalaciones: jardín, salón de estar, comedor
Tarjetas de crédito: AE, EC, MC, DC, V, 6000
Niños: acogidos
Minusválidos: acceso difícil
Animales: admitidos
Cierra: nunca
Director: Xavier Font

La familia Parellada dirige el negocio ininterrumpidamente desde 1714, cuando los viajantes que iban o volvían de Francia recalaban en su ya por entonces esmerados fogones y hallaban colchón donde descansar. Su último descendiente espera que el negocio cumpla, por lo menos, otros 200 años más.

El establecimiento es, pues, un clásico de la hostelería catalana. Alberga únicamente siete habitaciones —para qué más, si embelesan hasta no pestañear— decoradas en un estilo diríamos *art déco* matizado por el color de las paredes, índigo-amarillo napolitano, y de las tapicerías, en piel alcántara.

Todas se refugian en el segundo piso, casi invisibles en los pasillos si no fuera por los picaportes y sus placas. Pero déle el huésped un zangoloteo a su monedero y páguese extraordinariamente la número 7, que figura como la mayor de la casa y cuenta con una superbañera en mármol de estilo pompeyano.

A ras de calle está el comedor, siempre lleno, especialmente los domingos y los jueves —día de mercado—, cuando es tradición que los vendedores se pasen por aquí a *esmorzar.* Conviene entonces reservar mesa con una semana al menos de adelanto, que los Parellada son personas muy virtuosas y conceden los turnos por riguroso orden.

Alrededores: Barcelona (25 km), Arenys de Mar (29 km).

Balneario, La Garriga

Termes La Garriga

Banys, 23
08530-La Garriga, Barcelona
Tel.: (93) 871 70 86
Fax: (93) 871 78 87
Acceso: desde la A-7 o desde la N-152, salida a la Garriga; en el centro urbano
Comidas: desayuno, almuerzo, cena
Precios: habitación 15.100-23.000 Pta., *suite* 23.000 Pta.; desayuno 1.500 Pta., comida 4.100 Pta.
Habitaciones: 18 dobles, 4 *suites;* todas con baño, calefacción, aire acondicionado, teléfono, minibar, TV color, secador de pelo y cosmética de baño
Instalaciones: garaje, jardín, piscina exterior y climatizada, gimnasio, sauna, salas de convenciones, bar, comedor; servicio de transporte al aeropuerto
Tarjetas de crédito: AE, MC, V
Niños: acogidos
Minusválidos: acceso fácil
Animales: prohibidos
Cierra: nunca
Director: Josep Monnet i Campaña

Aguas, clima suave y un balneario decente han convertido al pueblo en un centro de veraneo preferente para mucha gente guapa de Barcelona. Su salón particular lo constituyen estas termas de ambiente inglés y color pastel que siguen funcionando en la parte alta desde 1874.

Dormir en cada una de sus 22 habitaciones y *suites* nos remite a la época dorada de los grandes balnearios europeos, tipo Biarritz o Baden Baden. Alfombras, lámparas de pie, cortinas de cretona, albornoces y zapatillas a discreción aseguran una cálida sensación de hogar, un sueño exclusivo. Y salutífero.

Alrededores: Barcelona (36 km); Arenys de Mar, playas (39 km).

Palacete burgués, Valldoreix

La Reserva

Rambla Mosén Jacinto Verdaguer, 41
08190-Valldoreix, Barcelona
Tel.: (93) 589 21 21
Fax: (93) 674 21 00
Acceso: por la carretera a Valvidrera, siguiendo recto unos 11 kilómetros hasta dar con esta localidad próxima a la autopista A-7; señalizado
Comidas: desayuno, almuerzo, cena
Precios: habitación 10.000-12.000 Pta., *suite* 20.000-25.000 Pta.; desayuno bufé 1.500 Pta., comida 3.000 Pta.; descuentos del 20% a empresas y clientes habituales
Habitaciones: 15 dobles, 1 individual, 2 *suites;* todas con baño, calefacción, aire acondicionado, teléfono, minibar, TV color, secador de pelo, cosmética de baño
Instalaciones: garaje, salas de convenciones, bar, restaurante, jardín, piscina
Tarjetas de crédito: AE, DC, EC, MC, V, 6000
Niños: bien acogidos
Minusválidos: acceso fácil
Animales: prohibidos
Cierra: nunca
Directora: Silvia Monzó

Detrás de la sierra de Collserola espejea una mansión burguesa construida en 1928 al más puro estilo francés y reconvertida en hotel, a principios de los noventa, con apariencias de lujo y seriedad en el negocio. El jardín, escalonado en terrazas y macizos florales bien alineados, rubrica toda la grandeza que encierra la casa. Los salones, imbuidos del mismo refinamiento, albergan una completísima colección de libros sobre Barcelona, con manuscritos de los siglos X y XI y algún que otro incunable. Exquisito el personal de servicio.

Alrededores: Rubi, pueblo pintoresco (4 kilómetros).

Mansión urbana, Barcelona

Gran Via

Gran Via de les Corts Catalanes, 642
08007-Barcelona
Tel.: (93) 318 19 00
Fax: (93) 318 99 97
Acceso: por cualquiera de las grandes arterias hasta los aledaños de la plaza de Cataluña, junto al paseo de Gracia; sin señalización
Comidas: desayuno
Precios: habitación 8.000-11.000 Pta.; desayuno 600 Pta.; garaje 2.500 Pta.
Habitaciones: 31 dobles, 12 individuales, 10 familiares; todas con baño, calefacción, aire acondicionado, teléfono, minibar, TV color y cosmética de baño
Instalaciones: garaje concertado, jardín, salón de convenciones, bar; transporte al aeropuerto
Tarjetas de crédito: AE, DC, EC, MC, V (se pide por anticipado)
Niños: área de juegos
Minusválidos: habitaciones acondicionadas
Animales: pequeños tolerados
Cierra: nunca
Director: José Luis García Picazo

Un clásico en una de las calles más concurridas de la capital. Un símbolo de la Barcelona que fue y ya no volverá a ser la misma después de las Olimpiadas de 1992. Desde el exterior ofrece el aspecto de un inmueble de principios de siglo, como tantos otros; aunque, una vez traspasado el umbral, la impresión varía por la sorprendente inmensidad del edificio.

Una escalinata de mármol conduce al entresuelo, donde se encuentra el restaurante, verdadero comedor de palacio. Anejo se descubre otro precioso salón, con techo de estuco y valiosas antigüedades. El decorado serviría para cualquier sesión de fotografías con modelos *Vogue.*

Los dormitorios, otrora decadentes y hoy todavía en proceso de renovación, se sitúan a ambos lados de la galería, recreada con unos lienzos figurativos. El 118 conserva incluso el oratorio privado de Doña Dorotea, la primera dueña de la casa.

Su actual propietario, José Luis Núñez, presidente del *Barça* y constructor inmobiliario, aspira a conquistar con este hotel otra Copa de Europa.

Alrededores: barrio gótico, museos; un paseo a media tarde por Las Ramblas.

Chalé en la costa, Cubelles

Llicorella

Camino de San Antonio, 101
08880-Cubelles, Barcelona
Tel.: (93) 895 00 44 y 895 01 51
Fax: (93) 895 24 17
Acceso: en la carretera que discurre paralela a la costa, cerca de los túneles del Garraf; apenas señalizado
Comidas: desayuno, almuerzo, cena
Precios: habitación 13.000 Pta., *suite* 18.000 Pta.; desayuno 1.100 Pta., comida a la carta, unas 4.000 Pta.
Habitaciones: 15 dobles, 15 individuales y 1 familiar; todas con baño, calefacción, aire acondicionado, minibar, teléfono, TV vía satélite, secador de pelo, cosmética de baño y prensa diaria en la habitación
Instalaciones: aparcamiento, jardín, piscina, terraza, salón de convenciones, restaurante, alquiler de bicis y transporte al aeropuerto
Tarjetas de crédito: AE, DC, EC, MC, V, 6000
Niños: acogidos
Minusválidos: acceso fácil en planta baja
Animales: admitidos, salvo en el comedor
Cierra: nunca, salvo el comedor
Propietarios: familia Adriá Darbert

Nadie podría pensar que en una localidad costera del sur de Barcelona como ésta, de escaso relieve turístico y frecuentes implantaciones industriales, aparezca sin aviso detrás de un seto de árboles un chalé de dos plantas, con tejado inclinado de pizarra a dos aguas, típico de las urbanizaciones de lujo en la sierra.

Así son las cosas. El dueño es arquitecto de profesión y no puede discutírsele que su obra sea, gustos aparte, verdaderamente original. Un extraño grupo escultórico en yeso, junto a la puerta de entrada, conforma el vanguardismo estético de la construcción.

Y no es el único. El césped, como un paisaje animado, acoge diversas esculturas de Subirachs, Cánovas y Pere Angles, amigos personales de los propietarios, Miquel Adriá y su esposa Renata. Detrás de la casa, en otro edificio de dos plantas, se distribuyen las habitaciones, llamadas por el nombre de quienes decoraron sus paredes: Guinovart, Arranz-Bravo, Bartolozzi y otros artistas de renombre.

La cocina, muy elaborada, goza de merecido reconocimiento en Cataluña. Elaboran un cava riquísimo en su propia bodega. Últimamente, ciertos descuidos han provocado su exclusión de los Relais et Chateaux.

Alrededores: comarca de viñedos, Vilafranca del Penedés (23 km).

Mansión urbana, Sitges

Capri

Avda. Sofía, 13-15
08870-Sitges, Barcelona
Tel.: (93) 811 02 67
Fax: (93) 894 51 88
Acceso: por una de las calles interiores que desembocan en el paseo marítimo, a 100 metros de la playa
Comidas: desayuno, cena
Precios: habitaciones 10.100-13.300 Pta.; desayuno incluido, cena 1.600 Pta.
Habitaciones: 17 dobles, 1 individual, 1 familiar; todas con baño, calefacción, teléfono y TV color
Instalaciones: piscina, sauna, hidromasaje, salón de estar, bar, comedor
Tarjetas de crédito: AE, EC, MC, V
Niños: acogidos
Minusválidos: acceso difícil
Animales: prohibidos
Cierra: nunca
Propietario: Magín Carbonell

La familia Carbonell escogió uno de los rincones más tranquilos de esta localidad costera para fundar su establecimiento, allá por 1959. Tres bonitas torres, completamente renovadas al gusto de hoy, configuran la imagen palaciega del hotelito, en el fondo tan elemental y familiar. Octavio y José lo dirigen con firmeza y un elegante sentido del servicio.

Su clientela de toda la vida aprecia aquí el perfume del mar, limpio de efluvios nocturnos y aglomeraciones veraniegas, particularmente sentimental. Los huéspedes más jóvenes encuentran el refugio perfecto para divertirse sin trasnochar, como en casa.

Las mañanas desgranan sus horas alrededor de la piscina central, a la medida de sus habitaciones, acogedoras sin más. Es cierto que el aire libre ofrece suficientes ocupaciones, pero tampoco sobraría un mejor tratamiento del espacio interior cuando las vacaciones se presentan largas.

En verano, a falta de suficientes plazas en el establecimiento original, se suele habilitar para los huéspedes de última hora el vecino hotel Veracruz, de peor estampa. La única recompensa estriba en aprovechar bien el desayuno de bufé, fuera de lo habitual por su gran calidad.

Alrededores: playa, algunos edificios modernistas en el centro de Sitges.

Hotel de playa, Sitges

Romàntic

Sant Isidre, 33
08870-Sitges, Barcelona
Tel.: (93) 894 83 75
Fax: (93) 894 81 67
Acceso: desde Barcelona, entrando por la arteria principal de la villa, a la izquierda, cerca del mercado, haciendo esquina con otra calle
Comidas: desayuno
Precios: habitación 7.600-10.500 Pta., desayuno 850 Pta.

Habitaciones: 38 dobles, 24 individuales; todas con ducha
Instalaciones: jardín, salas de convenciones, bar
Tarjetas de crédito: AE, DC, EC, MC, V
Niños: bien acogidos
Minusválidos: acceso fácil
Animales: admitidos
Cierra: del 1 de noviembre al 15 de marzo
Propietario: Gonçal Sobrer i Barea

Este hotel llama la atención por la singularidad de su arquitectura, fruto de la unión de tres casas decimonónicas adquiridas a un grupo de indianos catalanes que hicieron fortuna con el destilado del ron en Cuba. Por eso y porque las instalaciones comunes de la planta baja, decoradas con esculturas, objetos de cerámica, suelos y paredes de mármol, constituyen una exótica y decadente rareza. Un paisaje interior que muy bien serviría para una obra de García Márquez o de Graham Greene.

Gonçal Sobrer, su propietario, ha conseguido con él una cuota de popularidad loable en una aglomeración veraniega y cosmopolita como es Sitges. Turistas y lugareños comparten las mesas del bar, que recuerda a una taberna cubana. Incluso las antiguas bateas perduran aquí como piezas de ornamento.

Otro cantar es, sin embargo, el aspecto puramente hotelero, el confort y la atención en el servicio... Hay que estar prevenido ante las dificultades para aparcar en la zona. Los ruidos del encajonamiento callejero perturban el descanso veraniego. Las personas de edad echan en falta un ascensor para subir al tercer piso con las maletas, pues nadie facilita ese detalle. Queda aún camino que recorrer para que el establecimiento merezca el nombre de... romàntic.

Alrededores: casco antiguo de Sitges; museos y playa a lo largo de la costa.

Castillo medieval, Cardona

Parador de Cardona

Castillo de Cardona, s/n
08261-Cardona, Barcelona
Tel.: (93) 869 12 75
Fax: (93) 869 16 36
Acceso: en la cima de un monte, visible desde lejos; bien señalizado dónde tomar el desvío
Comidas: desayuno, almuerzo, cena
Precios: habitación 12.500-13.500 Pta., *suite* 16.250-19.300 Pta.; desayuno 1.200 Pta., comida 3.200 Pta.
Habitaciones: 47 dobles, 4 *suites;* todas con baño, calefacción, aire acondicionado, teléfono, minibar, TV color, secador de pelo y cosmética de baño
Instalaciones: aparcamiento, jardín, salones de convenciones, bar, comedor
Tarjetas de crédito: AE, DC, EC, MC, V
Niños: acogidos
Minusválidos: acceso difícil
Animales: prohibidos
Cierra: del 12 de enero al 15 de febrero
Director: Francisco Contreras Alvarado

Impresionante castillo del siglo IX en la cima de un monte que domina todo el valle del río Cardoner y las minas de sal gema que han hecho próspera a esta ciudad. El geógrafo Estrabón citó repetidas veces la importancia de esta industria y, siglos más tarde, san Ramón Nonato vivió y murió entre los muros de la fortaleza, construida alrededor de una iglesia por una de las familias más poderosas y de mayor abolengo de Cataluña: los duques de Cardona.

La decoración interior, como parece imperativo en todos los paradores de la red, se muestra fiel al carácter original del edificio. Los dormitorios presentan una gran variedad de ambientes: desde *suites* algo extravagantes, con camas de baldaquino, hasta humildes habitaciones de camas dobles. Todas inmaculadas y bien acomodadas, a gusto del huésped.

La atracción principal del establecimiento es la cocina, que dedica especial atención a los platos regionales, como la sopa campera, los guisos de pescado y los postres. Desde la llegada de su nuevo director, Francisco Contreras, anteriormente destinado en el parador de El Hierro, se observa aquí un decidido impulso de renovación. Aire fresco y de calidad para toda Cataluña.

Alrededores: calles y casas de Cardona; museo de la Sal; Manresa (32 km).

Caserón remedado, L'Espluga de Francolí

Hostal del Senglar

Plaza Montserrat Canals,s/n
43440-L'Espluga de Francolí, Tarragona.
Tel.: (977) 87 04 11 y 87 01 21
Fax: (977) 87 10 12
Acceso: autopista A-2 salida 9, Montblanc-L'Espluga de Francolí, al final del pueblo, antes de la subida a Poblet
Comidas: desayuno, almuerzo, cena
Precios: habitación 6.100-6.600 Pta.; desayuno 475 Pta., comida 1.900
Habitaciones: 30 dobles, 10 individuales; todas con baño, calefacción, teléfono, TV color y cosmética de baño
Instalaciones: aparcamiento, jardín, piscina, tenis, salón de convenciones, bar, comedor
Tarjetas de crédito: AE, DC, EC, MC, V, 6000
Niños: área de juegos
Minusválidos: acceso fácil
Animales: prohibidos
Cierra: del 10 al 25 de enero
Director: Juan Rafael Lorca Calvo

Su apariencia de masía catalana no oculta lo que en realidad es: un edificio ecléctico de tres pisos, paredes blancas y cubierta de tejas, disimulado entre el follaje de su propio jardín y el del parque público contiguo. El establecimiento se encuentra al final del pueblo, en la carretera que asciende hacia el monasterio de Poblet, cuna del catalanismo. Multitud de peregrinos y turistas curiosos lo visitan en domingo.

Antes de tomar acomodo habría que reclamar la opinión del gerente, Joan Rafael Lorca, siempre dispuesto de la mejor manera hacia el huésped. Lamentablemente, los achaques que padece el edificio no hacen justicia a la alta calidad de su servicio.

Dormitorios oscuros, repintados de verde carabinero, guarnecidos con incómodas sillas de madera, mesas de pequeñas dimensiones y lechos que se hunden casi hasta el suelo. A gritos piden nueva moqueta, otro repuesto para los aseos y bastante mejor gusto en la decoración.

Apartando también la vista de un multitudinario comedor, por fortuna separado del resto de las instalaciones, el huésped descubrirá el verdadero valor de la casa: otro comedor rústico, detrás de recepción, convertido en un curioso museo de la vida rural, donde podrá degustar unos *calçots* a la teja de chuparse los dedos.

Alrededores: museo Etnográfico en L'Espluga; monasterio de Poblet (2 km).

Casa rural, L'Espluga de Francolí

Masía del Cadet

Les Masies de Poblet
43449-L'Espluga de Francolí, Tarragona
Tel.: (977) 87 08 69
Acceso: a 1 kilómetro, monasterio de Poblet por la carretera de L'Espluga de Francolí a Les Masies
Comidas: desayuno, almuerzo, cena
Precios: habitación 6.500-8.500 Pta.; desayuno 750 Pta., comida 2.500 Pta.
Habitaciones: 12 dobles con baño, calefacción central, teléfono y TV color opcional
Instalaciones: aparcamiento, jardín, piscina, bodega, sala de convenciones, bar, comedor; alquiler de bicis, caballos, todoterrenos
Tarjetas de crédito: AE, DC, EC, MC, V, 6000
Niños: área de juegos en jardín
Minusválidos: acceso fácil
Animales: prohibidos
Cierra: del 7 al 20 de noviembre
Propietarios: Mercè Vidal Borrás

Acompaña, sobre todo, el paisaje a la hora de buscar acomodo cerca del monasterio de Poblet. El sitio elegido, en este caso, es una masía pairal del siglo XV restaurada con tanto mimo por la familia Corominas-Vidal que no parece que sea tan añeja. Al menos, tal es la sensación que recibe el viajero de puertas adentro.

El deseo de convertir esta casa en un hotel rural modélico en Cataluña se ha quedado en eso: una aproximación. No es que renuncie al modelo de gestión familiar o carezca de un servicio hogareño, complementado por un restaurante en el que se sirven platos de la cocina tradicional catalana, no.

Mercè Vidal es una señora de sobrada amabilidad. Dispensa exquisitas maneras con el huésped y agradece de buena fe su presencia. Pero cierra el establecimiento cuando no hay pasajeros, a desazón de los noctámbulos o extraviados por esas carreteras de Dios y su Iglesia. Quizás por la cercanía del monasterio, el alma de la casa se pasea por el otro mundo a través del silencio. Único viaje que absuelve la austeridad penitente de las habitaciones.

Alrededores: museo Etnográfico en L'Espluga; monasterio de Poblet (2 km).

León

Las Médulas

Introducción a la zona

Hoteles de la meseta castellana

Casas solariegas, conventos, ventas de postas y modestas vaquerías... El hospedaje con encanto va tomando progresivamente carta de identidad en el páramo castellano.

Un motel que simula ser una fortaleza es el Pradorrey [Tel. (987) 61 57 29], en las afueras de Astorga. Otro remedo de castillo templario, en Ponferrada, es El Temple [Tel. (987) 41 00 58]. Muchos asturianos suelen secarse de la lluvia en Valencia de Don Juan, donde se ofrecen dos hoteles familiares: el Villegas [Tel. (987) 75 01 61] y El Palacio [Tel. (987) 75 04 74].

Salamanca incluye en su patrimonio monumental, desde hace pocos años, un mosaico de buenos hoteles pequeños. Junto a los que esta guía hace mención, cabe citar el hotel Don Juan [Tel. (923) 26 27 99] y Las Torres [Tel. (923) 21 21 01], edificado en plena plaza Mayor. En Ciudad Rodrigo destaca el Conde Rodrigo [Tel. (923) 46 14 04], en una mansión del siglo XVI. Y en La Alberca, el hotel Las Batuecas [Tel. (923) 41 51 88], integrado en las afueras de este pueblo típico.

En Burgos, en las cercanías de la catedral, el hotel Cordón [Tel. (947) 26 50 00] esconde unos modernos interiores tras una soberbia fachada. Dentro de la misma provincia, el hotel Doña Jimena [Tel. (947) 13 05 66], en Villarcayo, tiene un aspecto simpático, de carretera. Tradicional, en un caserón de la plaza Mayor necesitado de reformas, el hotel Arlanza [Tel. (947) 40 30 25]. Y en Briviesca, la Hostería del Santuario [Tel. (947) 59 01 52], con una atmósfera excesivamente monacal, aunque muy recomendable a los giróvagos que siguen la ruta jacobea.

La provincia de Palencia ofrece un prometedor monumento destinado a restaurante y, dentro de muy poco, también a hospedería: el monasterio de San Zoilo [Tel. (979) 88 00 50], en Carrión de los Condes.

Antonio Machado describió como nadie la reciedumbre castellana de Soria y su provincia. Detrás de una austera fachada, en pleno centro urbano, se expresa esa pesantez sobria de la piedra y el hierro forjado que aguanta el Mesón Leonor [Tel. (975) 22 02 50], para solaz de los que reniegan del Parador de Turismo [Tel. (975) 21 34 45]. En Berlanga de Duero, proveniente de la restauración de la casa-palacio de los marqueses de Tovar y Velasco, del siglo XV, conviene tener en cuenta el hotel Fray Tomás [Tel. (975) 34 31 36], ideal para los fines de semana.

Finalmente está la Hostería Real de Zamora [Tel. (980) 53 45 45], instalada en el antiguo palacio de la Inquisición.

Un domingo a la bartola

Algunos alojamientos en las provincias vecinas a Madrid se llenan los fines de semana de urbanitas fugitivos y parroquianos del lugar ávidos de comerse una paella en familia. El parador de Gredos [Tel. (920) 34 80 48], inaugurado por el rey Alfonso XIII, fue el pionero de los paradores españoles. Actualmente se halla en fase de mejoras. La Hospedería El Arco [Tel. (91) 868 09 11], en Villavieja de Lozoya, representa la cultura del buen gusto aplicada al ámbito rural.

Casa rural, Castrillo de los Polvazares

Cuca la Vaina

Jardín, s/n
24718-Castrillo de los Polvazares, León
Tel.: (987) 69 10 78
Acceso: siguiendo por la calle central, inconfundible por su torre con galería acristalada, junto a la iglesia parroquial
Comidas: desayuno, almuerzo, cena
Precios: habitación 8.000 Pta.; desayuno incluido, comida 2.500 Pta.
Habitaciones: 14 dobles con baño, calefacción y cosmética de baño
Instalaciones: aparcamiento, jardín, salón de estar, sala de reuniones, bar, restaurante
Tarjetas de crédito: EC, MC, V
Niños: acogidos
Minusválidos: acceso fácil
Animales: admitidos
Cierra: nunca
Directora: Elena Centeno

Menos barbitúricos y más hoteles como éste. Los médicos harían bien en aconsejar una semana de reposo entre piedras y galerías acristaladas en lugar de recetar al personal pastillas contra el estrés. ¿Qué puede haber más vitamínico que Castrillo de los Polvazares, uno de los pueblos pintorescos por excelencia de la Maragatería leonesa?

Piedras, galerías y hormigón... estructurados audazmente por el arquitecto Juan Múgica Aguinaga. Él, junto con el pintor Sendo —socio fundador del establecimiento—, han sido los artífices de esta joya del hospedaje; uno, poniendo en pie las paredes, y el otro, vistiéndolas con sus cuadros.

Sin duda, el resultado es una lección de gusto popular, en línea con la obra de conservación que se ha hecho en la localidad. Pese al incómodo adoquinado, es posible llegar en coche hasta el torreón de entrada, junto a la iglesia parroquial.

Todas las habitaciones ofrecen un tenor diferente, más o menos amplias, estilosas, con nombre propio: El Peregrino, El Maragato, El Arriero, El Trashumante... Igual que el corredor, ambientado con macetas y mesitas caseras, volcado hacia el monte Teleno. Aquí no se oyen pasar coches en todo el día; sólo pájaros... y el despertar de los gallos.

Alrededores: Santa Catalina de Somoza (3 km); Astorga (7 km).

Casa rural, Santiago Millas

Guts Muths

Matanza, s/n
24732-Santiago Millas, León
Tel.: (987) 69 11 23
Acceso: desde Astorga, por la carretera a Val de San Lorenzo, un poco antes de llegar a Santiago Millas, en el barrio de abajo
Comidas: desayuno, almuerzo, cena
Precios: habitación 8.000 Pta.
Habitaciones: 9 dobles, todas con baño, calefacción
Instalaciones: aparcamiento, jardín, sala de estar, bar, comedor; alquiler de bicis
Tarjetas de crédito: ninguna
Niños: canguro, área de juegos
Minusválidos: acceso difícil
Animales: admitidos
Cierra: nunca
Propietario: Sjoerd Hers

Sjoerd Hers abandonó el país de los pólders y los tulipanes, Holanda, para instalarse en uno de los pueblos más pintorescos de esa geografía del olvido que es la Maragatería. Ahí tiene su hospedería, en una típica casa de arrieros maragatos con dos siglos y pico de antigüedad. Nuestra casa.

El nombre del hotel pretende ser un homenaje a aquel pensador austriaco que consagró su vida a la enseñanza aplicada a la naturaleza. Sjoerd, persona de conviciones ecologistas, abandera ahora en su recuerdo las esencias del nuevo turismo rural en España.

Como anfitrión no tiene igual. Él y su mujer reciben al viajero con confianza y generosidad. Lo primero es lo primero: un vaso de vino con chorizo de la tierra y amena charla con los demás huéspedes para conocerse y compartir un alojamiento más amigable que lujoso. Ninguno de los dormitorios tiene cerrojo.

En días claros, el jardín invita a sestear después de dar cuenta en el comedor de un suculento cocido maragato. Los más activos pueden apuntarse a recorrer la zona a bordo de un todoterreno ofrecido por el propietario —grupo mínimo de cuatro personas— o emprender a solas un paseo en bicicleta. Todo muy ecológico.

Alrededores: Val de San Lorenzo, artesanía (6 km); Astorga (10 km).

LEÓN

Monasterio del siglo XVII, Carrizo de la Ribera

1996 La Posada del Marqués

Plaza Mayor, 4
24270-Carrizo de la Ribera, León
Tel.: (987) 35 71 71 y (908) 39 05 40
Fax: (987) 35 71 71
Accesos: desde León, por la carretera LE-441, pasado Villanueva de Carrizo, en el centro de Carrizo de la Ribera.
Comidas: desayuno
Precios: habitación 8.000 Pta., *suite* 18.000 Pta.; desayuno incluido
Habitaciones: 4 dobles y 1 *suite*; todas con baño, calefacción y complementos de aseo
Instalaciones: aparcamiento exterior, jardín, salón con chimenea y salón de billar; alquiler de bicis
Tarjetas de crédito: AE, MC, V, 6000
Niños: acogidos
Minusválidos: acceso difícil
Animales: prohibidos
Cierra: Nochebuena y Navidad
Propietario: Carlos Velázquez-Duro

En el centro mismo de la población oculta su blancura, tras un hermoso arco de sillares, el monasterio cisterciense de Santa María de Carrizo. Por aquellos privilegios de la antigüedad, sus dependencias han venido sirviendo de residencia veraniega a los marqueses de Santa María hasta que, con un criterio más actual y democrático, acaban de ser convertidas en un hotelito muy personal.

La posada ocupa el antiguo hospital de peregrinos, cuya fundación se remonta al siglo XII, aunque el edificio actual está fechado en el XVII. Tras la cancela aparece un patio distribuidor y, más allá, un jardín de casi una hectárea de superficie, nutrido por un sistema de riego diseñado en épocas medievales.

El gijonés Carlos Velázquez-Duro, su propietario, recibe personalmente al huésped. Antes de invitarle a escuchar los cantos gregorianos del monasterio o los conciertos de música clásica que, de cuando en cuando, organiza en la biblioteca del hotel, se muestra bien dispuesto a enseñarle su casa a fin de que éste pueda elegir, si desea pasar la noche, la mejor habitación.

Algunas visten muy ostentosos doseles, otras recios muebles castellanos. La gravedad de la vida monacal pesa en exceso cuando se persigue únicamente un merecido descanso dominical.

Alrededores: Villadangos, hito del Camino de Santiago (10 km); Hospital de Órbigo (15 km).

Monasterio medieval, Mave

El Convento

34492-Santa María de Mave, Palencia
Tel.: (979) 12 36 11 y 12 30 95
Fax: (979) 12 54 92
Acceso: por un desvío bien señalizado de la carretera que va desde Palencia a Aguilar de Campoo
Comidas: desayuno, almuerzo, cena
Precios: habitación 5.000-6.000 Pta., *suite* 10.000 Pta.; desayuno 300 Pta., comida 1.500 Pta.
Habitaciones: 16 dobles, 1 individual, 6 familiares, 2 *suites;* todas con baño, calefacción central y cosmética de baño
Instalaciones: garaje, jardín, salón de estar, bar, comedor
Tarjetas de crédito: AE, EC, MC, V
Niños: área de juegos
Minusválidos: acceso difícil
Animales: prohibidos
Cierra: nunca
Propietario: José Antonio Moral Millán

De cenobios para descansar están cada vez mejor atendidos los caminos de España. Primero fueron las clausuras y hospitales de abolengo, tan propicios a los peregrinos compostelanos. Después vinieron los paradores del marqués de Vega Inclán, algo más góticos en su apariencia. Y, cuando ya parecía que el horizonte turístico se cerraba con el recurso al hormigón playero, surgen ahora otros templos desamortizados en manos privadas que redescubren los valores culturales de un inédito paisaje interior. Como este antiguo priorato de Santa María de Mave, al norte de Palencia, actualmente en manos de la familia Moral.

Lejos del mundanal ruido, asidos por la belleza del claustro y la iglesia priorales, padres e hijos se han entregado a un trabajo arduo de desescombro y reconstrucción con el fin de proporcionar albergue al viajero y vivir, a ser posible, de tan honesta actividad. Todos se esfuerzan ahora en galanterías y rendir buen servicio a sus huéspedes. Los pasillos sugieren un itinerario enigmático e intrincado de dependencias a lo *El nombre de la rosa.* A un lado caen la recepción y los dormitorios, lánguidos en su ornato. Por el otro se llega al jardín y al comedor: sopa castellana, chuletitas de lechal y frutas maceradas sin artificio, en el menú.

Alrededores: conjunto románico, Aguilar de Campoo (19 km); Frómista (60 km); Carrión de los Condes (65 km).

Monasterio, Aguilar de Campoo

Posada de Santa María la Real

Ctra. de Cervera, s/n
34800-Aguilar de Campoo
Tel.: (979) 12 20 00 y 12 25 22
Fax: (979) 12 56 80
Acceso: por la carretera de Cervera de Pisuerga, a unos 500 metros de Aguilar, en la parte de detrás del monasterio de Santa María la Real; poco señalizado
Comidas: desayuno
Precios: habitación 5.200-7.200 Pta.; desayuno incluido

Habitaciones: 15 dobles y 3 individuales; todas con baño, calefacción central, teléfono, TV color y cosmética de baño
Instalaciones: aparcamiento, jardín, sala de convenciones, bar, comedor
Tarjetas de crédito: V, 6000
Niños: bien acogidos
Minusválidos: acceso difícil
Animales: prohibidos
Cierra: nunca
Propietaria: Arancha Moroso Mata

Poco conocido y, sin embargo, único en España. El románico palentino cuenta con una monumental representación de ermitas, iglesias y conventos dispersos por el norte de la provincia, actualmente en estado de abandono o —felizmente— en trance de restauración. Lo abonado por el arquitecto José María Pérez *Peridis* en el entorno de Aguilar de Campoo bien merece un reconocimiento.

Es el caso del monasterio cisterciense de Santa María la Real, del siglo XI, una de cuyas alas ha sido rehabilitada como hospedería turística a cargo de la escuela-taller del INEM en la localidad. Los materiales empleados en la obra revelan su autenticidad: de tapial es la entrada, a imagen y semejanza de las casas tradicionales castellanas.

Por dentro, algunas de las soluciones adoptadas denotan buen gusto e imaginación. Los dormitorios se alinean en módulos dúplex, con el piso de arriba reservado para las camas y el de abajo para los cuartos de baño. Pequeños, pero silenciosos y herméticos a cualquier inclemencia. Hasta aquí llega el olor de las galletas que se elaboran en el pueblo.

El establecimiento forma parte de la red de turismo rural de la montaña palentina.

Alrededores: Las Tuerces, paisaje cárstico (7 km); monasterio de San Andrés de Arroyo (24 km).

Castillo remedado, Burgos

Landa Palace

Ctra. Madrid-Irún, km 235
09001-Burgos
Tel.: (947) 20 63 43
Fax: (947) 26 46 76
Acceso: por la autovía de Madrid, siguiendo las indicaciones, antes de entrar en la ciudad
Comidas: desayuno, almuerzo, cena
Precios: habitación 16.000-32.000 Pta., *suite* 35.000 Pta.; desayuno 1.500 Pta., comida 5.800 Pta.; garaje 1.200 Pta.
Habitaciones: 34 dobles, 3 individuales, 5 *suites;* todas con baño, calefacción, aire acondicionado, teléfono, TV vía satélite, secador de pelo y cosmética de baño
Instalaciones: garaje, jardín, piscinas, salón de convenciones, bar, comedor
Tarjetas de crédito: EC, MC, V
Niños: acogidos
Minusválidos: acceso fácil
Animales: prohibidos
Cierra: nunca
Director: Francisco Javier Revuelta Laso

Un sueño hecho realidad con la etiqueta Relais & Châteaux. Un producto de la nostalgia, evocación de aquellos tiempos cortesanos, esplendorosos, que nadie ha vivido. O tal vez un monumento arrogante, fuera de lugar en una ciudad del tamaño y la historia de Burgos.

El Palace burgalés es, en cualquier caso, el sueño de la señora Landa, su propietaria. Una fantasía gótica concebida para dar alojamiento a los huéspedes querenciosos de paradores medievales. Un lujoso hotel con apariencia de castillo, cuya única marca centenaria es la torre que alberga su escalera principal, trasladada piedra a piedra de un pueblo vecino.

La colección de carruajes expuesta en el exterior no hace sino confirmar el tic pretencioso del edificio. Las habitaciones discurren entre un mar de bóvedas y muros de piedra, y es justo reconocer que las asiste un alto grado de confort y buen gusto interior. La *suite* principal sobresale por sus puertas de nogal y el armazón de la cama, moldeado en bronce.

La piscina se halla parcialmente cubierta de bóveda gótica y acristalada con forjados modernistas.

Alrededores: catedral de Burgos; monasterio cartujo de Miraflores (5 km).

BURGOS

Mansión histórica, Burgos

Mesón del Cid

Plaza de Santa María, 8
09003-Burgos
Tel.: (947) 20 87 15. **Fax:** (947) 26 94 60
Acceso: frente a la catedral, en el centro de la ciudad
Comidas: desayuno
Precios: habitación 14.500 Pta., *suite* 19.500 Pta.; desayuno 900 Pta.; garaje 1.000 Pta.
Habitaciones: 22 dobles, 3 individuales, 3 *suites;* todas con baño, calefacción central, teléfono, TV vía satélite, secador de pelo y cosmética de baño
Instalaciones: garaje, sala de conferencias, bar, comedor
Tarjetas de crédito: AE, DC, EC, MC, V, 6000
Niños: acogidos
Minusválidos: acceso fácil
Animales: admitidos
Cierra: nunca
Propietario: José López Alzaga

A descubrirse toca. El edificio fue, antes que mesón, la imprenta del maestro Fadrique Alemán de Basilea, discípulo de Gutenberg, establecido en la ciudad en las postrimerías del siglo XV. De su puño y prensa salió la primera edición de *La Celestina,* un *Lazarillo de Tormes* y el *Fuero de Vizcaya.*

No por casualidad, el propietario de la casa es un coleccionista de libros. Lo primero que se ve al entrar es un manuscrito iluminado del Mio Cid. El remanente hace gala de una gran elegancia y sensibilidad artística, con apelativos comunes a reyes, reinas y otros personajes sobresalientes en la historia del Campeador. El mobiliario de las alcobas destaca por su originalidad, con armazones de cama de hierro y bronce y aparatos telefónicos también en bronce. Los cuartos de baño incluyen lavabos de porcelana con grifos, por supuesto, de bronce. Al final de uno de los pasillos hay un restaurante abierto al público, con mesas de madera.

Su proximidad a la catedral constituye, además, un reclamo inmejorable para los viajeros interesados en admirar la crestería en piedra del más importante monumento burgalés. Desde la ventana de la habitación 302, en compañía de unos prismáticos y una taza de café.

Alrededores: catedral de Burgos; monasterio cartujo de Miraflores (4 km).

Mansión solariega, Santo Domingo de Silos

Tres Coronas de Silos

Plaza Mayor, 6
09610-Santo Domingo de Silos, Burgos
Tel.: (947) 39 00 47
Fax: (947) 39 00 65
Acceso: dirigiéndose a la plaza de la villa, por las calles indicadas
Comidas: desayuno, almuerzo, cena
Precios: habitación 8.700-9.200 Pta., *suite* 9.300-9.800 Pta.; desayuno 850 Pta., almuerzo 3.000 Pta., cena 2.500 Pta.

Habitaciones: 14 dobles, 2 individuales, 1 *suite;* todas con baño, calefacción central y teléfono
Instalaciones: bar, comedor
Tarjetas de crédito: AE, EC, MC, V
Niños: acogidos
Minusválidos: acceso difícil
Animales: admitidos
Cierra: nunca
Propietario: Emeterio Martín García

La denominada Casa Grande, una bonita mansión del siglo XVIII muy bien acondicionada por artesanos locales, domina la plaza del pueblo. A pesar de que en temporada alta los autobuses irrumpen por decenas, el viajero solitario puede apreciar todavía el canto de los pájaros en el cielo de Silos.

Un arco de medio punto y un escudo de armas adosado sobre el balcón central presiden la entrada. En el interior se ha cuidado mucho la apariencia de una hospedería antigua, exagerando quizás un tanto la plástica de la piedra y la madera, de efectos sobrecogedores.

Cada habitación ofrece, al menos, una pared de piedra sin revoco, una amplia gama de muebles castellanos y un espejo de color oscuro. La número 9, una de las más originales, proyecta su balcón sobre la plaza.

El comedor ofrece un ambiente sereno, íntimo, realzado por el horno de leña donde se cocinan los asados. Con audacia y vocación hostelera lo regentan el actual alcalde de la localidad, Emeterio Martín, y su mujer, Pilar.

Por nada en el mundo habría que perderse, antes de cenar, las vísperas de canto gregoriano en el monasterio próximo. Su éxito discográfico ha desbordado gustos y fronteras, de Silos a Nueva York.

Alrededores: monasterio y claustro; Covarrubias (20 km); San Pedro de Arlanza (27 km).

BURGOS/SORIA

Caserón de pueblo, Castrojeriz

1996 La Posada de Castrojeriz

Landelino Tardajos, 3
09110-Castrojeriz, Burgos
Tel.: (947) 37 86 10. **Fax:** (947) 37 86 11
Accesos: detrás del paseo de la muralla, frente al cuartel de la guardia civil, a 100 metros de la gasolinera
Comidas: ninguna
Precios: habitación 7.000 Pta.; desayuno 500 Pta., comida 1.500 Pta.
Habitaciones: 15 dobles, 2 individuales, 3 familiares y 1 *suite;* todas con baño, calefacción, teléfono, TV color y complementos de aseo; habitaciones para no fumadores
Instalaciones: salón de estar, bar
Tarjetas de crédito: MC, V, 6000
Niños: acogidos
Minusválidos: acceso fácil
Animales: prohibidos
Cierra: nunca
Propietario: Oscar Tardejos Palacín

Óscar Tardejos y Eduardo Francés, propietarios del hotel-restaurante El Mesón, en la misma localidad, acaban de rehabilitar una antigua posada de peregrinos que se incendió en el siglo XIX. El creciente interés turístico del Camino de Santiago les aconsejó esta inversión. En la obra han empleado materiales originales y cierto criterio en la decoración. Pero las habitaciones no están todavía muy conseguidas. La más vistosa, la 101, se distingue por su arco de piedra en el cabecero y una salita donde reunirse en comandita. Una pequeña biblioteca completa las instalaciones puramente hoteleras.
Alrededores: Frómista (24 km), Carrión de los Condes (44 km), ambos hitos del Camino de Santiago.

Hotel de montaña, Covaleda

Pinares de Urbión

Numancia, 4
42157-Covaleda, Soria
Tel.: (975) 37 05 33.
Fax: (975) 37 05 33
Acceso: por la N-234, tomando la carretera que une por la sierra Abejar (Soria) y Salas de los Infantes (Burgos)
Comidas: desayuno, almuerzo, cena
Precios: habitación 8.000-9.000 Pta.; desayuno 700 Pta., comida 1.500 Pta.
Habitaciones: 50 dobles, 6 individuales; todas con baño, calefacción, minibar, caja fuerte, teléfono y TV vía satélite
Instalaciones: gimnasio, sauna, piscina climatizada, salón de convenciones, bar, comedor y alquiler de bicis
Tarjetas de crédito: AE, DC, EC, MC, V
Niños: bien acogidos
Minusválidos: acceso difícil
Animales: prohibidos
Cierra: navidad
Director: Francisco Rubio Garcés

La Laguna Negra, el nacimiento del Duero, la garganta de Santa Inés y todo el entorno turístico de los Picos de Urbión justifican la existencia de este hotel. Los balcones de forja y las galerías de madera sobresalientes en la fachada anticipan el ambiente cálido y luminoso que hallará el huésped en sus interiores. La cocina, especializada en platos regionales, recibe incluso más atenciones que los dormitorios. Ninguno reserva sorpresas. Son pequeños, pero acogedores, ensolados de madera en láminas, limpia y vistosa. Desde sus balcones cabe gozar de unas excelentes vistas sobre el pinar inmediato.
Alrededores: sierra de Urbión, Laguna Negra (46 km).

Casa de campo, Santa María de Huerta

Santa María de Huerta

Autovía de Aragón, km. 178
42260-Santa María de Huerta
Tel.: (975) 32 70 11
Fax: (975) 32 70 11
Acceso: en el kilómetro 178 de la autovía de Aragón, por un desvío bien señalizado
Comidas: desayuno, almuerzo, cena
Precios: habitación 11.000 Pta.; desayuno incluido, comida a la carta
Habitaciones: 35 dobles, 2 individuales, 3 familiares; todas con baño, calefacción, aire acondicionado, teléfono, minibar, TV vía satélite
Instalaciones: aparcamiento, jardín, *putting-green*, salones de convenciones, bar, comedor; alquiler de bicis
Tarjetas de crédito: EC, V, 6000
Niños: acogidos
Minusválidos: acceso fácil
Animales: admitidos
Cierra: nunca
Director: José Luis Chueca Romanos

Al socaire turístico del real monasterio cisterciense de Santa María de Huerta, fundado a instancias de Alfonso VII y terminado por Alfonso VIII, y en cuya iglesia abacial se conservan los restos del arzobispo Rodrigo Jiménez de Rada —«momificados y bien vestidos», en expresión de Dionisio Ridruejo—, ha crecido un pueblo de casas apretadas de tejados rojos y ladrillo visto, limpio e inescrutable desde lejos como los ríos que lo lamen, el Jalón y el Valiembre, frente a la sierra Ministra.

En las lindes opuestas emerge una construcción que fue parador de turismo antes de cerrar sus puertas por ruinoso —los visitantes del cenobio solían parar a comer, de Pascuas a Ramos, en estas dependencias— y ser privatizado en manos de un grupo de empresarios de la región, que lo acaban de transfigurar para gloria del paisaje y hospedaje de cazadores, ejecutivos en seminario y automovilistas de paso, que delante de su fachada ya pasan unos cuantos.

Aprisionado entre la nueva autovía de Aragón y el ferrocarril, el hotel ofrece cama y buenos alimentos en unas estancias cálidas y espaciosas, decoradas con motivos florales pintados a mano, muy a la moda. Su cadalso es tener que soportar, por la deficiente insonorización del edificio, el intenso tráfico de las vías del tren.

Alrededores: paseos por la hoz del Jalón (10 minutos en bicicleta).

Casa de campo, Herreros

1996 Casa del Cura

Calle de la Estación, s/n
42145-Herreros, Soria
Tel.: (975) 27 04 64
Fax: (975) 27 04 65
Accesos: por la N-234, a 20 km. de Soria, en el mismo pueblo
Comidas: desayuno y cena
Precios: habitación 6.400-7.500 Pta.; desayuno 600 Pta., comida 3.000 Pta.
Habitaciones: 8 dobles y 4 individuales; todas con baño, calefacción, teléfono y complementos de aseo
Instalaciones: aparcamiento, jardín, salón con chimenea, bar; alquiler de bicis
Tarjetas de crédito: ninguna
Niños: área de juegos
Minusválidos: acceso difícil
Animales: prohibidos
Cierra: del 15 al 31 de noviembre
Propietario: José Gómez Romera

De justicia es reconocer el esfuerzo vertido en esta construcción popular por José Gómez Romera. Invertirlo todo allá donde antaño nevaba, en aquel olvidado rincón de la provincia de Soria... Recuperar la piedra tan meticulosamente, decorar los dormitorios con antigüedades rescatadas de los caseríos de la comarca, ofrecer una cena sustentada en los platos típicos del lugar... Sólo desde un conocimiento profundo de los materiales y mucho cariño por la estampa mesetaria es posible hoy día conseguir un hotel así. El arbolado que rodea la casa pone la necesaria nota ecológica a los fines de semana de sorianos y madrileños, convencidos de sus excelencias por el talante del propietario.
Alrededores: embalse de la Cuerda del Pozo, deportes náuticos (1 km).

Casa tradicional, Toro

Juan II

Paseo del Espolón, 1
49800-Toro, Zamora
Tel.: (980) 69 03 00. **Fax:** (980) 69 23 76
Acceso: junto a la colegiata; preguntar antes cómo se llega
Comidas: desayuno, almuerzo, cena
Precios: habitación 6.500-7.000 Pta.; desayuno 500 Pta., comida 1.500 Pta.
Habitaciones: 34 dobles, 8 individuales; todas con baño, calefacción central, teléfono, TV color y cosmética de baño
Instalaciones: aparcamiento, piscina, salón de estar, bar, comedor, terraza
Tarjetas de crédito: AE, DC, EC, MC, V, 6000
Niños: acogidos
Minusválidos: acceso difícil
Animales: permitidos
Cierra: nunca
Director: Avelino Chiches Llamas

El hotel es digno, sobre todo, por las vistas que ofrece: diez de sus dormitorios poseen amplias terrazas orientadas al río Duero y a las vegas que lo encauzan. Lleva el nombre de un rey que brindó días de gloria a esta ciudad, enaltecida por sus monumentos y sus vinos con denominación de origen. Las habitaciones, por lo demás, mantienen un tono carente de personalidad. Son sencillas y confortables. Las zonas comunes tampoco sobresalen por sus lujos; si bien, el más pequeño de los comedores, Los Bocoyes, permite el necesario aislamiento para sentirse a gusto a la hora íntima de la sobremesa. Más aún tras la última renovación.
Alrededores: colegiata de Toro, al otro lado de la plaza; Zamora (30 km).

Palacio histórico, Zamora

Parador de Zamora

Plaza de Viriato, 5
49001-Zamora
Tel.: (980) 51 44 97. **Fax:** (980) 53 00 63
Acceso: a través del centro histórico, hasta una de las plazas más conocidas de Zamora; bien señalizado
Comidas: desayuno, almuerzo, cena
Precios: habitación 13.500-16.500 Pta.; desayuno 1.200 Pta., comida 3.200 Pta.; garaje 650 Pta.
Habitaciones: 52 dobles con baño, calefacción central, teléfono, minibar, TV vía satélite, secador de pelo, cosmética de baño y prensa diaria en la habitación
Instalaciones: garaje, jardín, piscina, salón de convenciones, bar y comedor
Tarjetas de crédito: AE, DC, EC, MC, V
Niños: acogidos
Minusválidos: acceso difícil
Animales: admitidos
Cierra: nunca
Directora: Pilar Pelegrín Gracia

La construcción de este palacio de recios muros y severo portón de madera data de 1453, cuando los condes de Alba y Aliste establecieron su residencia en la ciudad de Zamora. Destruido en parte durante la revuelta de los comuneros, el edificio fue remodelado según los cánones arquitectónicos del Renacimiento. Un claustro de doble galería, frisado de arcos y medallones, así como una monumental escalera encuadrada en torno a una armadura ecuestre, resumen sus certeras señas de identidad.

Si un tiempo después funcionó como hospicio de menores, retratado por el hijo de Ramón J. Sender en su novela *Morir en Zamora,* hoy el palacio ejerce de parador de turismo para los muchos viajeros de paso por las literarias riberas del Duero. El río se adivina, al fondo, desde algunos ángulos de la casa.

Somerset Maugham llegó a decir de sus habitaciones —en especial la 10 y la 12, con baldaquino— que eran las más hermosas de cuantas había disfrutado en su vida. Otros personajes zamoranos anticipan sus reservas un año antes para no perderse desde los balcones el canto del Miserere en la plaza, durante la Semana Santa. Actualmente se halla en obras de ampliación de habitaciones.

Alrededores: catedral, siglo XII; Arcenillas, altar gótico (6 km); San Pedro de la Nave, iglesia visigoda (20 km).

ZAMORA

Castillo medieval, Benavente

Parador de Benavente

Paseo de Ramón y Cajal, s/n
49600-Benavente, Zamora
Tel.: (980) 63 03 00, 63 03 04 y 63 03 08
Fax: (980) 63 03 03
Acceso: por una calle en cuesta a la derecha antes de entrar a la población; bien señalizado
Comidas: desayuno, almuerzo, cena
Precios: habitación 11.500-12.000 Pta.; desayuno 1.100 Pta., comida 3.200 Pta.

Habitaciones: 28 dobles y 2 individuales; todas con baño, aire acondicionado, teléfono, minibar y TV color
Instalaciones: aparcamiento, salón de convenciones, bar, comedor
Tarjetas de crédito: AE, DC, EC, MC, V
Niños: acogidos
Minusválidos: acceso fácil
Animales: prohibidos
Cierra: nunca
Director: Pedro Hernández Muñoz

Fernando II de León, el rey que ha dado nombre al parador hasta la fecha, instaló aquí su Corte en 1176. Sobre el cerro ya habían emplazado un castro los romanos, conscientes de la importancia estratégica de cualquier mínima atalaya en la meseta castellana. En sus habitaciones se aposentaron un cierto tiempo los Reyes Católicos.

Pero he ahí que las únicas piedras que quedaron en pie, tras la visita cursada por el ejército napoleónico durante la guerra de la Independencia, fue la imponente torre del Caracol. Lo demás es nuevo, expresamente concebido para servicio del parador.

La torre original forma en cada esquina unos remates que, gracias a su forma circular, permiten la entrada de luz a raudales. El salón que la ocupa exhibe un soberbio artesonado mudéjar procedente de una iglesia de la región. Está decorado con testas de ciervos y jabalíes, como en la época de las justas.

Veinte habitaciones ofrecen, además de unos muebles muy vistosos, unos balcones abiertos sobre el horizonte zamorano. Desde los arcos de ladrillos trazados en el bar se atisbaría el mismo paisaje si no fuera porque lo esconde una fábrica de harina situada justo debajo de las instalaciones.

Alrededores: iglesias de San Juan del Mercado y Santa María del Azogue, siglo XII; Villalpando (30 km); Zamora (65 km); León (69 km).

Castillo medieval, Ciudad Rodrigo

Parador de Ciudad Rodrigo

Plaza del Castillo, 1
37500-Ciudad Rodrigo, Salamanca
Tel.: (923) 46 01 50
Fax: (923) 46 04 04
Acceso: en una plaza silenciosa, en la parte más alta del recinto amurallado; bien señalizado
Comidas: desayuno, almuerzo, cena
Precios: habitación 9.200-13.500 Pta.; desayuno 1.200 Pta., comida 3.200 Pta.
Habitaciones: 26 dobles, 1 individual; todas con baño, calefacción, aire acondicionado, teléfono, minibar, TV vía satélite, secador de pelo y cosmética de baño
Instalaciones: aparcamiento, jardín, salas de convenciones, bar, comedor
Tarjetas de crédito: AE, DC, EC, MC, V
Niños: acogidos
Minusválidos: acceso difícil
Animales: prohibidos
Cierra: nunca
Director: Ángel Aliste López

Enrique II de Trastámara residió en este castillo, levantado en el siglo XIV sobre un cerro que domina la vega del río Águeda, que pasará a la historia por ser el segundo parador de la red y el primero en ocupar un edificio de carácter histórico. Entre sus almenas destaca, alta y fuerte, la torre del homenaje, símbolo de la Corte que albergó.

La decoración consiste en algunos recuerdos de la época: yelmos, armaduras, bargueños y otros objetos similares. El comedor y el salón principal exhiben sendos arcos rebajados de piedra. Al igual que otras fortalezas medievales, el jardín alegra la faz austera y severa de sus gruesos lienzos amurallados.

Las habitaciones están distribuidas en dos alas diferentes: una antigua y otra moderna. A la primera se llega después de atravesar un pasillo con arcos y paredes blancas. El dormitorio estrella es el número 10, una *suite* de diseño circular con techo abovedado. Cuatro de las habitaciones nuevas lindan con las murallas de la ciudad antigua y garantizan vistas a los jardines, aunque lo mejor para disfrutar del paisaje salmantino es subir a la torre. Pregunte en recepción por la llave.

Alrededores: plaza Mayor y ciudad monumental; Portugal (30 km); La Alberca (50 km).

SALAMANCA

Palacio histórico, Salamanca

Palacio de Castellanos

San Pablo, 58-64
37001-Salamanca
Tel.: (923) 26 18 18. **Fax:** (923) 26 18 19
Acceso: la calle San Pablo sale de la plaza Mayor, a 5 minutos, frente a la plaza de San Esteban; señalizado
Comidas: desayuno, almuerzo, cena
Precios: habitación 18.100 Pta., *suite* 21.500 Pta.; desayuno 1.100 Pta., comida 3.000 Pta.
Habitaciones: 47 dobles, 11 individuales, 4 *suites* dúplex; todas con baño, aire acondicionado, teléfono, minibar, TV vía satélite y prensa diaria
Instalaciones: aparcamiento, salón de convenciones, bar, comedor
Tarjetas de crédito: AE, DC, EC, MC, V
Niños: acogidos
Minusválidos: acceso difícil
Animales: prohibidos
Cierra: nunca
Directora: Remedios Madrid

En una ciudad tan patricia y acaudalada de monumentos como Salamanca, un palacete del siglo XV sería inadvertido por el ojo del turista si no fuera por la cadena NH, que ha acabado transformándolo en un hotel de superlujo.

¡Menudo gol al desierto hotelero salmantino de hace unos años! Acudiendo a la cantera propia, el mencionado grupo hotelero regala a sus huéspedes una atención personalizada, unos dormitorios amueblados con enseres de diseño, tecnología doméstica de último grito y el placer de mover los hielitos de un escocés en el claustro más aristocrático de la capital.
Alrededores: plaza Mayor, casa de las Conchas, catedral Vieja y Nueva.

Palacio remedado, Salamanca

Rector

Paseo Rector Esperabé, 10
37008-Salamanca
Tel.: (923) 21 84 82. **Fax:** (923) 21 40 08
Acceso: en el paseo de circunvalación, casco antiguo, frente a la muralla; sin señalización próxima
Comidas: desayuno
Precios: habitación 16.000 Pta., *suite* 20.000 Pta.; desayuno 950 Pta.; garaje 700 Pta.
Habitaciones: 11 dobles, 1 individual, 1 *suite*; todas con baño, calefacción, aire acondicionado, teléfono, minibar, TV vía satélite, secador de pelo, cosmética de baño y prensa diaria en la habitación
Instalaciones: garaje, salón de estar, bar
Tarjetas de crédito: AE, DC, EC, MC, V
Niños: acogidos
Minusválidos: acceso difícil
Animales: prohibidos
Cierra: nunca
Propietario: Eduardo Ferrán Riba

Un edificio monumental en piedra rosa de Villamayor que parece antiguo y, sin embargo, no lo es. Fue construido, allá en los años cuarenta, por un arquitecto amante de las imitaciones palaciegas y del esplendor totalitario de las perspectivas —el mismo a quien Salamanca debe el palacio de Justicia—, en el lugar donde antes existió la iglesia de Santa María la Blanca. Hay que reconocer su elegancia y carácter acogedor, repleto de preciosos detalles. A destacar las vidrieras del salón de entrada. Y cuidado con ir a ciegas: dada su reducida capacidad de alojamiento, suele estar a menudo completo.
Alrededores: catedral Vieja y Nueva, casa de las Conchas, colegio del arzobispo Fonseca o de los Irlandeses.

Casa solariega, San Martín del Castañar

Posada de San Martín

Larga, 1
37659-San Martín del Castañar, Salamanca
Tel.: (923) 43 70 36
Fax: (923) 21 01 11
Acceso: desde La Alberca, por una carretera local hasta San Martín, junto a la plaza principal; poco señalizado, carreteras llenas de curvas
Comidas: desayuno, almuerzo, cena
Precios: habitación 4.500-5.500 Pta.; desayuno 370 Pta., comida 1.500 Pta.
Habitaciones: 5 dobles con baño, calefacción, teléfono, TV color
Instalaciones: aparcamiento, bar, comedor
Tarjetas de crédito: AE, DC, V, 6000
Niños: acogidos
Minusválidos: acceso difícil
Animales: prohibidos
Cierra: segunda quincena de enero
Propietario: Jesús Rodríguez

Al pie de la sierra de Peña de Francia, cerca de Las Batuecas, donde uno pierde el sentido de las cosas, se encuentra San Martín del Castañar, antigua residencia de verano de los obispos de Salamanca. Uno de sus casones blasonados, con firma del siglo XVI, funciona hoy como hotel gracias a la rehabilitación acometida por los alumnos de la escuela-taller del INEM. Todo ha sido ejecutado en hierro, madera, piedra y barro, los materiales tradicionales de la zona. Entre los dormitorios más señoriales elegimos el nº 4, con dosel de artesonado mudéjar, y el nº 5, con una cama estupenda y amplísima de hierro forjado.

Mansión urbana, Valladolid

Mozart

Menéndez Pelayo, 7
47001-Valladolid
Tel.: (983) 29 77 77.
Fax: (983) 29 21 90
Acceso: situado en el centro de la ciudad, a través de un laberinto de calles, algo complicado para llegar; escasa señalización
Comidas: desayuno
Precios: habitación 7.500-12.800 Pta.; desayuno 725 Pta., comida 1.250 Pta.
Habitaciones: 32 dobles, 6 individuales; todas con baño, calefacción, aire acondicionado, teléfono, minibar, TV vía satélite, secador de pelo y cosmética de baño
Instalaciones: garaje, salón de convenciones, bar, comedor
Tarjetas de crédito: AE, EC, MC, V
Niños: acogidos
Minusválidos: acceso difícil
Animales: prohibidos
Cierra: nunca
Director: Óscar Zapico Herreras

Con este nombre se podría haber construido un hotel más lúdico y desenfadado, no el severo inmueble de galerías finas que arredra a cualquier viajero distraído con los trinos de Papageno en su cabeza. Su emplazamiento, en pleno corazón de la capital vallisoletana, representa al menos un buen aliciente para muchos forasteros en viaje de negocios. Su interior acaudala ciertos detalles exquisitos. Los dormitorios ofrecen un concierto de lujos enlutado con el adagio del mobiliario oscuro.

Alrededores: convento de Las Huelgas, Universidad; Tordesillas (30 km).

Mansión solariega, Ávila

Hostería de Bracamonte

Bracamonte, 6
05001 Ávila
Tel.: (920) 25 12 80
Acceso: desde Madrid, por el paseo Don Carmelo; desde Salamanca por la Ronda Vieja; está junto a la iglesia de Mosén Rubí
Comidas: desayuno, almuerzo, cena
Precios: habitación 7.000-10.000 Pta., *suite* 15.000-17.000 Pta.; desayuno 400 Pta., comida 2.500 Pta.

Habitaciones: 15 dobles, 2 individuales, 1 *suite;* todas con baño, calefacción, teléfono, TV color y cosmética de baño
Instalaciones: aparcamiento, sala de convenciones, bar, comedor
Tarjetas de crédito: EC, MC, V
Niños: acogidos
Minusválidos: acceso difícil
Animales: admitidos
Cierra: nunca
Propietario: Constancio García Fuentes

Costa es un personaje popular en Ávila desde el día en que cambió su restaurante madrileño de la calle Fuencarral por esta mansión del siglo XVI aledaña a la catedral. Ministros, congresistas y personajes de la farándula amigos del dueño prefieren quedarse fritos en sus habitaciones después de una cena de negocios o una celebración de carácter privado. El marco solariego lo merece, por supuesto.

Tapices dieciochescos, paredes de piedra y vigas de madera exornan el espacio en penumbra del zaguán y las antiguas caballerizas, transformado hoy en un comedor adornado con fotografías de toreros, actores y folclóricas dedicadas al propietario —Costa se gana la fama a costa del comedor—. *Marketing* o fetichismo, el retablo chifla particularmente a la clientela extranjera.

Las 18 habitaciones de la hostería, decoradas en estilo castellano, decepcionan por sus escasos cuidados.

Alrededores: catedral, murallas, convento de Santa Teresa; ermita de Nuestra Señora de Sonsoles (4 km).

Mansión solariega, Ávila

Sancho de Estrada

Castillo de Villaviciosa
05130-Ávila
Tel.: (920) 29 10 82. **Fax:** (920) 29 10 82
Acceso: tomando un desvío de la carretera Gredos-Ávila, a la derecha, al poco de entrar en la población; muy bien señalizado
Comidas: desayuno, almuerzo, cena
Precios: habitación 9.310-9.775 Pta., *suite* 12.715 Pta.; desayuno 650 Pta., comida 2.500 Pta.
Habitaciones: 9 dobles, 1 individual, 2 *suites;* todas con baño, calefacción, aire acondicionado, teléfono, minibar y TV color
Instalaciones: aparcamiento, jardín, sala de convenciones, bar, comedor y alquiler de bicis y caballos
Tarjetas de crédito: AE, DC, EC, MC, V
Niños: acogidos
Minusválidos: acceso difícil
Animales: admitidos
Cierra: nunca
Propietario: Avelino Mayoral Hernández

El hallazgo de un toro de piedra y una vasija de monedas acuñadas en la época de Julio César no deja lugar a dudas. Los cimientos del castillo de Villaviciosa datan, al menos, de cuando la dominación romana de la Península. Más recientes, sus muros fueron obra de Sancho de Estrada, un infanzón asturiano ascendido a capitán por Raimundo de Borgoña para que le ayudase a defender Ávila de los musulmanes.

La familia Mayoral, propietaria también de los hoteles María Cristina y Mayoral, en Toledo, ha tardado la friolera de 22 años en completar su rehabilitación. Así pueden hoy disfrutar de su propio castillo, allá donde el páramo castellano se desgañita en barrancos y crestas que forman la sierra de Gredos.

La fachada, de cantería ruda y aristas afiladas, conserva en lugares bien visibles los antiguos escudos de armas. Todo el interior recuerda la vida borrascosa en la Edad Media, desde las aspilleras hasta los herrajes en las puertas. En algunas partes, los muros alcanzan un espesor de... ¡tres metros!

Los dormitorios se rigen por el código severo del mueble castellano y sus soberbias vistas del valle de Amblés, especialmente el 302 y el 303. A las siete de la mañana, los gallos del pueblo conectan el despertador.
Alrededores: Ávila (16 km); sierra de Gredos (33 km).

ÁVILA

Casa de campo, Hoyos del Espino

1996 El Milano Real

Toleo, s/n.
05634-Hoyos del Espino, Ávila
Tels.: (920) 34 91 08 y 34 91 31
Fax: (920) 34 91 56
Accesos: por la carretera del Barco de Ávila a Hoyos del Espino, poco antes de llegar al pueblo, desvío a la derecha; señalizado
Comidas: desayuno, almuerzo, cena
Precios: habitación 7.400 Pta., *suite* 10.000 Pta.; desayuno de 400 a 1.000 Pta., comida 3.000 Pta.
Habitaciones: 13 dobles y 1 *suite;* todas con baño, calefacción, teléfono, TV vía satélite, minibar, secador de pelo y complementos de aseo
Instalaciones: aparcamiento exterior, jardín, gimnasio, sauna, salón con chimenea, bar, restaurante
Tarjetas de crédito: DC, V, 6000
Niños: acogidos
Minusválidos: acceso fácil
Animales: prohibidos
Cierra: 20 días en noviembre [reservas en el (920) 34 91 56]
Propietarios: Teresa Dorn y Francisco Sánchez Rico

Dos indicadores señalan la entrada desde la carretera. Hasta aquí, al pie de la sierra de Gredos, se vinieron Francisco S. Rico y Teresa Dorn después de renunciar a sendos empleos de altos ejecutivos en la ciudad. Su flirteo con la montaña les inspiró, al cabo de los años, una atrevida iniciativa: construir de nueva planta una especie de chalé y dedicarlo a hotel para amantes de las rutas a caballo.

Su establecimiento, erigido sobre un promontorio con vistas a los Galayos, se ha convertido en poco tiempo en una base de excursiones animadas por el propio dueño, especialista en *marketing*, además de un hogar para muchos urbanitas necesitados de oxígeno dominical. Rafa Tejada, un vecino del pueblo, organiza desde el hotel salidas a caballo de una o varias jornadas por la sierra abulense.

Junto a la recepción existe un saloncito inglés ideal para la lectura. El resto de los espacios comunes se debate entre lo elegante y lo *kitsch*, especialmente la zona de cafetería y comedor, abajo, ensolado con terrazo de color azul y adornos de olas. Parece un balneario.

La habitación 22, con salón y terraza, ofrece suficientes comodidades para redimirse de la mortificación que supone embridar un caballo trotón. Más coquetería respingan los cuatro dormitorios abuhardillados, peripuestos de cretona y abrigados del gris nocturno de Gredos.

Alrededores: senderismo, esquí de travesía y rutas a caballo por la sierra.

Mansión histórica, Segovia

Infanta Isabel

Isabel La Católica, 1
40001-Segovia
Tel.: (921) 44 31 05. **Fax:** (921) 43 32 40
Acceso: en una esquina de la plaza Mayor, frente al quiosco
Comidas: desayuno
Precios: habitación 10.900 Pta., *suite* 12.500 Pta.; desayuno 800 Pta.; garaje 1.000 Pta.
Habitaciones: 20 dobles, 3 individuales, 3 familiares, 3 *suites;* todas con baño, calefacción, aire acondicionado, teléfono, minibar, TV vía satélite, secador de pelo y cosmética de baño
Instalaciones: garaje, salón de estar, bar
Tarjetas de crédito: AE, DC, EC, MC, V, 6000
Niños: acogidos
Minusválidos: acceso fácil
Animales: prohibidos
Cierra: nunca
Director: Raúl Rascón Romano

Lo más chic de Segovia acaba de abrir sus puertas en el tablado tapero-monumental de la plaza Mayor, entre la catedral y el teatro Juan Bravo, anhelo pedestre de cuantos frecuentan en domingo la ciudad con la copla de admirar el acueducto romano. El Infanta Isabel es un clásico del siglo XIX que acaba de pasar por el quirófano para revivir como hotel de cierto fuste.

Sus limitaciones arquitectónicas únicamente atañen a la disponibilidad de espacios comunes, que son muy escasos para aguantar unas horas en vela. El resto compensa por su sobriedad y el tono algo repeinado de la manzana, de los soportales a las mansardas.

Acicalado de fachada adentro como un palafrén real, la sorpresa salta después de todo al entrar en los dormitorios, imperiales en espacio y gusto por el mobiliario dieciochesco, de paredes ilustradas con un estarcido en su perímetro superior, de suaves colores pastel.

El aire al dormir, cargado de historia, es aquí símbolo y espejo de su tiempo. Así diría alguien que le echara tan sólo un poco de literatura al decorado. Entre todas, ese sibarita escogería la habitación 206, por el balcón corrido que mira al Ayuntamiento, en la plaza Mayor de la ciudad.
Alrededores: alcázar y acueducto romano; jardines y palacio de La Granja (10 km).

Mansión solariega, Segovia

Los Linajes

Doctor Velasco, 9
40003-Segovia
Tel.: (921) 46 04 75
Fax: (921) 46 04 79
Acceso: desde el acueducto, por la carretera que va rodeando las murallas, junto a la iglesia de San Esteban
Comidas: desayuno, almuerzo y cena
Precios: habitación 8.360-10.500 Pta., *suite* 10.800-13.000 Pta.; desayuno 750 Pta.; garaje 800 Pta.

Habitaciones: 40 dobles, 5 individuales, 10 *suites*; todas con baño, calefacción central, teléfono y TV vía satélite
Instalaciones: aparcamiento, sala de conferencias, bar, comedor
Tarjetas de crédito: AE, DC, EC, MC, V
Niños: acogidos
Minusválidos: acceso fácil
Animales: prohibidos
Cierra: nunca
Director: Miguel Borreguero Rubio

Arrinconado en un ángulo del barrio de San Esteban, dentro del recinto amurallado de la ciudad, se halla un palacio del siglo XI que perteneció a la familia Falconi. La Casa de los Linajes, así conocida en su época, acoge hoy un hotel de pulcros servicios y estética algo condicionada por los años que lleva abierto.

En realidad, lo único que queda dentro de carácter histórico es el área de recepción, ubicada en el tercer piso, que incluye un patio y una sala de estar muy agradable con dos sofás de madera situados uno frente al otro, junto a la chimenea. La fachada de ladrillo rojo y la viguería de madera también conservan algo de primitivas. El resto es contemporáneo, acaso demasiado común a los hoteles urbanos, afectado por la clientela de paso y algunos viajantes en busca de unas horas en paz.

Más estimulantes resultan las habitaciones antiguas, techadas con vigas de madera y decoradas con elementos de la tradición castellana. Contienen todo lo que el huésped puede actualmente desear, menos el aroma de un hogar en familia. Las vistas, desde la azotea, son portentosas. Para la diversión nocturna existe un *pub* con buena prensa en el sótano.

Alrededores: jardines y palacio de La Granja (10 km).

Molino rural, Collado Hermoso

Molino de Río Viejo

Ctra. N-110, km 172
40170-Collado Hermoso, Segovia
Tel.: (921) 40 30 63
Fax: (921) 40 30 51
Acceso: por la carretera de Segovia, al borde del asfalto, junto al puente sobre el río Viejo; escasa señalización
Comidas: desayuno, almuerzo, cena
Precios: habitación 9.000 Pta.; desayuno 700 Pta., comida 3.000 Pta.

Habitaciones: 6 dobles con baño y calefacción
Instalaciones: aparcamiento, jardín, salón de estar, comedor, alquiler de caballos
Tarjetas de crédito: AE, V
Niños: acogidos
Minusválidos: acceso fácil
Animales: admitidos
Cierra: nunca
Propietario: Antonio Armero Alcántara

Antonio Armero adquirió este antiguo molino de agua, orillano al río Viejo, hace ya unos cuantos abriles. El tiempo y su hija Coloma, cuya pasión por los caballos y ese orgullo irreprimible por las cosas bien hechas han dejado aquí clara huella, lo convirtieron enseguida en un hotel con muchísimo encanto. Un hito imprescindible en la ruta del asado segoviano.

Pero Coloma contrajo un día matromonio y se marchó, dejando a su padre otra vez al frente del negocio. La constraseña para disponer del aposento sigue siendo tan simple como un ¡hola! al cruzar el umbral de la finca. Sin registros ni ditirambos uno sube a repanchigarse, por ejemplo, en la habitación de color verde, ornamentada con tejidos florales, al estilo de las casas de campo inglesas. Ningún objeto superfluo a la vista...

Los desayunos son el ritual necesario de cada mañana, cuando el aire sabe a pan fresco, el campo se despereza y sobre el mantel, en la antigua sala de moler, humea una taza de café con leche. ¡Qué resurrección, sorber literatura en la biblioteca del piso de arriba, en discreto silencio! La única molienda es que el establecimiento se encuentra completo casi todos los fines de semana.

Alrededores: Sotosalbos (1km); Pedraza (12 km); Segovia (18 km).

SEGOVIA

Caserón rural, Pedraza

El Hotel de la Villa

Calzada, 5
40172-Pedraza, Segovia
Tel.: (921) 50 86 51
Fax: (921) 50 86 53
Acceso: desde la carretera general, por la calle principal de entrada, junto a la tienda De Natura
Comidas: desayuno, almuerzo, cena
Precios: habitación 11.000-12.500 Pta., *suite* 16.500 Pta; desayuno 750-1350 Pta., comida 3.700 Pta.

Habitaciones: 24 dobles; todas con baño, calefacción, aire acondicionado, teléfono, minibar, TV vía satélite, secador de pelo y cosmética de baño
Instalaciones: garaje, salón de estar, bar
Tarjetas de crédito: AE, MC, V, 6000
Niños: canguro
Minusválidos: acceso difícil
Animales: prohibidos
Cierra: nunca
Propietario: Víctor Martín Arcones

¡Oh, qué imaginación! La nueva hospedería abierta en el número 5 de la Calzada, frente a la tienda De Natura, lleva también la marca Casa y Jardín, del interiorista Paco Muñoz. Asombro y delectación provoca en quien husmea dentro, si le van las revistas francesas de decoración y desea inspirarse mínimamente para su casita de campo.

Los hermanos Martín, propietarios del negocio, han mostrado sobrada inteligencia al confiar el vestimiento de su hotel a un profesional tan reputado. Ningún detalle se les ha escapado, salvo lo que concierne al mostrador de recepción, tan poco encantador y... ¡con ese ordenador asomando entre las gavillas de Pedraza!

Amabilidad no falta a la hora de enseñar las habitaciones. Sin aparatosidad ni cursilerías van desfilando, una tras otra, la 103 (Castañas Calentitas), la 108 (Habas y Guisantes) o las 11 abuhardilladas, con vistas a los tejados del pueblo. Todas empapeladas en elegantes colores, perfumadas de plantas silvestres, decoradas con *collages* de ambiente rural, muebles de abuela, lámparas de diseño, argumentos florales.

El restaurante también lleva premio. Junto al estilo depurado de poner las mesas se ofrece una cocina de altos vuelos y bajo precio. **Alrededores**: Sepúlveda (23 km); Turégano (25 km); Segovia (41 km).

Casa rural, Pedraza

Posada de Don Mariano

Mayor, 14
40172-Pedraza de la Sierra, Segovia
Tel.: (921) 50 98 86 y 50 98 87
Fax: (921) 50 98 86 y 50 98 87
Acceso: en una de las callejuelas que nacen en la plaza Mayor, en dirección al castillo
Comidas: desayuno, almuerzo, cena
Precios: habitación 11.000 Pta., *suite* nupcial 16.000 Pta.; desayuno 950 Pta., comida 4.500 Pta., a la carta
Habitaciones: 14 dobles, 3 individuales, 1 *suite;* todas con baño, calefacción central, teléfono y TV color
Instalaciones: sala convenciones, bar, restaurante
Tarjetas de crédito: AE, EC, DC, MC, V, 6000
Niños: acogidos
Minusválidos: acceso difícil
Animales: prohibidos
Cierra: nunca
Director: Mariano Pascual Pascual

A escasos 30 kilómetros de Segovia sobrevive, indemne a los desaguisados arquitectónicos, el pueblecito solariego de Pedraza de la Sierra. Numerosos profesionales, artistas y viajeros madrileños hartos de prisas y humos pasan en él sus fines de semana. Buscan en el sosiego de sus calles y sus casas la vitamina para continuar unos días más con vida.

Los hijos del que fuera su alcalde durante los años difíciles de la decadencia rural castellana, Mariano Pascual —dueño también de la célebre taberna de la plaza—, han tenido ahora la ocurrencia de impulsar un nuevo negocio construyendo un caserón armado de tejas, rejas, portones y pasamanería de anticuario en sintonía con el entorno arquitectónico. Y lo han convertido en un hotel pequeño, lleno de encanto por obra y gracia del decorador de moda, Paco Muñoz.

La posada ofrece 18 habitaciones diferentes y personalizadas con nombres inspirados en el lugar: «Enebral», «Carrascal», «Gurugú», «El Guijo». Cada una de ellas viste alfombras y papeles de diseño inglés con un aire muy distinto, para que el huésped se olvide de que está en un hotel. Sólo cabe echar en falta más luz y mejor equipamiento en los cuartos de baño, así como unos desayunos con olor a campo. Los domingos apetece arrebujarse entre las sábanas hasta la hora del ángelus.

Alrededores: castillo y plaza Mayor; sierra de Guadarrama (30 km).

Casa rural, Sigueruelo

Posada de Sigueruelo

Badén, 40
40590-Sigueruelo, Segovia
Tel.: (921) 50 81 35
Fax: (921) 50 81 35
Acceso: kilómetro 99 de la autovía del norte, desvío a la nacional de Segovia, en el segundo pueblo
Comidas: desayuno, almuerzo, cena
Precios: habitación, desayuno y cena 11.000 Pta.; comida 1.400-3.500 Pta.

Habitaciones: 6 dobles (5 con baño, 1 sin baño); todas con calefacción central y cosmética de baño
Instalaciones: salón de estar, bar cafetería, alquiler de bicis
Tarjetas de crédito: V
Niños: acogidos
Minusválidos: acceso difícil
Animales: admitidos
Propietaria: Concepción Alarcos Rodríguez

No a la contaminación. Tal ha sido el lema seguido por Ángel y Concha, sus *eco-propietarios,* en la rehabilitación de esta vivienda rural. Sigueruelo, a una hora de Madrid por autovía, vive aún del ganado vacuno, ajeno a Internet, la televisión por cable y otros adelantos tecnológicos.

La posada, sin señalizar desde la carretera, se encuentra en medio del pueblo. Uno se fía del rótulo que aparece sobre el dintel de la entrada, decorado con un pajarito a pincel. Apenas dos coches bien apretados caben en el hueco del aparcamiento.

¡Qué inmersión rural la del invitado en esta casa! Horcas, azadas, trillos, vigas a la vista, el ganchillo de la abuela... Todos los materiales empleados son autóctonos, naturales, como siempre lo fueron en estas sierras. Y la manera de colocarlos, muy acertada. Tras la última reforma, las habitaciones han ganado en amplitud y confort, aunque todavía cabe echar en falta un equipamiento más completo.

Desde la posada se organizan paseos a caballo, en bicicleta, vuelo sin motor y descensos en piragua por la hoz del Duratón.

Alrededores: parque natural del Hayedo de Tejera (13 km); hoces del Duratón (14 km).

Casa rural, Cerezo de Arriba

Casón de la Pinilla

Cerezo de Arriba
40592-Segovia
Tel.: (921) 55 72 01
Acceso: autovía del norte E-5, salida 104 en dirección a Soria, por la N-110, a 1 kilómetro, en el cruce a Cerezo de Arriba
Comidas: desayuno, almuerzo, cena
Precios: habitación 6.100-7.500 Pta.; desayuno 850 Pta., comida 1.800 Pta.
Habitaciones: 8 dobles, 1 individual; todas con baño, calefacción, teléfono y TV color
Instalaciones: aparcamiento, jardín, salón de estar, comedor; alquiler de bicis, guardaesquís
Tarjetas de crédito: AE, V, 4B, 6000
Niños: área de juegos
Minusválidos: acceso fácil
Animales: prohibidos
Cierra: nunca
Propietarias: Carmen de Frías García y Juncal Chaves

Lunes, martes, miércoles, jueves, viernes... y ya estamos huyendo del asfalto, que el cuerpo nos pide pasto durante toda la semana. Conscientes de la golosina rural que es cualquier aldea para el ser urbano, dos madrileñas alérgicas a las dobles filas y al dióxido de carbono quemado en la capital han levantado un hotelito de nueve habitaciones distante sólo 100 kilómetros de Madrid, en un pueblo serrano de apenas 200 habitantes.

Juncal Chaves y Carmen Frías conocen todos los secretos de la madera, la cerámica y el fuego de una chimenea. Su máxima inquietud durante la obra de transformación de la antigua vaquería fue dar abrigo y literatura a sus futuros huéspedes. Y darles también de comer en noche de perros. No en vano, la proximidad de la estación invernal de La Pinilla reúne los fines de semana a muchos esquiadores en torno a la chimenea.

Desafortunadamente, el hotel padece la angostura insalvable de la finca que lo rodea, un pastizal de ganado con planta de pitillo. Las habitaciones carecen del suficiente arropo floral, y los cuartos de baño, de unos simples toques de humanidad.

Alrededores: estación de esquí de la Pinilla (8 km); Riaza (10 km).

Madrid

Imagen nocturna de Cibeles y la Puerta de Alcalá

Hoteles de Madrid

El corazón histórico de la Villa y Corte acoge la mayoría de los establecimientos hoteleros con que cuenta la capital de España. El hotel Arosa [Tel. (91) 532 16 00] responde al estilo clásico de la Gran Vía; igual que el Santo Domingo [Tel. (91) 547 98 00], amarillo flambeado, o la nueva adquisición de la cadena catalonia, el hotel Gaudí [Tel. (91) 531 22 22]. Cerca de la Puerta del Sol se encuentra el desvaído Carlos V [Tel. (91) 531 41 00] y un inolvidable: el Gran Hotel Reina Victoria [Tel. (91) 531 45 00], frecuentado por el mundillo taurino, con espléndidas vistas de la plaza de Santa Ana.

El exponente máximo de refinamiento madrileño, el hotel Ritz [Tel. (91) 521 28 57], fue inaugurado con el siglo por la regia aristocracia del momento. No muy lejos se encuentra el Palace [Tel. (91) 429 75 51] que, con la misma opulencia pero mayor encanto novelesco, se ha ganado un puesto en la historia y en la preferencia de los intelectuales. Aquí se hospedaron personajes tan distintos y seductores como Mata Hari y Hemingway.

Enfrente del Congreso de los Diputados enseña su cremosa fachada el hotel Villa Real [Tel. (91) 420 37 67], decorado según los gustos versallescos. En la plaza del Conde Valle de Suchil ondea la enseña del Conde Duque [Tel. (91) 447 70 00], de fachada retro. De reciente apertura, en línea fina, cabe citar el Suites Prado [Tel. (91) 420 23 18].

El señorial barrio de Salamanca alberga también un hotel muy postinero, el Wellington [Tel. (91) 575 44 00], en la calle Velázquez, apreciado por el ambiente refinado de su bar inglés. En el barrio de Chamartín está el Aristos [Tel. (91) 345 04 50], una cocada.

En la *costa* Castellana, el hotel Villamagna [Tel. (91) 561 49 00] es algo así como la versión moderna del Ritz, un gran inmueble de cristal y acero decorado al estilo del siglo XVIII. A sólo unos pasos se encuentra el clásico Miguel Ángel [Tel. (91) 442 02 22], preferido de banqueros y gentes con posibles. Una inteligente restauración de la cadena NH se observa en el hotel Embajada [Tel. (91) 594 02 13]. Justo lo que le haría falta al viejo Mónaco [Tel. (91) 522 46 30].

La ciudad no es para mí

Cada vez son más los viajeros que, renuentes a los atascos y a la contaminación urbana, buscan alojamiento en las afueras de Madrid. Existen alternativas cómodas y asequibles en los aledaños al nuevo recinto ferial del Campo de las Naciones, como el Meliá Avenida de América [Tel. (91) 320 30 30] o el Novotel [Tel. (91) 403 52 11]. Más refinado, el hotel La Moraleja [Tel. (91) 661 80 55] atrae sobre todo a las visitas de los afortunados que viven en la urbanización de al lado.

MADRID

Antigua casa de pastores, La Acebeda

1996 Posada de los Vientos

La Acebeda
Encerradero, 2
28755-La Acebeda, Madrid
Tel.: (91) 869 91 95
Fax: (91) 869 91 95
Accesos: por la autovía A-1 de Madrid a Burgos, tomando un desvío señalizado en el kilómetro 83, por una carretera estrecha, entrando en el pueblo a mano derecha
Comidas: desayuno, almuerzo, cena
Precios: habitación 8.000 Pta.; desayuno incluido, comida 1.800 Pta.
Habitaciones: 9 dobles, todas con baño, calefacción y complementos de aseo
Instalaciones: aparcamiento, salón con chimenea, bar, restaurante; alquiler de bicis y caballos
Tarjetas de crédito: EC, MC, V, 6000
Niños: acogidos
Minusválidos: acceso difícil
Animales: prohibidos
Cierra: del 15 de enero al 15 de febrero
Propietario: Pedro Retamar

Por fin un hotel en la llamada Sierra Pobre de Madrid. Pedro Retamar y su mujer ya se habían percatado de las posibilidades que ofrecía este escenario para los fines de semana ecológicos de sus conciudadanos. Sólo restaba conseguir la financiación necesaria y lanzarse a la aventura con un poco de cabeza, mucho corazón y criterio estético.

Su alojamiento es fruto de la rehabilitación de una vivienda de pastores con dos siglos de antigüedad, herencia de aquellas que mandó construir el duque del Infantado para la guarda del ganado que pastoreaba en sus tierras. Lo conseguido por el matrimonio es una fotografía de lo que se usaba antes en estos pueblos: la lámpara de la abuela, los cacharros de cobre, la mesa de ebanista, una ristra de ajos que cuelga en la pared, incluso el farol de aceite que servía a la aguada nocturna.

Cada dormitorio porta un nombre de viento: Ábrego, Vendaval, Cascarrón, Cierzo, Regañón... Algunos encierran primores estéticos, destellos de ruralismo verdadero, como los doseles hechos de tela de saco. No sobra mucho espacio, pero logran una atmósfera de sinceridad que proporciona buen confort. Tampoco acogen ninguna señal de televisión. Escapar de la ciudad para reencontrarse con el concurso de turno no haría, en su opinión, más que agravarle a uno la úlcera.

Alrededores: senderismo, rutas a caballo, bici de montaña, travesías en piragua, ascensos en globo (contratar en el hotel).

Vaquería antigua, Alameda del Valle

La Posada de Alameda

Grande, 34
28749-Alameda del Valle, Madrid
Tel.: (91) 869 13 37 y 869 00 17
Fax: (91) 869 01 63
Acceso: por la autovía de Burgos, salida a Lozoya, a unos 30 kilómetros, justo en la entrada del pueblo; señalizado
Comidas: desayuno, almuerzo, cena
Precios: habitación 9.200 Pta., *suite* 10.500 Pta.; desayuno incluido, comida 3.500 Pta.

Habitaciones: 16 dobles, 2 familiares, 1 individual, 3 *suites*; todas con baño, calefacción central, teléfono, TV color, secador de pelo y cosmética de baño
Instalaciones: aparcamiento, jardín, salón de convenciones, bar, comedor
Tarjetas de crédito: AE, EC, MC, V, 6000
Niños: área de juegos
Minusválidos: acceso difícil
Animales: prohibidos
Cierra: 24 y 25 de diciembre
Directora: Isabel Cortés Bohigas

A la sombra de Peñalara, en pleno valle del Lozoya, existía un complejo agropecuario declarado de interés monumental por la Comunidad de Madrid. El buen tino de sus propietarios lo ha convertido en una esmeralda arquitectónica, con pretensiones Bauhaus, a una hora escasa de la capital de España.

Mompó, Ribera y otros conocidos artistas españoles tienen sus obras expuestas en las paredes del establecimiento, cuyos antiguos silos albergan hoy sendas escaleras conducentes a las habitaciones, en las que no falta de nada. Toda una lección de cómo restaurar y vestir un hotel cuando se tiene imaginación y el dinero necesario para ello.

Algunos defectos necesitarán tiempo para ser corregidos, especialmente la incómoda disposición de la entrada: hay que atravesar la cafetería para dirigirse con las maletas al mostrador de recepción. Periódicamente se exhibe en los salones alguna colección de arte vanguardista, avalada por primerísimas firmas.

Las habitaciones aseguran un coqueto refugio para los fines de semana, una clausura para irse de ejercicios con la empresa... Algunas regalan incluso unas vistas sedantes de la alameda que lame las orillas del embalse. Por holgadas y mejor proporcionadas, conviene anotar estos tres números: 101, 111 y 122. Felices sueños.

Alrededores: monasterio de El Paular (7 km); estación de esquí de Valcotos (20 km).

MADRID

Antigua casa de pastores, La Acebeda

1996 Hospedería El Arco

Arco, 6
28739-Villavieja de Lozoya, Madrid
Tel. (91) 868 09 11
Fax: (91) 868 13 20
Acceso: por la autovía N-I hasta el kilómetro 72, tomando un desvío hacia Buitrago de Lozoya y Villavieja, en el centro del pueblo; mal señalizado
Comidas: desayuno, almuerzo, cena
Precios: habitación 6.000 Pta.; desayuno 600 Pta.; comida 3.500-4.000 Pta.

Habitaciones: 7 dobles, 1 individual; todas con baño, calefacción, teléfono, TV color y cosmética de baño
Instalaciones: salón de estar, bar y comedor; dificultades para aparcar
Tarjetas de crédito: AE, MC, V
Niños: acogidos
Minusválidos: acceso difícil
Animales: admitidos
Cierra: Navidades y días laborables entre septiembre y julio
Directora: María José Mendoza Traba

Nueva en las estribaciones de Somosierra, esta hospedería se ofrece como el escondite de los fines de semana madrileños. Sin ser otra cosa que una típica vivienda de pueblo, encierra un par de arcos mudéjares, del siglo XIII, que da nombre al establecimiento. En el restauro se han salvado las vigas de hierro, el armazón abuhardillado de madera y las paredes de ladrillo visto, que dan un toque singular a la casa. Es una pena que las habitaciones ahorren tanto espacio, y que el viento haga chirriar las puertas. La cocina denota buenas intenciones. Un concierto de música renacentista suele amenizar la tarde de los domingos.
Alrededores: senderismo por la sierra; monasterio de El Paular (26 km).

Menudos

¡Menudo problema viajar con niños! ¡Qué engorro dormir con el perro al pie de la cama! ¿Y ahora dónde dejamos a la abuela?
Muchos prefieren quedarse en casa los fines de semana con tal de no molestar o ser molestados por las constantes atenciones que requieren los niños pequeños, los animales domésticos o las personas con algún tipo de minusvalía. Y, en realidad, no les falta razón. Los hoteles españoles carecen aún, en su mayor parte, de las instalaciones adecuadas para atender estos casos.
Uno de sus mayores atractivos, la tranquilidad ambiental, puede verse afectado por una deficiente insonorización de las habitaciones o por la falta de un área de juegos destinada a la gente menuda. Incluso, las menores veces, sus responsables tienden a agruparlos y dar rienda suelta a sus correrías infantiles, sin tener en cuenta el descanso de los demás huéspedes.
No menos incordiante resulta la prohibición de acoger animales domésticos cuando muchos de estos establecimientos sustentan su imagen en el turismo rural y el disfrute de la naturaleza. El derecho de cualquier huésped a no compartir su territorio con el perro o el gato del vecino no exime al hotel de prescindir de unas instalaciones adecuadas, separadas del edificio, para el alojamiento de estos animales domésticos.
Más relevante aún, a estas alturas del siglo, es que la industria turística no facilite, sino que incluso ponga trabas, a los impedidos físicos en las ciudades, en los transportes o en los hoteles. A veces, las soluciones exigen únicamente colocar rampas de acceso, asideros en las bañeras o umbrales más anchos por los que pueda pasar una silla de ruedas.
Menos costoso, desde luego, que el riego de un jardín en verano.

Monasterio antiguo, El Paular, Rascafría

Santa María del Paular

El Paular, s/n. Ctra. M-604, km. 26,500
28741-Rascafría, Madrid
Tel.: (91) 869 10 11 y 869 10 12
Fax: (91) 869 10 06
Acceso: siguiendo la carretera de Navacerrada a Rascafría, junto al río Lozoya; bien señalizado
Comidas: desayuno, almuerzo, cena
Precios: habitación 14.500-18.000 Pta., *suite* 24.000 Pta.; desayuno 1.600 Pta.; comida 3.500 Pta.
Habitaciones: 36 dobles, 17 individuales (15 con ducha), 5 *suites;* todas con baño, calefacción central, teléfono, TV vía satélite y cosmética de baño
Instalaciones: aparcamiento, jardín, piscina, tenis, sala de reuniones, bar y comedor
Tarjetas de crédito: AE, DC, EC, MC, V (solicitada por anticipado)
Niños: acogidos
Minusválidos: acceso difícil
Animales: prohibidos
Cierra: nunca
Director: Enrique González Otero

En unas dependencias anejas al monasterio benedictino de El Paular, al pie de las cumbres del Guadarrama, el rey Enrique II de Trastámara hizo construirse unos recios aposentos. Maquilladas y preparadas, como corresponde al moderno *estado de bienestar,* las celdas albergan hoy a una clientela dispar de ejecutivos, ministros y aristócratas solitarios necesitados de alivio físico y meditación durante los fines de semana.

Un arco porticado abre paso al huésped deseoso de conocer el patio interior, de estilo castellano, que da prestigio al hotel. Bajo las columnas se vislumbra, en un lateral, el portón de entrada al restaurante. Fiel exponente de la tradición culinaria castellana.

Las dependencias interiores se distinguen por la severidad mesetaria del mobiliario. Su atmósfera invita a un recogimiento casi monacal, a que las horas transcurran con lentitud por unos espacios casi de clausura. Es uno de esos hoteles en que, pese a hallarse completos, no se ve un alma por los pasillos. Las habitaciones son espaciosas, con vistas a la montaña, aunque espartanas; más adecuadas al silencio cartujano que a la fantasía presunta en un hotel de alta categoría.
Alrededores: monasterio benedictino (anejo); Rascafría (2 km).

Casa rural, Patones de Arriba

El Tiempo Perdido

Travesía del Ayuntamiento, 7
28189-Patones de Arriba, Madrid
Tel.: (91) 843 21 52. **Fax:** (91) 843 21 48
Acceso: por la Ctra. de Burgos hasta el km. 50, desvío hacia Torrelaguna y Patones; hay que dejar el coche detrás de la iglesia y seguir a pie las indicaciones hacia el hotel
Comidas: desayuno, almuerzo, cena
Precios: habitación 22.600 Pta.; desayuno 1.500 Pta.; comida unas 3.500 Pta.
Habitaciones: 5 *minisuites;* todas con baño, calefacción central, aire acondicionado, teléfono, minibar, TV y vídeo, secador de pelo y cosmética de baño
Instalaciones: sala de convenciones, bar y restaurante; aparcacoches
Tarjetas de crédito: AE, DC, EC, MC, V, 6000 (solicitada por anticipado)
Niños: acogidos
Minusválidos: acceso difícil
Animales: admitidos
Cierra: del 1 de julio al 1 de septiembre y en Navidad. Normalmente sólo abre de viernes a lunes y vísperas de fiesta
Propietarios: F. Fournier y G. Fleming

El decorador galo François Fournier se enamoró de Patones y su leyenda hace muchos años. Ahora acaba de rehabilitar un viejo caserón de pizarra con toda la rusticidad que inspira la sierra norte de Madrid. Cada *suite* es producto de su exquisito gusto; si una exhibe un espléndido escritorio del siglo XIX, otra alberga un armario del XVIII, y una alfombra persa o un grabado original la de más allá. El jardín también sublima finura con sus aparentes toques toscanos. Apetece hacer un extra en el presupuesto por pasar un fin de semana entre tanta belleza y tranquilidad.
Alrededores: embalse de El Atazar (9 km); Montejo de la Sierra (40 km).

Casón rural, Cadalso de los Vidrios

Posta de Corpes

Cañada del Arenal, s/n
28680-Cadalso de los Vidrios, Madrid
Tel.: (91) 861 14 16
Fax: (91) 861 14 16
Acceso: por la carretera que va de Cadalso de los Vidrios a San Martín de Valdeiglesias, señalizado con unos carteles de color salmón
Comidas: desayuno, almuerzo, cena
Precios: habitación 7.900 Pta., desayuno incluido; comida 2.100 Pta.
Habitaciones: 5 dobles y 1 familiar; todas con calefacción, pero sin baño
Instalaciones: aparcamiento, jardín, sala de convenciones, bar, restaurante; alquiler de bicicletas y caballos
Tarjetas de crédito: AE, DC, EC, MC, V, 6000
Niños: acogidos
Minusválidos: acceso difícil
Animales: admitidos
Cierra: nunca
Director: Miguel Poison

Más que un hotel, tal y como hoy lo entiende el viajero en marcha por los caminos de España, la posta es un centro ecuestre con caballos propios y una experiencia libre de turismo rural en la comunidad madrileña. Sólo dispone de seis pequeñas habitaciones, carentes de las mínimas comodidades. El servicio es marca de la abuela Lali, autora de unos estupendos guisos caseros que sacian el apetito después de la monta. Todos los días se organizan desde aquí excursiones a caballo por la comarca del Tiétar. Dado el reducido número de plazas, conviene reservar con cierta antelación.
Alrededores: toros de Guisando (3 km); cabecera del río Tiétar (17 km).

Palacete señorial, Madrid

Santo Mauro

Zurbano, 36
28010-Madrid
Tel.: (91) 319 69 00
Fax: (91) 308 54 77
Acceso: desde la plaza de Colón, por cualquiera de las calles adyacentes a la Castellana; sin la debida señalización
Comidas: desayuno, almuerzo, cena
Precios: habitación 32.000 Pta., *suite* 35.000 Pta. (precios especiales para quienes presenten la guía); desayuno 2.100 Pta., comida 6.500 Pta.
Habitaciones: 21 dobles, 5 individuales, 7 *suites;* todas con baño, calefacción, aire acondicionado, teléfono, cadena para discos compactos, vídeo y TV vía satélite, minibar, secador de pelo y cosmética de baño
Instalaciones: garaje, jardín, sauna, piscina climatizada, salones de convenciones, bar, restaurante
Tarjetas de crédito: AE, DC, EC, MC, V
Niños: acogidos
Minusválidos: acceso fácil
Animales: prohibidos
Cierra: nunca
Director: Enrique Castellanos Jaque

NH Hoteles estrenó su división de superlujo —NH Selección Oro— con la reforma del antiguo palacete propiedad de los duques de Santo Mauro, edificado en 1894 por el arquitecto francés L. Legrand, en una de las calles más elegantes de la capital de España. El edificio, antes que hotel, fue sede de la Embajada de Filipinas.

Un pequeño jardín y terraza de verano de 1.000 metros cuadrados permiten al huésped de posibles la contemplación de una fachada cremosa. La decoración interior, conforme a la estructura original, exhibe cornisas, artesonados y esgrafiados de clara influencia modernista.

Josep Joanpere, artífice también del interiorismo en los hoteles Arts y Condes de Barcelona, ha diseñado los muebles y los tapizados de sus 37 habitaciones. Todas distintas, repartidas entre lo que fueron la residencia principal y sus caballerizas, convertidas ahora en *suites* tipo dúplex. Abajo, en el sótano, resplandece una piscina cubierta por bóvedas con columnas, a guisa de aljibe revestido de gres verdeagua.

Otras lecturas se sirven en el lugar de la antigua biblioteca, ocupado por el restaurante Belagua. Por ejemplo, un manual de perversiones epicúreas, ése que todos quisieran seguir al menos una vez en la vida.
Alrededores: Cibeles; museo Thyssen-Bornemisza (5 minutos a pie).

MADRID

Granja histórica, Torrejón de Ardoz

La Casa Grande

Madrid, 2
28850-Torrejón de Ardoz, Madrid
Tel.: (91) 675 39 00
Fax: (91) 675 06 91
Acceso: desde la autovía de Aragón, por un desvío a la derecha en el kilómetro 19; bien señalizado
Comidas: desayuno, almuerzo, cena
Precios: habitación 18.000 Pta., *suite* 30.000 Pta.; desayuno 1.100 Pta., comida a la carta
Habitaciones: 8 dobles, 1 *suite;* todas con baño, hidromasaje, calefacción, aire acondicionado, teléfono, minibar, TV vía satélite, cosmética de baño y secador de pelo
Instalaciones: garaje, jardín, sauna, salones privados, bar, comedor
Tarjetas de crédito: AE, DC, EC, MC, V, 6000
Niños: acogidos
Minusválidos: acceso difícil
Animales: prohibidos
Cierra: en agosto
Directora: Paloma Onieva Sanz

Hace unas décadas, Torrejón era un pueblo tranquilo que crecía al abrigo de Madrid sin perder sus propias referencias. La base aérea conjunta hispano-estadounidense procuraba a muchos de sus habitantes un nivel de vida superior al de la capital de España, que acudía en ocasiones a espiar el despegue de los aviones y a comer de fiesta en La Casa Grande.

Actualmente, cuando el pueblo ha adquirido proporciones de ciudad-dormitorio y las USAF emprendido un vuelo definitivo hacia otros horizontes, La Casa Grande pregona habitaciones con un lujo propio de zares.

Asentado en una antigua granja de labor regentada por jesuitas a las órdenes de la emperatriz de Austria, en pleno siglo XVI, el complejo turístico destella una profunda vocación cultural. En su decoración intervienen diversas antigüedades que pertenecieron a la Corte de los zares, algunas de las cuales se exhiben en un insólito museo de iconos.

Escoger una habitación exclusiva, a capricho del huésped, es de alto voltaje para la imaginación. Todas tienen su aquél o su éste de estilo imperio. Pero, entre las más estrambóticas, citaremos la *suite* principal, dotada de sauna propia y una cama barroca en la que durmió Catalina la Grande.
Alrededores: casa de Cervantes, Universidad Complutense, Alcalá de Henares (9 km); Madrid (20 km).

Monasterio antiguo, Chinchón

Parador de Chinchón

Avenida Generalísimo, 1
28370-Chinchón, Madrid
Tel.: (91) 894 08 36
Fax: (91) 894 09 08
Acceso: desde la nacional III, desvío señalizado a Chinchón por el puente de Arganda o por Villarejo, a escasos metros de la plaza Mayor del pueblo
Comidas: desayuno, almuerzo, cena
Precios: habitación 15.000-16.000 Pta., *suite* 18.000 Pta.; desayuno 1.200 Pta., comida 3.500 Pta.; garaje 900 Pta.

Habitaciones: 36 dobles, 2 *suites;* todas con baño, calefacción, aire acondicionado, teléfono, minibar, TV satélite, secador de pelo y cosmética de baño
Instalaciones: garaje, jardín, piscina, sala de convenciones, bar, comedor
Tarjetas de crédito: AE, DC, EC, MC, V
Niños: acogidos
Minusválidos: acceso difícil
Animales: prohibidos
Cierra: nunca
Director: José Menguiano Corbacho

Uno de los pueblos más bonitos de la región madrileña, caracterizado por su monumental plaza Mayor, que puede también alardear de tener un magnífico parador de turismo. Es un convento agustino del siglo XVII que encierra en su interior un patio con altos cipreses y una fuente central dormida entre las madejas de rosales. El techo de la escalera principal conserva sus frescos originales y la capilla de Santa María del Rosario permanece aún intacta a la mirada de los soñolientos.

Gracias a unos vistosos mosaicos de azulejos dedicados a la Virgen del Rosario y san Roque, el claustro consigue escapar con serena elegancia a la severidad general del edificio. Las exposiciones temporales de pintura o escultura también contribuyen lo suyo. Algunos salones exhiben objetos con cierto sabor del pasado: desde un reloj de pared hasta una cómoda, incluso un antiguo alambique de bronce que servía para la destilación del anís, aguardiente emblemático en la ciudad.

Los dormitorios recuerdan a los de un torreón medieval, limpios pero oscuros, cegados por unas fuertes contraventanas. Para escapar a esta ideología hospitalaria, común a tantos paradores, es preferible pagar un poco más por la *suite* número 8, que tiene terraza. Y... a orar por una copita de Chinchón.

Alrededores: plaza Mayor; palacio Real de Aranjuez (26 km).

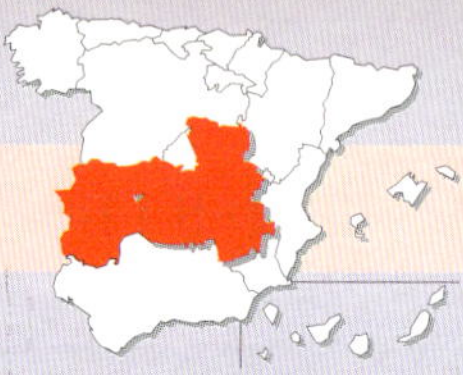

Ciudad Real

Molinos de Viento en Campo de Criptana

Hoteles de La Mancha

A pesar de su creciente prosperidad económica, la región castellano-manchega todavía se halla lejos de mantener una adecuada infraestructura de alojamientos con carácter.

En Beteta (Cuenca), cerca de los manantiales de Solán de Cabras, no acaba de cuajar el hotel Los Tilos [Tel. (969) 31 80 97], a los pies del castillo. Mejores mimbres parecen tener, hoy por hoy, los hoteles El Tablazo [Tel. (969) 28 14 88], en Villalba de la Sierra, y La Muralla [Tel. (969) 34 62 99], en Cañete, con una muy honesta cocina de la tierra. Ahí mismo se encuentra la Hostería Cañete [Tel. (969) 34 60 45], una casa de piedra en medio del campo. Cerca del nacimiento del río Cuervo, en Tragacete, se alzan los hoteles El Gamo [Tel. (969) 28 90 08] y Hospedería Real del Júcar [Tel. (969) 28 92 04]. Caminatas, pedaladas en bicicleta y mucho turismo rural entre pecho y espalda.

En la muy turística y noble ciudad de Toledo se han inaugurado en los últimos años unos cuantos establecimientos bastante respetuosos con el carácter histórico del entorno. Ejemplo de ello es el hotel María Cristina [Tel. (925) 21 32 02], un edificio de nueva construcción con aires mudéjares adosado a un ábside del siglo XV. En el centro histórico, no lejos de la casa-museo de El Greco, alza su planta de caserón tradicional el Carlos V [Tel. (925) 22 21 00] y el Real [Tel. (925) 22 93 00]. En los Cigarrales, enfrente del parador [Tel. (925) 22 18 50], se acaba de inaugurar el hotel Domenico [Tel. (925) 25 00 40], muy confortable.

Algo bien distinto, por pequeño, es el Almanzor [Tel. (926) 21 43 03], de Ciudad Real, perteneciente a la cadena Green Hoteles. Un poco más al sur, en Valdepeñas, se encuentra el Meliá El Hidalgo [Tel. (926) 32 32 50], de 54 habitaciones distribuidas en forma de bungalós alrededor de la piscina. Y la novedad del año se llama la Hospedería Buscón de Quevedo [Tel. 902 20 20 10], en un convento de dominicos del siglo XVI, en Villanueva de los Infantes.

Finalmente, la provincia de Albacete ofrece su propio parador [Tel. (967) 22 94 50], en las afueras de la capital, que mira a la llanura manchega desde unas habitaciones decoradas en estilo campirano. En Ossa de Montiel, el hotel Albamanjón [Tel. (967) 52 80 88] procura descanso y buen yantar. En Reolid-Salobre, el balneario de Benito [Tel. (967) 38 08 61], salud. En Elche de la Sierra, el Corral de Ramas [Tel. (967) 58 40 04], tranquilidad. Y, si quiere uno impresionarse con los chorros del río Mundo, alójese en el hotel Felipe II [Tel. (967) 29 50 83], en Ayna.

Hoteles de Extremadura

Extremadura, una región olvidada y aislada de la mano de los españoles, reduce todavía su panorama hotelero a tres ciudades y dos comarcas con gancho monumental o paisajístico. Aunque, poco a poco, la inversión en nuevos establecimientos se va animando conforme aumenta la demanda viajera. Los hoteles Cristina [Tel. (924) 70 00 40], en Fregenal, Tryp Medea [Tel. (924) 37 24 00], en Mérida, y el Cortijo Santa Marta [Tel. (927) 31 92 03], en Trujillo, representan a la última generación. En cualquier caso, el hotel Meliá Cáceres [Tel. (927) 21 58 00] continúa siendo lo mejor de la región.

Castillo medieval, Sigüenza

Parador de Sigüenza

Plaza del Castillo, s/n
19250-Sigüenza, Guadalajara
Tel.: (949) 39 01 00
Fax: (949) 39 13 64
Acceso: atravesando la población, por una calle que arranca a la derecha y asciende hasta lo alto del cerro; bien señalizado
Comidas: desayuno, comida y cena
Precios: habitación 12.500-13.500 Pta., *suite* 18.500-19.500 Pta.; desayuno 1.200 Pta., comida 3.500 Pta.
Habitaciones: 78 dobles, 2 individuales, 2 *suites;* todas con baño, calefacción, aire acondicionado, teléfono, minibar, TV vía satélite, secador de pelo y cosmética de baño
Instalaciones: aparcamiento, jardín, sauna, gimnasio, salón de convenciones, bar, comedor, alquiler de bicis
Tarjetas de crédito: AE, DC, EC, MC, V
Niños: canguro
Minusválidos: acceso fácil
Animales: prohibidos
Cierra: nunca
Director: Francisco Álvaro Garrido

Si otros castillos, comparados con éste, parecen una pequeñez, después de la transfiguración sufrida con la última reforma no hay alcázar ni castillo que se le resista en pocholada.

Antes de parador fue fortaleza visigótica, alcazaba árabe y también palacio de los obispos de Sigüenza. Los Reyes Católicos, el cardenal Cisneros y Juana la Loca fueron algunos de sus huéspedes más ilustres. Solitario y desafiante, en una colina que domina la ciudad, su perfil llena de fuerza el paisaje mesetario que guarda.

Lo primero que sorprende al que franquea el arco de entrada es el magnífico patio interior, alrededor del cual se distribuyen los aposentos, excesivamente castellares. El espectro de Charlton Heston parece correr por los pasillos... Todo impone por la desnudez de la piedra. Siglos de historia.

Ahí sigue el salón del trono, de altos techos sostenidos por seis pilares y dos chimeneas. También, las inefables sillas de cuero, ésas que se utilizaban en campaña contra los moros. Y las espadas. Y los yelmos.
Alrededores: sepulcro del Doncel; arco romano de Medinaceli (20 km); Atienza (31 km).

Monasterio antiguo, Pastrana

1996 Hospedería Real de Pastrana

Ctra. C-200 de Pastrana a Zorita
19100-Pastrana, Guadalajara
Tel.: (902) 20 20 10
Fax: (902) 20 20 10
Acceso: desde Guadalajara, por la carretera de los lagos, desvío hacia Pastrana; o por la carretera de Valencia, salida a Tielmes, pasados 2 kilómetros de Pastrana; bien señalizado
Comidas: desayuno, comida y cena
Precios: habitación 9.603-11.208 Pta.; desayuno incluido, comida 2.250 Pta.
Habitaciones: 27 dobles con baño, calefacción, aire acondicionado, teléfono, minibar, TV vía satélite, secador de pelo y cosmética de baño
Instalaciones: aparcamiento, jardín, sala de convenciones, salón de estar, bar, comedor
Tarjetas de crédito: AE, EC, MC, V
Niños: acogidos
Minusválidos: acceso fácil
Animales: admitidos
Cierra: nunca
Director: Carlos Domínguez

Al sueño azul de las cortinas ilunadas le cantó, embelesado por el valle del Tajo, un enorme poeta español. San Juan de la Cruz ejerció aquí, en el monasterio carmelita fundado por santa Teresa de Jesús, como místico, cantor y primer prior del lugar. La cueva donde oraba se conserva hoy tal cual, a disposición de quienes buscan alojamiento en la nueva hospedería instalada en un ala del convento. Ocio y silencio. Desde las habitaciones se domina, por un lado, la carrasqueña sierra de Altomira, y, por el otro, la histórica ciudad de Pastrana, donde vivió recluida la princesa de Éboli, mecenas y detractora de la santa.
Alrededores: barrio del Albaicín, palacio de los duques de Pastrana (1 km).

Casa colgada, Cuenca

Leonor de Aquitania

San Pedro, 58-60
16001-Cuenca
Tel.: (969) 23 10 00
Fax: (969) 23 10 04
Acceso: desde la plaza Mayor, en el casco histórico de la ciudad, subiendo por la calle de San Pedro, a la derecha; señalizado
Comidas: desayuno
Precios: habitación 8.500-10.000 Pta., *suite* 15.000-20.000 Pta.; desayuno 650 Pta.
Habitaciones: 40 dobles, 9 individuales (3 con ducha), 1 *suite;* todas con baño, calefacción, teléfono, TV color, prensa diaria en la habitación y cosmética de baño
Instalaciones: sala de convenciones, bar
Tarjetas de crédito: AE, DC, EC, MC, V, 6000
Niños: canguro
Minusválidos: acceso difícil
Animales: admitidos
Cierra: nunca
Directora: Mª Rosa Mora

Simbiosis perfecta entre la tradición y el confort. Así se ha definido esta casona conquense de los siglos XVII y XVIII, colgada sobre la hoz del río Huécar, cuya transmutación turística se debe al interiorismo genial de Gerardo Rueda. Bañeras semirredondas, cierres de PVC y grandes láminas acristaladas compiten en funcionalismo y efecto teatral con el lucernario ochavado barroco, la solería de barro, los apliques de hojalata repujada o las paredes originales de risca, la piedra natural de Cuenca. Miles de domingueros se acercan sólo para mirar. Sus flamantes *suites* —algunas con nombres tan sugestivos como «La hebrea hermosa»— tentarán luego a más de uno a quedarse.
Alrededores: catedral, casas colgadas, museo de Arte Abstracto.

Casa colgada, Cuenca

Posada de San José

Julián Romero, 4. 16001-Cuenca
Tel.: (969) 21 13 00. **Fax:** (969) 23 03 65
Acceso: desde la plaza Mayor, junto a la catedral, por una calle estrecha que bordea la hoz del Huécar
Comidas: desayuno, cena con tapas y raciones en el bar
Precios: habitación 7.600-8.900 Pta.; desayuno 450 Pta.
Habitaciones: 17 dobles (10 con baño, 2 con ducha, 5 sin baño), 8 familiares (7 con baño, 1 sin baño), 5 individuales (2 con ducha, 3 sin baño); todas con calefacción central
Instalaciones: jardín, salón de estar, bar, comedor
Tarjetas de crédito: AE, DC, EC, MC, V, 6000
Niños: acogidos
Minusválidos: acceso difícil
Animales: admitidos, sólo en habitaciones
Cierra: nunca
Propietarios: Jennifer Morter y Antonio Cortinas Vega

El hotel más original y encantador de Cuenca, colgado sobre la hoz del Huécar como las demás casas con atractivo turístico de la ciudad, fue en tiempos el hogar de la nuera del pintor Velázquez y, después, escuela de canto para el coro de la catedral. Sus seis plantas están llenas de muebles antiguos, objetos curiosos e incluso algunas telas de valor.

No faltan escalones rompepiernas, ni ventanucos, celosías o huecos de viejas alacenas; tampoco bargueños, divanes, aparadores, atriles y otros recuerdos de anticuario. Un comedor sustentado en el vacío provoca grandes emociones a la hora bostezante del desayuno.

Todas las habitaciones han sido decoradas por la canadiense Jennifer Morter y su marido Antonio con tanta delicadeza que, como gustan ellos decir, los huéspedes podrían muy bien sentarse en el suelo. Cada una posee un acento propio. Las hay con dosel o con un balcón volcado al valle, centinela de ese parador que se acaba de construir enfrente.

Ninguna ofrece teléfono, ni televisor, ni mueble de bar. La única concesión a la modernidad es una humilde bombilla alimentada con energía eléctrica. Entre las preferidas por el huésped figuran la triple número 15 o la número 33, de suelo algo inclinado, flanqueada por dos terrazas.
Alrededores: casas colgadas; ventana del Diablo (25 km); Ciudad Encantada (35 km).

Casa de campo, Cuenca

Cueva del Fraile

Ctra. de Buenache, km 7
16001-Hoz del Huécar, Cuenca
Tel.: (969) 21 15 71 y 21 15 72
Fax: (969) 25 60 47
Acceso: desde Cuenca, tomando la carretera de Palomera, por debajo de las casas colgadas
Comidas: desayuno, almuerzo, cena
Precios: habitación 7.500-9.600 Pta., *suite* 16.500 Pta.; desayuno 675 Pta., comida 1.500-2.300 Pta.
Habitaciones: 54 dobles, 4 individuales, 4 familiares, 1 *suite*: todas con baño, calefacción central, teléfono, minibar, TV vía satélite, secador de pelo y cosmética de baño
Instalaciones: aparcamiento, jardín, piscina, tenis, minigolf, 5 salones para reuniones, bar, 3 comedores
Tarjetas de crédito: AE, DC, EC, MC, V
Niños: área de juegos, canguro
Minusválidos: acceso difícil
Animales: admitidos
Cierra: del 10 de enero al 25 de febrero
Director: Borja García Herrero

Venta, convento y, más tarde, casa de labranza han gozado del mismo escenario natural desde el siglo XVI, fecha en que fue colocada aquí la primera piedra. El mismo paisaje que dibuja el río Huécar, difuminado a 7 kilómetros de Cuenca en montes de pedregal que invitan a desvirgarlos sobre una bicicleta de montaña.

Desde la carretera, la quintana no es lo que parece, sino mucho más grande. Su mayor atractivo reside en la amplia panoplia de actividades que ofrece para el entretenimiento general, incluidos una piscina, una pista de tenis y el alquiler de las bicis, además de un área de juegos para niños.

Alrededor de un patio, en la planta baja, se distribuye la mayoría de los espacios de uso común. Entre bodas y banquetes pueden resultar, a veces, insoportablemente ruidosos.

Si las habitaciones guardaban cierto tipismo, hoy van exigiendo una reforma. Los cuartos de baño, también. La *suite* 130, dispuesta al estilo de una vieja cabaña, anexa un romántico salón con mecedoras. Ideal para un fin de semana campestre.

Alrededores: hoz del Huécar (a lo largo de 4 km); Ciudad Encantada, paisaje cárstico (45 km).

Castillo medieval, Alarcón

Parador de Alarcón

Avenida de los Amigos del Castillo, 3
16213-Alarcón, Cuenca
Tel.: (969) 33 03 15
Fax: (969) 33 03 03
Acceso: al final del pueblo, por un camino que asciende junto al río Júcar hasta el riscal donde se encuentra el establecimiento
Comidas: desayuno, almuerzo, cena
Precios: habitación 18.000 Pta.; desayuno 1.200 Pta., comida 3.500 Pta.

Habitaciones: 12 dobles, 1 individual, 1 *suite;* todas con baño, calefacción central, teléfono, minibar y TV vía satélite
Instalaciones: aparcamiento, sala de estar, bar, comedor
Tarjetas de crédito: AE, DC, EC, MC, V
Niños: área de juegos
Minusválidos: acceso difícil
Animales: prohibidos
Cierra: nunca
Director: Joaquín Gutiérrez López

El infante Don Juan Manuel habitó un tiempo en esta fortaleza árabe que descuella sobre un risco apreciablemente escarpado, al pie del cual se extiende el valle verde y profundo del río Júcar, en los límites levantinos de La Mancha. Los marqueses de Villena heredaron el lugar en tanto se dedicaban a organizar revueltas contra la Corona.

Sus gruesas murallas, sus antiguas torres y atalayas testimonian la gravedad de su historia. Hay quienes se transforman en caballeros a punto de regresar de las cruzadas en cuanto pisan las losas del patio central. Sólo el silencio y las comodidades obvias en un parador de su clase consiguen devolver al huésped al terreno de los mortales a punto de entrar en el siglo XXI.

El salón-cafetería ofrece cuanto se puede esperar de una gran mansión: lámpara de hierro, tapiz con escudo de armas, armadura y tres tronos de madera. Un ascensor conduce por la vía rápida a las almenas del torreón. Aquí se hallan las mejores habitaciones del castillo, como la 105, con acceso directo al camino de ronda, o la 103, con dosel.

Alrededores: castillo de Belmonte (70 km), Mota del Cuervo (85 km), Cuenca (85 km).

Casa de campo, Toledo

La Almazara

Ctra. Toledo-Argés, km 3,400
45080-Toledo
Tel.: (925) 22 38 66
Fax: (925) 25 05 62
Acceso: a 3 kilómetros de la carretera de circunvalación, en el camino de Guerva
Comidas: desayuno
Precios: habitación 5.000 Pta., con panorámica 5.900 Pta.; desayuno 450 Pta.

Habitaciones: 19 dobles, 2 individuales; todas con baño, calefacción central y teléfono
Instalaciones: aparcamiento, salón de estar
Tarjetas de crédito: AE, DC, EC, MC, V
Niños: bien acogidos
Minusválidos: acceso fácil
Animales: prohibidos
Cierra: del 10 de diciembre al 15 de marzo
Director: Paulino Villamor Rodríguez

Antigua mansión del cardenal Quiroza, construida a unos pocos kilómetros de Toledo sobre un cerro con mucha vegetación y espléndidas vistas. Por su amplitud, recuerda a las grandes residencias de campo del siglo XVI. Su sencillez arquitectónica y el paisaje de olivar que rodea la finca impresionaron al propio Greco, que la inmortalizó en el cuadro *Vista general de Toledo.*

Un paseo de gravilla conduce a la entrada. Todo está como en una casa de vecinos: el sofá junto a una chimenea de leña, montones de libros y revistas esparcidos por las mesas y un televisor en la esquina del salón de estar.

El desayuno se sirve en una preciosa pieza que da paso a la terraza. No se oye un solo ruido. Claro que el resto de las instalaciones adolecen de escasos atractivos para quedarse en ellas el día entero, pero al menos permiten relajarse tras una agotadora jornada de turismo en Toledo.

Los dormitorios ocupan dos de sus alas, mientras que la tercera está destinada a vivienda del dueño. Son sencillos y muy amplios, preferiblemente los del número 1 al 9, con vistas a la ciudad desde los balcones. Se echa de menos un equipamiento más completo.
Alrededores: museo de El Greco, catedral, sinagoga y barrio judío, en Toledo; Madrid (70 km).

Palacio episcopal, Toledo

Hostal del Cardenal

Paseo de Recaredo, 24
45004-Toledo
Tel.: (925) 22 49 00
Fax: (925) 22 29 91
Acceso: por la autovía de Madrid o por la carretera de Ronda, frente a la Puerta de la Bisagra; bien señalizado
Comidas: desayuno
Precios: habitación 10.800 Pta., *suite* 15.000 Pta; desayuno 775 Pta.; comida 4.500-5.000 Pta.

Habitaciones: 23 dobles, 3 individuales, 1 *suite;* todas con baño, calefacción, aire acondicionado, teléfono, TV vía satélite y cosmética de baño
Instalaciones: aparcamiento, jardín, salón de estar, comedor, bar
Tarjetas de crédito: AE, DC, EC, MC, V
Niños: acogidos
Minusválidos: acceso difícil
Animales: admitidos
Cierra: nunca
Propietario: Luis González Martín

Del cardenal Lorenzana, por supuesto. Con el propósito de dar alojamiento y despacho a este cardenal arzobispo de Toledo fue construida, en el siglo XVIII, la mansión que hoy sirve para albergar a los numerosos turistas que visitan la ciudad imperial y prefieren no moverse de su centro histórico para pasar la noche.

La casa se oculta entre la vegetación de un jardín concebido en tres niveles, limitado por las murallas de la ciudad, y al que se accede por una gran puerta tallada. En el nivel inferior existe un restaurante independiente del hotel, en el que comen todos los huéspedes.

Los dormitorios poseen, sin exclusiones, un estilo y carácter muy personales. Viejas cabeceras de madera, espejos dorados, artesonados en madera y baños alicatados con azulejos pintados a mano componen su valioso mobiliario. Hay una interesante mezcla de lo antiguo y lo moderno en cada rincón, en cada estancia.

La entrada a las habitaciones de la planta baja aparecen custodiadas por modernas estatuas... Anticipo de lo que puede resultar aquí un paseo por sus jardines moriscos a la hora última de una calurosa tarde de verano. Si el huésped tiene la precaución, claro está, de reservar plaza unas semanas antes.

Alrededores: alcázar, catedral, barrio judío; Aranjuez (33 km).

Antigua casa gremial, Toledo

Pintor El Greco

Alamillos del Tránsito, 13
45002-Toledo
Tel.: (925) 21 42 50
Fax: (925) 21 58 19
Acceso: bordeando la muralla por el oeste, entrada por San Juan de los Reyes, a lo largo de la calle Reyes Católicos, hasta alcanzar la casa de El Greco; bien señalizado
Comidas: desayuno
Precios: habitación 10.000-11.500 Pta.; desayuno 700-750 Pta.
Habitaciones: 32 dobles, 1 individual; todas con baño, calefacción, aire acondicionado, teléfono, minibar, caja fuerte, TV vía satélite y Canal Plus, secador de pelo y cosmética de baño
Instalaciones: aparcamiento, salón de estar, bar, comedor
Tarjetas de crédito: AE, DC, EC, MC, V, 6000, 4B
Niños: canguro
Minusválidos: acceso fácil
Animales: admitidos
Cierra: nunca
Director: Mariano Sánchez Torregrosa

Sobran monumentos en la imperial toledana para llenarlos de buenos hoteles. Uno de ellos es una antigua panadería situada en plena Judería Mayor, junto a la casa de El Greco y las sinagogas del Tránsito y Santa María la Blanca, en una zona de enorme afluencia de visitantes.

Tanto la fachada como el patio interior, demediado por una graciosa fuente, se mantienen intactos. Valga un reconocimiento a los alarifes por el cuidado habido en su restauración, como cabía esperar de una casa toledana que vive hoy de las visitas turísticas.

Las habitaciones ocupan las tres plantas con galerías del bonito edificio. Algunas orientan su rectángulo hacia los famosos Cigarrales, tantas veces inmortilizados en sus cuadros por el genio que da nombre al establecimiento. En ciertos cuartos de baño incluso se han conservado los primitivos arcos de ladrillo.

En verano, sobre todo, el hotel parece tomado por una clientela de procedencia extranjera. Hay que dominar, pues, varios idiomas para estar al tanto de lo que sucede en el vestíbulo. Menos mal que el personal de recepción se muestra educado y suficientemente ducho en su oficio.
Alrededores: museo de El Greco, sinagogas del Tránsito y Santa María la Blanca, calles del barrio judío.

Castillo medieval, Oropesa

Parador de Oropesa

Plaza del Palacio, 1
45560-Oropesa, Toledo
Tel.: (925) 43 00 00
Fax: (925) 43 07 77
Acceso: desde Madrid tomando un desvío en el kilómetro 149 de la autovía de Extremadura, en la plaza principal porticada; bien señalizado
Comidas: desayuno, almuerzo, cena
Precios: habitación 13.500-15.000 Pta., *suite* 19.000-21.000 Pta.; desayuno 1.200 Pta., comida 3.500 Pta.

Habitaciones: 46 dobles, 2 individuales, 1 *suite* octogonal; todas con baño, aire acondicionado, teléfono, minibar y TV vía satélite
Instalaciones: aparcamiento, piscina, salones, bar, comedor
Tarjetas de crédito: AE, DC, EC, MC, V
Niños: acogidos
Minusválidos: acceso fácil
Animales: prohibidos
Cierra: nunca
Director: Secundino Fuertes

Señorial como la estirpe de los duques de Frías que lo habitaron, el palacio-fortaleza hunde sus orígenes en la noche de los tiempos, cuando la sierra de la Ventosilla requería sus primeros centinelas. Eso parece que fue allá por 1366, fecha en que aparecen unos testimonios escritos del rey Enrique II donando la villa con todas sus posesiones a don García Álvarez de Toledo.

Más tarde, Carlos I se alojó en él de camino a su retiro de Yuste. San Pedro de Alcántara, santa Teresa de Jesús y algún duque de Alba fueron asimismo huéspedes privilegiados de estos muros, vigilados por los picos nevados de Gredos.

Con la última reforma, el parador ha ganado en comodidad y en lujos soberanos. Nueva es la piscina, indispensable en los calurosos días de verano. Nuevas son también las habitaciones de la planta baja, ennoblecidas con toda la utillería moderna del buen confort.

Adictos a las piedras castellares se quedan embobados mirando la esbelta torre del Homenaje, compañera de otras dos, recorridas por un festón de modillones. La visita es un aparte del alojamiento. Así cualquiera... ¡Con tantos adoquines que contar!

Alrededores: Lagartera (2 km); Puente del Arzobispo (15 km); Toledo (117 km).

Monasterio antiguo, Almagro

Parador de Almagro

Ronda de San Francisco, 31
13270-Almagro, Ciudad Real
Tel.: (926) 86 01 00
Fax: (926) 86 01 50
Acceso: en el extrarradio del pueblo, pero muy cerca de la plaza Mayor; bien señalizado desde todos los caminos
Comidas: desayuno, almuerzo, cena
Precios: habitación 13.000-15.000 Pta., *suite* 20.000 Pta.; desayuno 1.200 Pta., comida 3.500 Pta.
Habitaciones: 48 dobles, 6 individuales, 1 *suite;* todas con baño, calefacción, aire acondicionado, teléfono, minibar, TV vía satélite, secador de pelo y cosmética de baño
Instalaciones: aparcamiento, jardín, piscina, salones, bar, comedor
Tarjetas de crédito: AE, DC, EC, MC, V
Niños: acogidos
Minusválidos: acceso fácil
Animales: prohibidos
Cierra: nunca
Director: José María López de Santos

Una ciudad así, con esa plaza Mayor o ese Corral de Comedias únicos en el mundo, sede que fue de la orden de Calatrava, etapa de primera magnitud en la ruta cervantina y capital de los encajes de bolillos, no podía ofrecer a sus visitantes otro alojamiento de menor empaque que este convento franciscano del siglo XVI transformado en uno de los más hermosos paradores de España.

Un laberinto de salones, pasillos y habitaciones distribuidos alrededor de 16 encantadores patios interiores, todos diferentes, vivificantes y amenizados con fuentes y macizos florales de todos los colores, sustituye en alicientes a barbitúricos y placebos para entregarse en los brazos de Morfeo. De no ser por las indicaciones pintadas a mano en las paredes, fácil sería perderse entre ellos.

Barro y hierro forjado aparecen a menudo en la decoración de los dormitorios y de algunos espacios comunes. Las cabeceras de las camas son de alicatado y las colchas, como cabe suponer, de encaje hechas a mano; todo ello ambientado con flores frescas. El bar se ha instalado en una antigua bodega de dos plantas con sus tinajas convertidas en mesas, ya utilizadas por los frailes del convento.

Alrededores: plaza Mayor; Corral de Comedias; tiendas de artesanía; Valdepeñas (35 km).

CIUDAD REAL

Antigua granja rehabilitada, Ballesteros de Calatrava

1996 Palacio de la Serna

Cervantes, 18
13432-Ballesteros de Calatrava, Ciudad Real
Tel.: (926) 84 22 08
Fax: (925) 84 22 24
Acceso: por la carretera de Calzada, a 17 km. de Ciudad Real, dentro del pueblo; poco señalizado
Comidas: desayuno, almuerzo, cena
Precios: habitación 6.000-10.000 Pta., *suite* 14.000 Pta; desayuno incluido, comida 1.500 Pta.
Habitaciones: 5 dobles, 2 apartamentos, 2 *suites*; todas con baño, calefacción, aire acondicionado, teléfono, TV color y cosmética de baño
Instalaciones: aparcamiento, jardín, salón de estar, sala de convenciones, bar, comedor; alquiler de bicis, picadero de caballos
Tarjetas de crédito: MC, V, 6000
Niños: acogidos
Minusválidos: acceso difícil
Animales: admitidos
Cierra: nunca
Propietario: Eugenio Sánchez Bermejo

La Casa Grande fue, antes que hotel rural, una granja construida por Anastasia Pérez a mediados del siglo XVIII. Más tarde, durante la guerra civil española, sus muros neoclásicos racionalistas albergaron también la casa del pueblo de esta típica localidad manchega. Es, pues, un ejemplo de lo que se ha dado en llamar arquitectura industrial rescatada para uso turístico. Entre sus instalaciones más significativas destacan el picadero de caballos y un aula de artes plásticas que invita a la participación del huésped ocioso los fines de semana. Las habitaciones, imbuidas de un eclecticismo vanguardista, sugieren una estancia agradable.
Alrededores: balneario Hervideros de Fuensanta (6 km); Almagro (23 km).

Tarjeta de crédito: *la bien pagá*

El pago de la cuenta suele realizarse al final de la estancia en metálico o con tarjeta de crédito. Muy pocos hoteles disponen del equipamiento electrónico necesario para admitir tarjetas de pago con acceso directo a la cuenta corriente del cliente. Y muchos menos aceptan como medio de pago el talón bancario o cualquier otro tipo de pagarés. Algunos establecimientos son proclives a asegurarse el pago de la factura por anticipado, exigiendo a sus clientes la presentación de una tarjeta de crédito antes de tomar posesión de la habitación. Si bien en algunos países el procedimiento resulta habitual, está fuera de los usos sociales en España, donde la costumbre es pagar una vez prestado el servicio. La legislación sobre tarjetas de crédito presenta todavía demasiadas lagunas en el amparo de los derechos que asisten a los usuarios.
Esta práctica incómoda y abochornante se prodiga, sobre todo, en los hoteles de alta categoría y grandes dimensiones, en los que el movimiento de personas hace difícil un control de las habitaciones. Algunos recepcionistas exigen incluso una firma en blanco en el resguardo de la tarjeta de crédito con la intención de anotar la totalidad del importe una vez finalizada la estancia en el hotel. En ese sentido, el Código Civil es tajante: cualquier firma en blanco es siempre fraudulenta. Frente a esta descortesía, la casi generalidad de los pequeños y medianos empresarios de hostelería en España suele rechazar todo lo que supone una muestra de desconfianza hacia el huésped, destinatario único de todas las atenciones que dan sentido a este tipo de establecimientos. La hospitalidad, coinciden todos, es una vocación de la hostelería.

Balneario rehabilitado, Santa Cruz de Mudela

Balneario Cervantes

Camino de los Molinos, km. 2
13730-Santa Cruz de Mudela,
Ciudad Real
Tel.: (926) 33 13 13 y 33 13 16
Fax: (926) 33 13 13
Acceso: en el kilómetro 217 de la N-IV, entrando en la población y tomando el desvío a Torrenueva, a 2 kilómetros
Comidas: desayuno, almuerzo, cena
Precios: habitación 7.500 Pta., *suite* 15.000 Pta.; desayuno 500 Pta., comida 1.700 Pta.

Habitaciones: 78 dobles, 1 individual, 1 *suite;* todas con baño, calefacción, aire acondicionado, teléfono y TV vía satélite
Instalaciones: aparcamiento, jardín, salones, bar, comedor; alquiler de bicis
Tarjetas de crédito: AE, V
Niños: acogidos
Minusválidos: acceso fácil
Animales: prohibidos
Cierra: del 15 de diciembre al 15 de enero
Director: vacante a la fecha de publicación de esta guía

En su célebre *Diccionario Geográfico*, Pascual Madoz ya enfatizaba sobre la bondad de unas aguas que surgían a escasos dos kilómetros de Santa Cruz de Mudela. Indescriptible, en medio del llano manchego, el balneario reafirma tales virtudes salutíferas a la vez que cimenta su nueva vocación turística.

De momento parece que la clientela se fundamenta exclusivamente en personas de la tercera edad. Enfundadas en su bata blanca desfilan, desde primera hora de la mañana, en pos del tónico prescrito por los médicos. Unas a los aerosoles y otras a los chorros a presión. Hay quienes reciben baños calientes y quienes de lodo.

El rincón más agradable del balneario es el salón inglés, decorado con muebles de mimbre, mucha cretona y absoluto silencio. El resto evoca, en mayor o menor medida, el sabor de la *belle époque* termal, desde las bañeras con cabeza leonada hasta los soportales de forja que configuran el jardín.

Si no aguanta la estrechez de las habitaciones, solicite el agüista alguno de los bungalós del exterior. Más relajantes.

Alrededores: ermita de Las Virtudes (9 km); puerto de Despeñaperros (31 km).

Casa rural, Losar de la Vera

1996 Hostería Fontivieja

Mártires, 11
10460-Losar de la Vera, Cáceres
Tel.: (927) 57 01 08
Fax: (927) 57 01 08
Accesos: a 400 metros del casco urbano, siguiendo un camino rural
Comidas: desayuno
Precios: habitación 6.000-7.000 Pta.; desayuno incluido
Habitaciones: 8 dobles, 2 individuales y 2 familiares; todas con baño, calefacción, aire acondicionado, teléfono, TV color, minibar, secador de pelo y complementos de aseo
Instalaciones: aparcamiento exterior, jardín, piscina exterior, salón con chimenea
Tarjetas de crédito: MC, V, 6000
Niños: servicio de canguro
Minusválidos: acceso difícil
Animales: admitidos
Cierra: nunca
Propietario: Juan José Fabián Correas

Contrariamente a las apariencias, la comarca de La Vera ofrece todavía muy pocos paraderos donde hacer noche. Por tal razón, el viajero celebra con agrado la reciente apertura de este establecimiento, a cargo de la misma familia que regenta el restaurante Carlos V, adalid del turismo en esta remansada población extremeña.

La hostería, desde la carretera, parece una vivienda familiar aislada en medio de un extenso olivar refrescado en verano por una piscina de aguas azules y limpias. Juan José Fabián y su esposa, Marisa, acogen con amabilidad y diligencia a todos sus posibles huéspedes, salvo cuando la temporada baja les excusa por echar el cerrojo y remitir al viajero sin reserva hacia su restaurante.

Si las habitaciones se antojan algo estrechas para dos personas, y menos rústicas de lo que cabría esperar, nada se puede objetar al equipamiento doméstico. Todas cuentan con armarios roperos de pino, empotrados, y un televisor colgado en la pared, frente a las camas.

El resto de las instalaciones decepciona por su austeridad. Los atractivos se palpan fuera, en los paseos ecuestres que constituyen el mejor aliciente del valle.

Alrededores: monasterio de Yuste (12 km); valle del Jerte (43 km).

Castillo medieval, Jarandilla de la Vera

Parador de Jarandilla

Avda. de García Prieto, 1
10450-Jarandilla de la Vera, Cáceres
Tel.: (927) 56 01 17
Fax: (927) 56 00 88
Acceso: desde Navalmoral de la Mata, tomando el desvío a Jarandilla, en la zona alta del pueblo; bien señalizado
Comidas: desayuno, almuerzo, cena
Precios: habitación 12.500-15.000 Pta.; desayuno 1.200 Pta., comida 3.500 Pta.
Habitaciones: 43 dobles, 10 individuales; todas con baño, calefacción, aire acondicionado, teléfono, minibar, TV vía satélite, secador de pelo y cosmética de baño
Instalaciones: aparcamiento, jardín, piscina, tenis, salones para reuniones, bar, 3 comedores
Tarjetas de crédito: AE, DC, EC, MC, V
Niños: menú especial; canguro
Minusválidos: acceso difícil
Animales: prohibidos
Cierra: nunca
Directora: Susana de la Rubia

Carlos V vivió unos meses en este palacio fortificado antes de su retiro definitivo en el monasterio de Yuste. Los montes cuajados de cerezos en flor, cual milagroso aviso de primavera en la comarca de La Vera, debían causar unos efectos beatíficos en su ánimo y estado físico, a juzgar por el apego que le tenía al paisaje.

La modernización del edificio, a la hora de convertirlo en un parador habitable por turistas ajenos a la severidad del emperador, fue realizada hace unas décadas con bastante fortuna y dignidad arquitectónicas. Es difícil darse cuenta de que la zona nueva no es parte del conjunto original. Mucho más después del nuevo estilo que está imprimiendo la dirección actual.

El palacio transmite su atmósfera medieval nada más traspasar el arco de entrada, tirado entre dos torres circulares, que conduce a un patio ceñido por dos espléndidas galerías arcadas. Esta doble fachada es su símbolo, utilizado en numerosos libros y folletos turísticos al uso.

En la decoración prima el mobiliario castellano. De sus macizas paredes cuelgan algunos cuadros oscuros, medallones y trofeos que realzan el ambiente castellar. Los dormitorios de la zona nueva ofrecen más luz y son algo más amplios. Actualmente en proceso de reforma.

Alrededores: monasterio de Yuste (12 km); valle del Jerte (40 km); Plasencia (50 km).

Palacio histórico, Cáceres

Parador de Cáceres

Ancha, 6
10003-Cáceres
Tel.: (927) 21 17 59
Fax: (927) 21 17 29
Acceso: por cualquiera de las calles que se dirijan a la ciudad monumental; bien señalizado
Comidas: desayuno, almuerzo, cena
Precios: habitación 13.500 Pta.; desayuno 1.100 Pta., comida 3.500 Pta.
Habitaciones: 26 dobles, 1 individual; todas con baño, calefacción, aire acondicionado, teléfono, minibar, TV vía satélite, secador de pelo, prensa diaria en la habitación y cosmética de baño
Instalaciones: aparcamiento, jardín, salón de convenciones, bar, comedor
Tarjetas de crédito: AE, DC, EC, MC, V
Niños: acogidos
Minusválidos: acceso difícil
Animales: prohibidos
Cierra: nunca
Director: Alfonso Jiménez Prado

La red de paradores de turismo ha tardado años en localizar un edificio adecuado a sus objetivos en la denominada «tercera ciudad monumental de Europa». Pues si algo distingue a Cáceres es, precisamente, su poderío solariego. Hay tanto blasón que lo aconsejable pasa por varias noches de parador.

El nuevo establecimiento aprovecha los muros del palacio de Torreorgaz, alzado sobre unas dependencias árabes anteriores por orden del comendador de Alcuéscar y caballero de Santiago, Diego García de Ulloa, en el siglo XIV. La fachada exhibe un escudo barroco sobre el balcón y una puerta de dintel.

El acceso a las instalaciones exige subir unas escaleras y sortear después puertas, patios y rincones imposibles a un minusválido. La historia cobra aquí un alto precio. Cierto que todo aparece indicado con su rótulo correspondiente, pero no estaría de más contar con un pequeño mapa para no perderse en noches de luna nueva.

Las habitaciones están siendo actualmente redecoradas en su totalidad.

Alrededores: casa de los Golfines de Arriba, casa de los Golfines de Abajo, iglesia de San Juan, casa de las Veletas (paseo a pie).

Monasterio antiguo, Trujillo

Parador de Trujillo

Plaza de Santa Clara, s/n
10200-Trujillo, Cáceres
Tel.: (927) 32 13 50
Fax: (927) 32 13 66
Acceso: desde la ronda, por una estrecha calle de la zona baja de la ciudad; bien señalizado
Comidas: desayuno, almuerzo, cena
Precios: habitación 10.800-15.000 Pta.; desayuno 1.100 Pta., comida 3.400 Pta.

Habitaciones: 46 dobles con baño, aire acondicionado, teléfono, minibar y TV vía satélite
Instalaciones: aparcamiento, salones de reuniones, bar, 2 comedores
Tarjetas de crédito: AE, DC, EC, MC, V
Niños: canguro
Minusválidos: acceso difícil
Animales: prohibidos
Cierra: nunca
Director: José Rizos Garrido

Su perfecto emplazamiento, alejado de la bulliciosa plaza Mayor pero suficientemente cerca de todos los monumentos a visitar, es un argumento para descartar otras alternativas. Un motivo distinto viene dado por su arquitectura: el edificio corresponde al antiguo convento de Santa Clara, del siglo XVI, guía espiritual y religiosa de esta ciudad cuna de conquistadores. Trujillo bien vale un fin de semana.

El parador gira alrededor de un claustro plantado de naranjos y limoneros, con tres fachadas renacentistas festoneadas de arcos y columnillas toscanas. En el antiguo refectorio, atravesando una centenaria puerta de madera, quedan el bar y la zona común de descanso, idónea para escribir postales. Los salones han sido decorados de acuerdo con las características originales del convento.

La mitad de los dormitorios ocupa las antiguas celdas de las monjas alrededor del patio, algunas con terrazas protegidas del sol por un entramado de madera. El resto se encuentra en un moderno y perfectamente climatizado edificio anexo, en torno a un segundo patio demediado por una piscina hexagonal. Conviene reservar con antelación.

Alrededores: castillo, palacios de los conquistadores; Cáceres (47 km); Guadalupe (80 km).

CÁCERES

Mansión histórica, Guadalupe

Parador de Guadalupe

Marqués de la Romana, 10
10140-Guadalupe, Cáceres
Tel.: (927) 36 70 75
Fax: (927) 36 70 76
Acceso: desde cualquier vía conducente al centro de la villa, junto al monasterio; bien señalizado
Comidas: desayuno, almuerzo, cena
Precios: habitación 9.500-12.500 Pta.; desayuno 1.200 Pta., comida 3.200 Pta.
Habitaciones: 40 dobles; todas con baño, calefacción, aire acondicionado, teléfono, minibar, TV color, secador de pelo y cosmética de baño
Instalaciones: aparcamiento, jardín, piscina, tenis, salón de reuniones, bar, comedores, salas de estar
Tarjetas de crédito: AE, DC, EC, V
Niños: acogidos
Minusválidos: acceso difícil
Animales: admitidos
Cierra: nunca
Director: J. Zamora del Río

Antes que a los viajeros motorizados, el hospital de San Juan Bautista, del siglo XVI, ya procuraba alojamiento a los peregrinos que venían a postrarse ante la Virgen Negra de Guadalupe, vinculada por su santuario a la conquista de América. Tan sólo unos pasos median entre la hospedería y el monasterio.

El parador actual es objeto de veneración por sus paredes blancas, su patio adoquinado, repleto de naranjos y limoneros, y por sus chimeneas salientes del tejado de álabes rojos. Urbanitas descalzos —en chándal de fin de semana—, familias de acólitos, cazadores en faena y viajeros perdidos en busca de un paraíso encuentran en este establecimiento un lugar idóneo para descansar.

Las habitaciones ofrecen un aspecto impecable, en especial aquellas que se alinean en la zona antigua. Por el contrario, las nuevas son más amplias y aseadas. Además, cuentan con unas espléndidas vistas del monasterio y la sierra de Villuercas.

Es tal el silencio reinante de noche, bajo las estrellas, que el itinerario para recogerse se hace en pinganillas.

Alrededores: monasterio de Guadalupe, lienzos de Zurbarán; paseos de montaña; Logrosán (29 km).

Monasterio antiguo, Guadalupe

Hospedería del Real Monasterio

Plaza de S. M. Juan Carlos I
10140-Guadalupe, Cáceres
Tel.: (927) 36 70 00
Fax: (927) 36 71 77
Acceso: todos los caminos conducen al monasterio; bien señalizado
Comidas: desayuno, almuerzo, cena
Precios: habitación 6.900 Pta., *suite* 15.750 Pta.; desayuno 750 Pta., comida 2.450 Pta.

Habitaciones: 31 dobles, 1 individual, 14 familiares, 1 *suite;* todas con baño, calefacción, aire acondicionado y teléfono
Instalaciones: aparcamiento, jardín, sala de estar, bar, comedor
Tarjetas de crédito: EC, MC, V
Niños: acogidos
Minusválidos: acceso difícil
Animales: prohibidos
Cierra: del 15 de enero al 15 de febrero
Director: Fray Juan Luis Barrera González

Los frailes del monasterio de Guadalupe regentan con paciencia franciscana la hospedería instalada en la zona trasera del monumento. Ninguno ha cursado estudios turísticos, ni de alta dirección de empresas, sencillamente porque no los necesitan. Hoy, como ayer, viven de dar aposento y auxilio espiritual al peregrino.

Una larga escalinata conduce al área de recepción, comunicada con un bellísimo claustro gótico que forma parte del mismo monasterio. El lugar trasmite quietud y recogimiento. Y otros gozos para el alma.

Alrededor de dicho claustro se distribuyen los aposentos, algunos de los cuales ocupan el espacio de la antigua botica. Los demás corresponden a las celdas primitivas de los monjes.

En uno de los laterales se ofrece una lujosa *suite* real con tresillos españoles de los siglos XVIII y XIX y camas portuguesas de madera, así como otras numerosas piezas de valor museístico. Está reservada a las personalidades que visitan oficialmente el monasterio.
Alrededores: callejas del pueblo; Logrosán (29 km).

Casa urbana, Zafra

Huerta Honda

Avenida de López Asme, 30
06300-Zafra, Badajoz
Tel.: (924) 55 41 00
Fax: (924) 55 25 04
Acceso: por cualquiera de las entradas, hacia el centro de la ciudad, junto al alcázar-parador; bien señalizado
Comidas: desayuno, almuerzo, cena
Precios: habitación 7.600-13.800 Pta.; desayuno 600 Pta., comida a la carta
Habitaciones: 34 dobles, 9 individuales, 1 *suite;* todas con baño, calefacción, aire acondicionado, teléfono, minibar, TV color y secador de pelo
Instalaciones: garaje, sala de convenciones, bar, comedor, jardín
Tarjetas de crédito: AE, DC, EC, MC, V
Niños: acogidos
Minusválidos: acceso fácil
Animales: prohibidos
Cierra: nunca
Propietario: Antonio Martínez Buzo

Noni Buzo ha convertido esta casa de paredes blancas y ventanas floridas con vistas al alcázar en un hotelito de vacaciones esencialmente familiares. Su entrega encuentra parangón en el afecto que le prodigan sus huéspedes, los mismos de todos los años, con algún amigo recomendado de vez en cuando.

¡Qué delicia de interiores! Sin entrar en lo pretenciosas que pudieran parecer algunas dependencias, con la estatua romana al frente, una estética barroca ambienta con aires andaluces —azulejos, farolas y fuentes— los salones. El de estar, caracterizado por sus muebles de mimbre y ciertos ornamentos muy curiosos, se utiliza en verano para departir cuando aprieta la calorina.

Los dormitorios ofrecen un espacio en calma para conciliar el sueño antes de la hora bruja. Tras las últimas reformas han quedado de abrigo nórdico. A destacar el tratamiento hogareño de la luz, que abraza a los objetos con una textura mullida. Cuidado con la siesta: puede durar hasta el alba.

El comedor, seguido muy de cerca por el propietario, acredita desde sus inicios una excelente relación calidad-precio. La digestión está garantizada arriba, en los cuartos, si el pinchadiscos quita potencia a la música de la discoteca.

Alrededores: Llerena (40 km); Aracena (90 km).

Castillo medieval, Zafra

Parador de Zafra

Plaza del Corazón de María, 7
06300-Zafra, Badajoz
Tel.: (924) 55 45 40 y 55 46 02
Fax: (924) 55 10 18
Acceso: desde cualquier entrada siguiendo las indicaciones de centro urbano y parador de turismo; bien señalizado
Comidas: desayuno, almuerzo, cena
Precios: habitación 13.000 Pta., *suite* 18.000 Pta.; desayuno 1.200 Pta., comida 3.500 Pta.
Habitaciones: 39 dobles, 6 individuales, 3 *suites*; todas con baño, calefacción, aire acondicionado, teléfono, minibar, TV color, secador de pelo y cosmética de baño
Instalaciones: aparcamiento, jardín, piscina, salón de estar, bar, comedor
Tarjetas de crédito: AE, DC, EC, MC, V
Niños: área de juegos
Minusválidos: acceso fácil
Animales: prohibidos
Cierra: nunca
Director: Pedro Soria Álvarez

En homenaje al conquistador de México, Hernán Cortés, que habitó en el alcázar antes de su viaje a quemar naves, fue incorporado a la red estatal este parador de espléndida factura y mejores servicios. La fachada resplandece de limpia como en tiempos del Descubrimiento.

Sobrecoge hallarse ante una fortaleza así, de traza tan maciza, con sus almenas y todo, resguardada por nueve torres, nueve. Aunque, ahí plantado, hiera el sol de agosto. El escudo de los Suárez de Figueroa, impulsores de su edificación en 1437, sobre las ruinas de un antiguo castillo árabe aprehendido por Fernando III el Santo, decora la portada y los artesonados interiores. El patio, obra de Juan de Herrera para algunos expertos, aparece presidido por dos galerías de tres arcos, en cuyo piso superior se distribuyen las habitaciones. Una bonita escalera facilita el acceso.

Para dormir, o impresionar a los amigos, lo ideal es apropiarse de la alcoba dorada, vestida con un deslumbrante artesonado mudéjar en rojo y azul, unos cabezales de estilo barroco y otros detalles así de nobiliarios. En la mesilla de noche, que no falten los poemas de Espronceda, nacido en esta región.

Alrededores: colegiata de la Candelaria, plaza Chica, plaza Grande; Almendralejo (26 km); Badajoz (73 km).

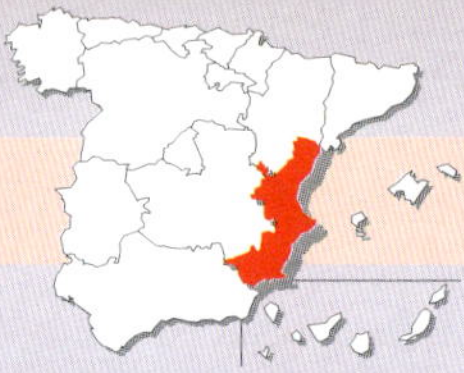

Altea (Alacant)

Cúpula de la iglesia parroquial

Introducción a la zona

Hoteles de la costa levantina

La búsqueda de un hotel pequeño y acogedor en esa jungla de rascacielos que caracteriza a todo el litoral mediterráneo resulta harto difícil, a pesar de los esfuerzos recientemente prodigados en zonas del interior como, por ejemplo, el Maestrazgo.

Lo último se descubre en Ares del Maestre, donde se acaba de rehabilitar un caserón típico que ha pasado a llamarse hotel d'Ares [Tel. (977) 44 30 04]. En la villa veraniega de Benasal, conocida por sus aguas minero-medicinales, abre de junio a septiembre el balneario Fuente En Segures [Tel. (964) 43 10 00].

Frente a la playa de Peñíscola llama la atención La Hostería del Mar [Tel. (964) 48 06 00], un parador-colaborador que organiza los sábados cenas medievales para los turistas.

Valencia capital carece de establecimientos pequeños y con particular encanto, salvo los que tienen página dedicada en esta guía y los hoteles Inglés [Tel. (96) 351 64 26] y Husa Reina Victoria [Tel. (96) 352 04 87]. Hay que situarse mejor en las afueras para disfrutar del lujo y la calma del hotel-casino Monte Picayo [Tel. (96) 142 01 00], en la huerta de Puzol. O del campo de golf que rodea al parador de El Saler [Tel. (96) 161 11 86], uno de los mejores *green* del mundo. O de la arquitectura pintoresca del motel La Carreta [Tel. (96) 251 11 00], en la N-III de Madrid a Valencia. Más al sur se encuentra el Balneario de Chulilla [Tel. (96) 165 70 13].

Un lujo de arquitectura inspirada en el Mediterráneo es el Pueblo Acantilado [Tel. (96) 563 81 46], en Campello, exclusivamente reservado a los seminarios de empresas. Otros lujos a probar se condensan en el Llodys Club [Tel. (96) 670 20 00], cerca de Torrevieja.

Quien no tenga el bolsillo ancho siempre podrá disfrutar de sus vacaciones en hoteles como el Montepiedra [Tel. (96) 532 03 00], en el mismo Torrevieja, el Riviera [Tel. (96) 686 53 86], en L'Alfàs del Pi, o el Paradero de Ifach [Tel. (96) 583 03 00], en Calpe. Este último sí reúne esas condiciones de establecimiento pequeño, clásico y ambientado de acuerdo con su entorno, pero ofrece un estado de conservación lamentable.

Huertas y mucho más

La región de Murcia es también fructífera en hoteles de buen tenor. Además de los esperpentos construidos en La Manga del Mar Menor cabe hoy disfrutar, a precio de oro, eso sí, de un nuevo complejo turístico en la zona de Los Belones, el Hyatt La Manga Club Resort [Tel. (968) 13 72 34]. Salutíferas y reconocidas mundialmente son las Termas de Archena [Tel. (968) 67 01 00], y, bastante menos, La Encarnación [Tel. (968) 57 50 04], un balneario atendido por Paquita Paredes, en Los Alcázares. Han desaparecido de esta guía a causa de su tamaño los hoteles Arco de San Juan [Tel. (968) 21 04 55] y Conde de Floridablanca [Tel. (968) 21 46 26], ambos en Murcia capital.

CASTELLÓN/CASTELLÓ

Caserón rural, La Pobla de Benifassà

Tinença

Mayor, 50
12169-La Pobla de Benifassà, Castellón
Tel.: (964) 72 90 44
Fax: (964) 72 90 44
Acceso: desde la autopista A-7, salida 42, por San Rafael del Río a la Senia y, de allí, a la Pobla de Benifassà; señalizado
Comidas: desayuno, almuerzo, cena
Precios: habitación 6.000-6.500 Pta.; desayuno 475 Pta., comida 1.500 Pta.
Habitaciones: 8 dobles, 2 individuales; todas con baño, calefacción, teléfono, TV color, secador de pelo y cosmética de baño
Instalaciones: aparcamiento, salón de estar, bar, comedor; alquiler de bicis
Tarjetas de crédito: DC, EC, MC, V, 6000
Niños: bien acogidos
Minusválidos: algunas habitaciones acondicionadas
Animales: admitidos
Cierra: nunca
Director: José Antonio Tomás y Braulio

Olvidada por el turismo de masas, La Pobla de Benifassà ha sido incluida en el programa oficial de construcción y rehabilitación de edificios rurales que la Generalitat Valenciana promueve en el interior de su territorio. Sus calles empinadas y sus casas de piedra con balcones de madera, en un entorno natural agraciado de orografía abrupta y bosques espesos, constituyen un buen argumento para la adecuación de este hotelito de 10 habitaciones, gestionado por una familia bien dispuesta al recibimiento del huésped y su sustento gastronómico. La cocina, más allá de sus valores tradicionales, pretende ser el necesario complemento a la estancia vacacional o de negocios.
Alrededores: monasterio de Santa María de Benifassà (6 km).

Antiguos talleres de hilado, Morella

Fábrica de Giner

Ctra. Morella-Zorita, km. 4,5
12300-Morella, Castellón
Tel.: (964) 17 31 42. **Fax:** (964) 17 75 56
Acceso: desde Morella, por la carretera de Forcall, pasados 4 kilómetros, a orillas del río; se distingue de lejos por una gran chimenea
Comidas: desayuno, almuerzo, cena
Precios: habitación 5.500-6.100 Pta.; desayuno 500 Pta., comida 1.500 Pta.
Habitaciones: 24 dobles, todas con baño, calefacción, aire acondicionado, teléfono, minibar, TV vía satélite y secador de pelo
Instalaciones: aparcamiento, jardín, polideportivo, salón de estar, bar, comedor
Tarjetas de crédito: V, 6000
Niños: área de juegos
Minusválidos: algunas habitaciones acondicionadas
Animales: prohibidos
Cierra: nunca
Director: Joaquín Fuster

Entre campos, árboles frutales y bosques, a 4 kilómetros de Morella, el viajero apetente de lo rural puede vislumbrar los restos de una colonia textil existente desde el año 1860. La vivienda de los antiguos propietarios funciona hoy como un hotelito vinculado al programa de turismo interior de la Comunidad Valenciana. La planta baja, destinada a zonas comunes, permanece expuesta al exterior, a los huertos sembrados de manzanos, ciruelos y avellanos. Los pisos superiores albergan los dormitorios, decorados en plan diseño funcional, algo reducidos de tamaño, pero confortables y bien equipados. Una fábrica de sueños ecológica.
Alrededores: Forcall, pueblo típico (6 km); Mirambel (24 km).

Palacio cardenalicio, Morella

Cardenal Ram

Cuesta Suñer, 1
12300-Morella, Castellón
Tel.: (964) 17 30 85
Fax: (964) 17 32 18
Acceso: entrando por el portal de San Miguel, a un lado de la calle Blasco de Alagón
Comidas: desayuno, almuerzo, cena
Precios: habitación 6.500 Pta., *suite* 8.000 Pta.; desayuno 800 Pta., comida 1.500 Pta.

Habitaciones: 12 dobles, 5 individuales, 3 familiares, 2 *suites;* todas con baño, calefacción, teléfono, minibar, TV vía satélite y cosmética de baño
Instalaciones: salón de estar, bar, comedor
Tarjetas de crédito: V
Niños: acogidos
Minusválidos: acceso fácil
Animales: prohibidos
Cierra: nunca
Director: Jaime Peñarroya Carbo

Esquinada sobre los soportales que blasonan la calle Blasco de Alagón, en lo más pintoresco de Morella, aparece la mansión solariega del cardenal Ram. Obra del gótico civil de los siglos XV y XVI, felizmente terminada de restaurar hace unos meses. Jaime Peñarroya se ha hecho cargo de la industria con el fin de potenciar el turismo gastronómico y monumental del Maestrazgo. Ilusión no le falta, por fortuna para el viajero. De sus 19 habitaciones, decoradas en estilo provenzal, despuntan las dos *suites* —26 y 36— que sustancian el *caché* nobiliario del palacio y ofrecen unas enjundiosas vistas de extramuros.
Alrededores: Forcall, pueblo pintoresco (6 km); Xiva, pequeño pueblo de montaña (8 km).

Palacio antiguo, Forcall

Palau dels Osset

Plaza Mayor, 16
12130-Forcall, Castellón
Tel.: (964) 17 75 24
Fax: (964) 17 75 56
Acceso: por la carretera de Morella, yendo hacia Mirambel, en la misma plaza de la villa
Comidas: desayuno, almuerzo, cena
Precios: habitación 5.500-6.100 Pta.; desayuno 500 Pta., comida 1.500 Pta.

Habitaciones: 20 dobles; todas con baño, calefacción, aire acondicionado, teléfono, minibar, TV vía satélite y secador de pelo
Instalaciones: aparcamiento, bar, comedor
Tarjetas de crédito: V, 6000
Niños: acogidos
Minusválidos: acceso difícil
Animales: prohibidos
Cierra: nunca
Director: Joaquín Fuster

Ejemplo notable del Renacimiento aragonés en la meca gastronómica del Maestrazgo. Gruesos muros de piedra dorada, galería de arquetes en el piso superior y ancho alero de artesonado. Esto es el palacio de la familia Osset Miró, recientemente incorporado a la red de alojamientos rurales impulsada por la Generalitat Valenciana. Su genuina elegancia decora por entero el interior. Los dormitorios son amplios, confortables y luminosos. El número 36 conserva el original artesonado tardomedieval. En otros, los bancos de piedra donde antaño se sentaban las damas a leer, jugar al ajedrez o esperar la llegada del enamorado.
Alrededores: Morella (10 km); Mirambel (15 km).

VALENCIA/VALÈNCIA

Convento del siglo XIV, Xàtiva

1996

Hostería de Mont Sant

Subida al Castillo, s/n
46800-Xàtiva, València
Tel.: (96) 227 50 81.
Fax: (96) 228 19 05
Accesos: subiendo al castillo de Xàtiva, a mitad de camino entre el castillo y la población
Comidas: desayuno, almuerzo, cena
Precios: habitación 15.000 Pta.; desayuno incluido, comida 3.500 Pta.
Habitaciones: 4 dobles, 3 familiares; todas con baño (excepto una de las familiares), calefacción, aire acondicionado, teléfono, TV color, minibar y complementos de aseo
Instalaciones: aparcamiento exterior, jardín, piscina exterior, salón con chimenea, sala de convenciones, bar, restaurante
Tarjetas de crédito: AE, MC, V
Niños: área de juegos
Minusválidos: acceso difícil
Animales: admitidos
Cierra: del 15 al 31 de enero
Propietario: Javier Andrés Cifre

Sobre las piedras del monasterio cisterciense de Santa María Magdalena del Monte Santo de Xàtiva, erigido en 1320 por el rey Jaime II, nieto del Conquistador, en el lugar de una algema todavía más antigua, descansa hoy la hostería propiedad de Javier Andrés Cifre. Un monumento espléndido por su relieve histórico y la exquisitez demostrada en su rehabilitación.

Alrededor de la casa se extienden 17.000 metros cuadrados de jardín, primorosamente cultivado, fragante de esencias mediterráneas, adosado a las murallas y abierto de vistas al castillo donde estuvieron presos el duque de Calabria, el conde de Urgel o don Diego de Borja.

Cada habitación de la casa posee un nombre propio. Y una personalísima decoración. La atmósfera insemina de recuerdos y tiempos mudos los sueños. Abstrae prisas y penas. Especialmente La Torre, amueblada con una cama de matrimonio, prolongada hacia una bonita terraza.

La cocina adquiere un grado superlativo a la hora de la cena, fundamental en un establecimiento que aspira a ser miembro de los *Relais et Châteaux*. Un cuarteto de cuerda, sobre el fondo iluminado del castillo, ameniza las veladas de los sábados.

Alrededores: Bellús, balneario y murallas (10 km); Gandía, playas (44 km).

Antigua escuela municipal, Casas del Río

1996 La Noria del Cabriel

Requena, 9
46356-Casas del Río, València
Tel.: (96) 230 03 16
Fax: (96) 230 03 38
Acceso: por la carretera N-330, entre Requena y Cofrentes, y luego por la local de Casas del Río, a 28 km de Requena
Comidas: desayuno, almuerzo, cena
Precios: habitación 4.000-5.000 Pta. (descuentos del 25% a grupos en temporada baja); desayuno 500 Pta., comida 1.500 Pta. (2.000 Pta. desde el 1 de julio de 1996)

Habitaciones: 10 dobles con baño, calefacción, aire acondicionado, teléfono, TV color, minibar, secador de pelo y complementos de aseo
Instalaciones: jardín, salón con chimenea y bar; tiro con arco y alquiler de bicis
Tarjetas de crédito: V
Niños: acogidos
Minusválidos: algunas habitaciones acondicionadas
Animales: prohibidos
Cierra: nunca
Director: Raúl Barruguer Barrera

Por el nombre cabría imaginar que el hotel estuviera emplazado en el lugar de una antigua noria o molino de agua ribereño a las polémicas Hoces del Cabriel. Pero no. ¡Oh decepción! El edificio, de planta moderna, se encuentra embutido en medio del pueblo, donde, hasta hace poco, radicaba la escuela pública.

Su actual gestor, Raúl Barruguer, confía ilusionado en las posibilidades del negocio, a pesar de la falta de ángel que evidencia el entorno. Y eso que el interior del hotel ofrece un paisaje verdaderamente agradable; sin alardes, pero rotundo en su decoración. Encantador, tanto en los salones como en el patio central, ambientado con petunias y otras plantas mediterráneas.

De igual porte y amplitud, las habitaciones equipan más de lo necesario para pasar la noche. La luz natural entra, tamizada, a través de un estor de color blanco.

Excelentes maneras se ven en la cocina, fundamentada en la región y capitaneada por Raúl en persona. Sólo por el detalle de la flor, amorosa en todas las mesas del comedor, se merece el establecimiento figurar en esta guía de *Pequeños Hoteles con Encanto.*

Alrededores: en piragua por las hoces del río Cabriel; castillo de Chiret.

Inmueble del siglo XIX, València

Ad Hoc

Boix, 4
46003-València
Tel.: (96) 391 91 40. **Fax:** (96) 391 36 67
Acceso: llegando desde la autopista de Barcelona, por la avenida de Aragón, seguir el cauce del Turia y pasar el primer puente, el hotel se encuentra frente al museo Pío V
Comidas: desayuno, almuerzo, cena
Precios: habitación 8.600-15.500 Pta.; desayuno 750 Pta., comida 2.000 Pta.
Habitaciones: 23 dobles, 5 individuales; todas con baño, calefacción, aire acondicionado, teléfono, TV color y cosmética de baño
Instalaciones: aparcamiento, salón de estar, restaurante
Tarjetas de crédito: AE, DC, EC, MC, V, 6000
Niños: acogidos
Minusválidos: acceso fácil
Animales: admitidos
Cierra: nunca
Propietario: Luis García Alarcón

Con la inauguración del nuevo puente ideado por Santiago Calatrava, la capital del Turia empieza a recuperar buena parte de su brillo histórico. El barrio que enlaza guarda todavía en sus alineamientos residenciales la imagen del siglo pasado, como atestigua la fachada de este reconvertido hotelito, cuyo propietario ha ejercido durante muchos años la profesión de anticuario. Su chispa no solamente ha prendido en los muebles, sino también en el ladrillo visto o en los enfoscados de color vainilla que interpreta su singularidad interior.

Porque, aparte de la cortesía y diligencia con que se emplea el servicio, tanto en la cocina como en recepción, el establecimiento es un himno a los materiales honestos, a la sinceridad arquitectónica y al buen gusto decorativo. Ninguna de las habitaciones decepciona, a caballo entre lo clásico y lo moderno, con sus lamparitas y el cabecero entelado haciendo juego con la tapicería de los butacones y los cortinajes. Los marcos siguen fielmente el dibujo centenario de las puertas de entrada. Y qué decir de los cuartos de baño, con su lujosa grifería de Grohe y sus toallas sin raspa.

Además de coqueto, el restaurante Chust Gogoy ofrece una gran variedad de platos mediterráneos. La cuenta final está en sintonía con la sencillez del caserón.

Alrededores: Cortes Valencianas, Gobierno Civil (paseo a pie); Rincón de Ademuz (33 km).

Casa de campo, Rugat

La Casa Vieja

Horno, 2
46842-Rugat, València
Tel.: (96) 281 40 13
Fax: (96) 281 40 13
Acceso: en el kilómetro 17 de la carretera de Gandía a Albaida
Comidas: desayuno, almuerzo, cena
Precios: habitación 8.000 Pta.; desayuno 420 Pta., comida 2.000 Pta.
Habitaciones: 3 dobles, 2 individuales; todas con baño y cosmética de baño
Instalaciones: aparcamiento, jardín, piscina, bar, comedor
Tarjetas de crédito: V
Niños: acogidos
Minusválidos: acceso fácil
Animales: admitidos
Cierra: nunca
Directora: Sara Christina Reeve

Admirable es el don natural de los británicos para crear ambientes de refugio, de estar lejos de todo, en el mar o en el campo... Viene al caso por esta agradable casita, perdida en un callejón de Rugat, que regenta desde hace relativamente poco tiempo el matrimonio Dawson. La misma vivienda utilizada como residencia de vacaciones al principio de su estancia en España.

Nada hace sospechar que, tras el portón cerrado —una pega si se pretenden unos mínimos servicios hoteleros—, se esconde un establecimiento que vive del turismo. La clientela de los Dawson parece muy definida y avisada, mayoritariamente foránea. El viajero que no, golpee sin miedo la aldaba, incluso en la sagrada hora de la siesta.

Una acogedora chimenea de troncos, principal ornamento de un salón veraniego, permite intimar enseguida con los dueños de la casa. Sara Christina sirve en él los desayunos y la cena. Sus platos cuentan para afianzar una sólida amistad. Más allá, en la zona trasera, se ofrece una piscina de apenas cuatro metros, suficiente para combatir el calor de las tardes agosteñas.

De noche, en invierno, ¡qué silencio! Los cinco dormitorios exhiben una decoración distinta y personalizada, sin electrodomésticos ni fantasías de baño. Naturalmente caseros, británicos, por mucho que los Dawson anuncien: *Come and see the real Spain!*

Alrededores: embalse de Beniarrés (11 km); playas de Gandía (23 km).

Antigua estación de ferrocarril, Bocairent

1996 L'Estació

Parc de l'Estació, s/n.
46880- Bocairent, València
Tel.: (96) 290 52 11
Fax: (96) 290 54 23
Accesos: por la carretera de entrada a la población, en el cruce que conduce a la antigua estación de ferrocarril
Comidas: desayuno, almuerzo, cena
Precios: habitación 7.000 Pta.; desayuno 500 Pta., comida 1.500 Pta.
Habitaciones: 13 dobles, 1 individual; todas con baño, calefacción, aire acondicionado, teléfono, TV color, minibar, secador de pelo y complementos de aseo
Instalaciones: aparcamiento, jardín, sala de convenciones, salón de estar con chimenea, bar
Tarjetas de crédito: MC, V, 6000
Niños: área de juegos
Minusválidos: habitaciones acondicionadas
Animales: prohibidos
Cierra: nunca
Director: Luis López Blasco

La irregular oferta de interior valenciana abre en esta industriosa población un hotel con vocación de monte. La sierra de Mariola aparece llena de caminos practicables a las bicicletas de montaña, el furor de las vacaciones en estos últimos tiempos. A los ciclistas parecen, pues, destinadas tales instalaciones, en el lugar de la antigua estación del ferrocarril de vía estrecha. Sus habitaciones más recomendables son las que miran al bosque. Otras, las orientadas al pueblo, sólo deberían aceptarse en caso de necesidad.
Alrededores: Alcoi, fiesta de moros y cristianos (24 km); Xàtiva (30 km).

Chalé costero, Moraira, Teulada

Swiss Hotel Moraira

Haya, 175 Urbanización Club Moraira
03724-Moraira-Alacant
Tel.: (96) 574 71 04 y 574 72 00
Fax: (96) 574 70 74
Acceso: por la autopista A-7, salida 63, hasta llegar a Moraira, y luego en dirección a Calpe, saliendo por la desviación a la urbanización Club Moraira
Comidas: desayuno, almuerzo, cena
Precios: habitación 13.000-17.000 Pta., *suite* 30.000-35.000 Pta.; desayuno 1.250 Pta., comida 3.500 Pta.; garaje 1.000 Pta.
Habitaciones: 24 dobles, 1 individual, 1 *suite;* todas con baño, calefacción, aire acondicionado, teléfono, minibar, TV vía satélite, secador de pelo y cosmética de baño
Instalaciones: garaje, jardín, piscina, tenis, salones de convenciones, bar, comedor; alquiler de bicis
Tarjetas de crédito: AE, DC, EC, MC, V,
Niños: canguro
Minusválidos: acceso fácil
Animales: admitidos; tarifa extra
Cierra: enero
Director: Santiago Bravo Blasco

La huida de la jácara veraniega en el litoral encuentra su justa recompensa en esta pequeña construcción resguardada entre los pinos que pueblan las laderas de Moraira. Se diría un chalé de urbanización, con su piscina y todo, rebosante de buen gusto y atmósfera placentera. A través de las cristaleras que encuadran la cafetería se percibe el lujo de las instalaciones. El ornato de las habitaciones conduce gratamente al reposo diurno y nocturno.
Alrededores: parque natural del Peñón de Ifach (6 km).

Hotel de playa, Denia

Rosa

Congre, 3
Las Marinas
03700-Denia, Alacant
Tel.: (96) 578 15 73
Fax: (96) 578 15 73
Acceso: a 20 metros de la playa, en un desvío de la carretera de la costa, cerca de una gasolinera; indicación Las Marinas
Comidas: desayuno, almuerzo, cena
Precios: habitación 5.800-7.500 Pta., *suite* 6.600-11.000 Pta.; desayuno 650, comida 1.700 Pta.
Habitaciones: 31 dobles, 5 *junior suite*, 3 individuales; todas con baño, teléfono, calefacción y TV vía satélite; algunas con aire acondicionado y secador de pelo
Instalaciones: aparcamiento, jardín, piscina, terraza, tenis, bar, comedor; acceso directo a la playa
Tarjetas de crédito: EC, MC, V, 6000
Niños: área de juegos
Minusválidos: acceso fácil
Animales: admitidos
Cierra: de noviembre a marzo
Propietario: Michel Kessous

Denia conquistó con su dulzor mediterráneo a Michel Kessous, parisino de nacimiento y trotamundos de convicción, que vino de vacaciones con su familia y decidió montar un pequeño negocio hostelero en esta playa. «No era más que un lugar lleno de ranas, serpientes, cañizo y agua estancada», recuerda hoy delante de la azulísima piscina que refresca su establecimiento.

Aquella humilde pensión se ha convertido hoy, con esfuerzo y tesón de hormiga, en una preciosa casa de líneas mediterráneas, con su fachada columnada y sus balcones florentinos. *Monsieur* Kessous se pasa todo el verano en bañador, servicial en extremo con sus huéspedes, de mesa en mesa, de la cocina a la depuradora y de los apartamentos a la terraza.

A pesar de sus ajustadas disponibilidades inversoras, acomete cada vez que puede la renovación de las instalaciones, sin más pretensión que ser fiel a su voluntad de servicio y mejora como un anfitrión de gran hotel. Sólo le falta un poco más de esplendor ornamental.

Los dormitorios son sencillos, limpios, bien equipados. Quizás demasiado estrechos para ir con niños o viajar cargado de maletas. Más vale, pues, escoger para unas vacaciones largas las *junior suites*.
Alrededores: castillo de Denia (1 km); playa de Les Rotes (4 km).

Villa Costera, Denia

La Racona

Ctra. de Les Rotes, 76
03700-Denia, Alacant
Tel.: (96) 578 79 61
Fax: (96) 578 78 61
Acceso: por un desvío a la izquierda de la carretera que discurre junto a la costa; bien señalizado
Comidas: desayuno, almuerzo
Precios: habitación 6.500-9.900 Pta., *suite* 13.500 Pta.; desayuno 500 Pta., comida 1.550 Pta.
Habitaciones: 11 dobles, 1 *suite;* todas con baño, calefacción, aire acondicionado, teléfono, TV vía satélite y prensa diaria en la habitación
Instalaciones: aparcamiento, jardín, piscina, tenis, golf, gimnasio, salón de estar, bar, comedor
Tarjetas de crédito: ninguna
Niños: área de juegos, canguro
Minusválidos: acceso fácil
Animales: prohibidos
Cierra: nunca
Directora: Carmina Pérez

Un artista italiano de reparto, Franco da Rosa, ha invertido todos sus talentos en aviar un pequeño y delicioso hotel enclavado en la playa de Les Rotes, en el extremo sur de Denia. Su experiencia en series de televisión le ha proporcionado muchas tablas a la hora de organizar un plató veraniego con palmeras, fuentes y piscina para sus huéspedes.

Se ve que el turismo ofrece, en ocasiones, más placeres que las películas. Algunos de los famosos que han visitado su casa se reconocen por las fotografías expuestas en el comedor. Cuando no está en Londres o en Hollywood, él mismo atiende el negocio, vela por que nada falte y acompaña al recién llegado a sus aposentos, especialmente si desea instalarse en alguno de los 25 apartamentos preparados para unas cálidas vacaciones familiares.

Las habitaciones, a pesar de encontrarse en el edificio antiguo, aderezado de arcos, tejas y muros de cal tradicionales, no prestan tantas satisfacciones ni en su comodidad interior ni en su devaluado estado de conservación. La vida discurre mucho mejor al aire libre, junto a la piscina o bajo la arboleda de las canchas de tenis. Detrás de los apartamentos se extiende la playa rocosa de Les Rotes, el tramo de litoral probablemente más hermoso de la Costa Blanca.

Alrededores: Denia, castillo (2 km); Jávea (9 km); Alicante, playas (79 km).

Complejo residencial, Xabia (Jávea)

1996 El Rodat

Ctra. Cabo de la Nao, s/n
03730-Jávea/Xabia, Alicante
Tel.: (96) 647 07 10
Fax: (96) 647 15 50
Accesos: por la carretera que lleva al cabo de la Nao, en la urbanización El Rodat, junto al Tossalet; señalizado.
Comidas: desayuno, almuerzo, cena
Precios: habitación 11.880-18.225 Pta., *suite* 12.000-18.300 Pta.; desayuno 650 Pta., comida 1.300 Pta.
Habitaciones: 3 dobles, 2 individuales y 20 chalés; todos con baño, calefacción, aire acondicionado, teléfono, TV color, TV vía satélite, minibar, secador de pelo, complementos de aseo, prensa diaria en la habitación; habitaciones para no fumadores
Instalaciones: aparcamiento exterior, jardín, piscina exterior y climatizada, tenis, gimnasio, sauna, deportes náuticos, centro de salud y belleza, sala de convenciones, salón de estar, bar
Tarjetas de crédito: AE, DC, MC, V, 6000
Niños: servicio de canguro, área de juegos
Minusválidos: acceso fácil
Animales: prohibidos
Cierra: del 7 de enero al 7 de febrero
Director: Carlos Rentero

Un paraíso para las vacaciones. Se podía haber construido a lo grande, como antes. Pero no, El Rodat es un redondel de pinos bajo el que ha crecido un complejo residencial de adosados con las comodidades soñadas para veranear con la familia en pleno.

Una parte de estos bungalós pertenece hoy a particulares, encarnaciones del nuevo espíritu que preside el desarrollo de la costa, vindicativo del tipismo mediterráneo junto a un servicio más a la europea. El resto funciona en régimen hotelero, alrededor de una piscina diseñada en dos alturas y un jardín sembrado de plantas autóctonas.

Todos disponen de al menos dos dormitorios, una terraza con solárium y un jardincito privado. El saloncito vestidor, en un vistoso *jugendstil* (corriente estética juvenil), juega a claros y sombras según por donde entre el sol. En un lateral da también el pego una innecesaria chimenea de ladrillos.

Aquellos situados en torno a la piscina —entre el 7 y el 26— ofrecen, además, unas magníficas vistas sobre el pinar y, a 2 kilómetros, la línea verdiazul del mar. Ni el destello de la cal, a primera hora de la mañana, logra perturbarnos el sueño.

Alrededores: sierra del Montgó (7 km); Denia, playas (9 km); Altea, puerto (40 km).

Chalés adosados, Moraira, Teulada

Don Pedro

Mar del Norte, 20
Urbanización Costera del Mar
03725-Moraira, Teulada, Alacant
Tel.: (96) 649 03 51
Fax: (96) 649 03 50
Acceso: por la autopista A-7, salida Benisa-Teulada, hasta Moraira, 200 metros antes de entrar al pueblo; señalizado
Comidas: dseayuno
Precios: habitación 7.000-12.000 Pta.

Habitaciones: 15 apartamentos con baño, calefacción, aire acondicionado, teléfono, frigorífico, minicocina y TV
Instalaciones: aparcamiento, piscina, salón de estar, squash, bar
Tarjetas de crédito: AE, DC, V, 4B
Niños: bien acogidos
Minusválidos: acceso fácil
Animales: prohibidos
Cierra: nunca
Director: José Ivars Ivars

He aquí un complejo de adosados que funciona en régimen hotelero a pocos metros del mar. Son, en total, 16 apartamentos bien concebidos, con su pequeña cocina, sus bonitos cuartos de baño, el televisor, la nevera y una amplia terraza orientada a una piscina comunitaria de aguas transparentes, en línea con lo que se espera de una lindeza costera como Moraira.

Pero lo más llamativo de este lugar es su tranquilidad aparente, lejos del batiburrillo playero, incluso en los peores días de agosto. Por las ventanas, en los instantes previos al desperezo, entra el verdor de los pinos y las primeras agujas del sol. En las terrazas hay previstas unas sillas y una mesa para tomar el desayuno disfrutando del ensimismamiento.

Con esta arquitectura nadie fisga al otro desde enfrente con la tripilla al aire. Tampoco existe una cafetería en toda regla donde saborear un combinado. Es tal el grado de aislamiento que, a veces, hay que irse a buscar al recepcionista en la casita 1-1. Cada cual dispone de una plaza de aparcamiento junto a la puerta de su habitación.

En fin, una clausura de «búsquese usted la vida» siempre estimulante para quienes reniegan de los hoteles muelle.

Alrededores: club náutico de Moraira (1 km); Golf Club Ifach (8 km).

Casa rural, Penáguila

Mas de Pau

Ctra. Alcoi-Penáguila, km. 9
03815-Penáguila, Alacant
Tel.: (96) 551 31 11
Fax: (96) 551 31 09
Acceso: yendo de Alcoi hacia Penáguila, por un desvío en el kilómetro 9
Comidas: desayuno, almuerzo, cena
Precios: habitación 8.500-10.500 Pta.; desayuno 700 Pta., comida 1.850 Pta.
Habitaciones: 16 dobles, 3 triples; todas con baño, teléfono, calefacción y TV color
Instalaciones: aparcamiento, jardín, tenis, polideportivo, sauna, piscina climatizada, sala de convenciones, bar, comedor; alquiler de bicis
Tarjetas de crédito: AE, EC, MC, V, 6000
Niños: área de juegos
Minusválidos: acceso difícil
Animales: prohibidos
Cierra: nunca
Director: José Antonio Zafra González

Cerca de Alcoi, al resguardo de la sierra de Aitana, se extiende el valle de Penáguila, cuajado de almendros, olivos y ramblas trotadas por numerosas excursiones a caballo. La carretera que conduce al *mas* es sinuosa pero exenta de dificultades para el viajero motorizado.

La masía, encaramada en uno de los montes coronarios, resume las artes constructivas tradicionales en su planta del siglo XIX. Otro edificio también rústico, el Mas del Jove, ha sido levantado en un costado para dotar al establecimiento de la posibilidad de celebrar encuentros o seminarios de empresas.

Las vistas desde la terraza, con la torre Sena en primer plano, alimentan tanto el trabajo como unas buenas vacaciones al arrimo del Mediterráneo. Por atenciones, además, que no quede. Incluso de madrugada el huésped es objeto de continuo agasajo.

Lo malo aterriza en tiempo de somnolencias. Más que pequeñas, las habitaciones parecen comprimidas en un difícil ejercicio de encaje arquitectónico. Removerse en la cama tiene truco y poder enjabonarse a gusto en el hueco de la ducha... mucha ciencia, oiga. No recomendables, en ningún caso, las alcobas de la segunda planta, aprovechamiento puro y duro del bajo cubierta.
Alrededores: Jardín de Santos, parque ecológico (2 km); Guadalest, pueblo pintoresco (23 km).

ALICANTE/ALACANT

Villas ajardinadas, Elx (Elche)

Huerto del Cura

Porta de la Morena, 14
03203-Elx, Alacant
Tel.: (96) 545 80 40. **Fax:** (96) 542 19 10
Acceso: en el palmeral de Elche, frente a los jardines del Huerto del Cura; jardín, aparcamiento propio
Comidas: desayuno, almuerzo, cena
Precios: habitación 17.000 Pta., *suite* 40.000 Pta.; desayuno 600 Pta., comida 3.500 Pta.; descuentos en fines de semana; garaje 750 Pta.
Habitaciones: 69 dobles, 7 individuales, 1 *suite;* todas con baño, calefacción, aire acondicionado, teléfono, minibar, radio, TV vía satélite, secador de pelo y cosmética de baño
Instalaciones: garaje, jardín, piscina, terraza, tenis, sauna, salón de convenciones, cafetería, restaurante
Tarjetas de crédito: AE, DC, EC, MC, V, 6000
Niños: canguro
Minusválidos: acceso fácil
Animales: prohibidos
Cierra: nunca
Propietario: José Orts Serrano

Este complejo constituye una excepción en el masificado panorama hotelero del litoral del levante español. La idea de construir unas casitas de inspiración mediterránea, rodeadas de palmeras y plantas tropicales a semejanza del vecino Huerto del Cura —el parque por excelencia de Elche—, se debe a la familia Orts, cuya proverbial sensibilidad en conservar y completar estas instalaciones ha alejado cualquier peligro de embotamiento inmobiliario en la ciudad. En los 20 años que lleva el hotel abierto, proclaman con orgullo, los albañiles no han parado todavía de trabajar en él.

Con su olor dulzón y la sombra de sus palmeras datileras, el paisaje desde las habitaciones aviva el recuerdo de los oasis saharianos de Ghardaia y Tuggurt. La hospitalidad, al igual que en el desierto, se ofrece aquí más como una cultura que como un negocio. Escrita de deliciosos silencios. El *chef* de Els Capellans acierta con una carta sugerente de platos regionales; en poco tiempo, el restaurante se ha convertido en uno de los más apreciados de la región. Ejecutivos y viajeros de posibles se entregan en sus bungalós al honesto ejercicio del vivir o a la placentera vigilia del ocio. Lo importante aquí es no madrugar.
Alrededores: museo de La Alcudia, en la carretera a Dolores; Alicante (23 km).

Hotel de playa, La Vila Joiosa (Villajoyosa)

El Montíboli

Partida El Montíboli, s/n.
03570-La Vila Joiosa, Alacant
Tel.: (96) 589 02 50 y 589 02 54
Fax: (96) 589 38 57
Acceso: por la carretera N-332, desde Alicante, antes de llegar al pueblo de Villajoyosa; muy bien señalizado
Comidas: desayuno, almuerzo, cena
Precios: habitación 14.900-22.550 Pta., *suite* 19.300-30.250; desayuno 1.400 Pta., comida 3.550 Pta.; garaje 1.650 Pta.
Habitaciones: 35 dobles, 6 individuales, 12 *suites;* todas con baño, calefacción, aire acondicionado, teléfono, minibar, TV vía satélite, secador de pelo y cosmética de baño
Instalaciones: garaje, jardín, piscina, tenis, gimnasio, sauna, salones de convenciones, bar, comedor, acceso directo a la playa
Tarjetas de crédito: AE, DC, EC, MC, V, 6000 (tarjeta por anticipado)
Niños: área de juegos, canguro
Minusválidos: acceso fácil
Animales: admitidos, tarifa extra
Cierra: nunca
Director: José Manuel Castillo Aliaga

¡El disloque! Estas soberbias instalaciones se localizan en un acantilado próximo a La Vila Joiosa, junto a dos playas poco frecuentadas, refugio de románticos y monjes huidos de las grandes ciudades. Espolón propicio a los sueños de mar.

Sus lujos sintonizan con las influencias árabes que destila desde la entrada, con un patio central de perfiles arrebatadores y 40.000 metros cuadrados de jardines volados sobre el oleaje. Ningún ruido en la costa, salvo el paso ocasional de un trenecito de vía estrecha.

Otro cantar es lo que uno se encuentra dentro. Fotografías firmadas por los astros que han sido huéspedes de este hotel: Robert de Niro, Paul McCartney, Induráin, Julio Iglesias, los chicos de Mecano... Un cordelario de farmacia fechado en el siglo XIX... Pero también armaduras y lámparas de forja, amén de mamparas y sillones de *eskay*...

A pesar del cambio experimentado por sus habitaciones, especialmente las numeradas del 10 al 20, con terrazas abiertas al mar, el atractivo reside en la plataforma de la piscina. Desde ahí todo recuerda la antigua máxima: «Aprovecha los días, pero vive cada hora como si fuera la última».
Alrededores: sepulcro de Jove o torre de Hércules (5 km); Alicante (32 km).

Antigua mansión colonial, Tabarca

Casa del Gobernador

Arzola, s/n
03138-Tabarca, Alacant
Tel.: (96) 511 42 60
Fax: (96) 511 42 60
Acceso: desde Santa Pola, Torrevieja o Alicante mediante un servicio de *golondrinas* (barcos rápidos), cada media hora en verano.
Comidas: desayuno
Precios: habitación 6.000-8.000 Pta., *suite* 12.000 Pta. ; desayuno incluido
Habitaciones: 13 dobles, *1 suite;* todas con baño y calefacción
Instalaciones: sala de convenciones, bar
Tarjetas de crédito: V
Niños: acogidos
Minusválidos: acceso difícil
Animales: prohibidos
Cierra: del 15 de enero al 15 de febrero
Directora: Maite Vañó Sempere

Tabarca, excepto en los meses de verano, es una isla cañón para vivir a lo Robinson Crusoe. Sus cuatro casas de pescadores y el fortín de la Guardia Civil invitan al místico ejercicio de la soledad, tan necesario cuando se viene huyendo del tráfago urbano.

Por todo acomodo existe un hotelito de 14 habitaciones, inaugurado hace poco a expensas de la asociación local de empresarios turísticos. El edificio es fruto de las obras acometidas en la antigua casa del gobernador, construida en el siglo XVIII, cuando Carlos III dispuso la colonización de la isla con genoveses liberados de su confinamiento en la verdadera Tabarca, en Túnez.

Su imagen parece extraída de una película de piratas. La entrada forma un corredor flanqueado de habitaciones con aire de corrala o de galería carcelaria —según el optimismo de quien las ocupe—, en tonos verdes. Las más bonitas, decoradas con telas de aguas, se localizan en la parte trasera, orientada al mar.

Aparte de algunas carencias domésticas, la falta de aire acondicionado imposibilita al veraneante conciliar el sueño. Lo único atribuible a la isla es que el suministro eléctrico se interrumpa de madrugada y el agua escasee a la hora del desperezo.

Alrededores: Santa Pola y la costa alicantina (20 minutos en barco).

Casa de ingenieros, Moratalla

Cenajo

Presa del Cenajo
30440-Moratalla, Murcia
Tel.: (968) 72 10 11. **Fax:** (968) 72 06 45
Acceso: al final de la carretera que conduce a la presa; señalizado
Comidas: desayuno, almuerzo, cena
Precios: habitación 5.935-7.770 Pta., *suite* 11.130 Pta.; desayuno 765 Pta., comida 2.235 Pta.
Habitaciones: 59 dobles, 11 individuales, 6 familiares; todas con baño, calefacción, teléfono y TV color
Instalaciones: aparcamiento, piscina exterior y climatizada, tenis, sauna, bar, comedor; alquiler de bicis, paseos a caballo, piragüismo
Tarjetas de crédito: EC, MC, V, 6000
Niños: bien acogidos; área de juegos
Minusválidos: sin instalaciones especiales
Animales: admitidos
Cierra: del 9 de enero al 15 de marzo
Director: Isidoro Sánchez Requena

Ahora que se habla tanto del Plan Hidrológico Nacional conviene apuntar una idea que asocia el turismo con la construcción de embalses en España. El ejemplo se sitúa en un bello paraje forestal de la provincia murciana limítrofe con el municipio manchego de Hellín, próximo al embalse artificial del Cenajo. Se trata de la rehabilitación como hotel de un grupo de edificios perteneciente a la Confederación Hidrográfica del Segura y utilizado por los ingenieros durante las obras del pantano. Las vistas desde las habitaciones acercan, pues, un paisaje excepcional al pie del pico del Halcón.

La casa madre es un precioso ejercicio de imitación de aquellos fastuosos hoteles palacios que encendían a la Europa de la *belle époque*. Lo cual no quiere decir que el lujo sin escrúpulos presida sus instalaciones; antes al contrario, la clientela es mayoritariamente familiar, de clases medias, tolerante con el envejecimiento del edificio y la futilidad de la cocina.

Un equipo de animación se encarga de procurar entretenimiento a los huéspedes con paseos a caballo por los alrededores, propuestas de excursiones a pie, sesiones de aerobic, partidas de billar, competiciones de natación en la piscina climatizada o *machaque* muscular al squash.
Alrededores: Moratalla, castillo del siglo XV (12 km); Caravaca, castillo y santuario de la Vera Cruz (26 km).

Las Alpujarras (Granada)

Barranco Poqueira

Introducción a la zona

A orillas del Guadalquivir

Andalucía se pirra por los cortijos y las casitas de patios blancos. De un tiempo a esta parte, no se ve otra cosa en el panorama de la inversión hotelera, tal vez como rechazo a tanto hormigón desparramado por su litoral mediterráneo.

Las Alpujarras es la nueva meca del turismo rural. Entre esos montes han nacido el hotel Taray Alpujarra [Tel. (958) 78 45 25], en Órgiva; El Montañero [Tel. (958) 78 75 28], en Carataunas; y la Alquería de Morayma [Tel. (958) 34 32 21], en Cádiar. Igual mimo, y no menos inversión en mejoras, merecería el hostal del Príncipe [Tel. (95) 45 80 20], en Carratraca (Málaga), donde estuvieron alojados Lord Byron, T. Gautier y otros autores célebres.

Un restaurante con habitaciones, donde se come un excelente solomillo a la pimienta es el Refugio El Emigrante, en Huesa (Jaén). No menos suculencias ofrece el hotel Baeza [Tel. (953) 74 43 61], en el hospital de la Concepción, del siglo XVI. En la sierra de Cazorla, donde nace el Guadalquivir, tanto La Hortizuela [Tel. (953) 71 31 50] como el Poblado de Fuente Negra [Tel. (953) 45 12 00], cerca del pantano del Tranco de Beas, son lugares óptimos para el descanso y la contemplación de la naturaleza.

Córdoba, capital califal, ha visto aumentar últimamente su capacidad hotelera con el Amistad Córdoba [Tel. (957) 42 03 35], Hesperia Córdoba [Tel. (957) 42 10 42] y Occidental Córdoba [Tel. (957) 40 04 40], que vienen a sumarse a los tradicionales Alfaros [Tel. (957) 49 19 20], Maimónides [Tel. (957) 47 15 00] y González [Tel. (957) 47 98 19], los dos últimos junto a la mezquita. Por los caminos de la sierra arriba, en plena entrada al parque natural de la Subbética, se llega al hotel Villa de Luque [Tel. (957) 66 71 36], emplazado en una antigua casa andaluza. Tan antigua y bonita como la que presta su planta al hostal París [Tel. (95) 487 15 52], en Lebrija (Sevilla).

Camino del sur, la sierra de Grazalema ha asistido al alumbramiento de La Casa de las Piedras [Tel. (956) 13 20 14]. El Rocío acoge ahora a sus peregrinos festivos en el hotel Puente del Rey [Tel. (959) 44 25 75]. Y, en Zahara de los Atunes, los playadictos pueden disfrutar a sus anchas en el hotel Pozo del Duque [Tel. (956) 43 90 97].

Hoteles con marca

Los hoteles reseñados en esta guía pertenecen, salvo excepciones, a unidades familiares o pequeños propietarios cuya gestión es independiente de las grandes cadenas hoteleras y de las principales centrales de reservas del mundo. El viajero, a la hora de efectuar una reserva, está obligado a llamar directamente a cada establecimiento y concertar con la gerencia la modalidad de alojamiento deseada. No obstante, y siguiendo el modelo de algunos países europeos, algunos hoteles españoles comienzan a afiliarse a asociaciones de pequeños establecimientos independientes (Andalucía Gran Reserva, Reis de Mallorca, Casonas Asturianas) que velan, en teoría, por su calidad y comercialización lejos de los circuitos tradicionales.

Casa típica andaluza, Los Marines

Finca Buenvino

Finca Buenvino
21293-Los Marines, Huelva
Tel.: (959) 12 40 34. **Fax:** (959) 50 10 29
Acceso: por un desvío a la derecha de la carretera N-433 a Portugal, saliendo de Los Marines, al final de una pista forestal; mal señalizado
Comidas: desayuno, almuerzo, cena
Precios: habitación 20.000-24.000 Pta. (suplemento individual 2.000 Pta.); cena y desayuno incluidos

Habitaciones: 4 dobles; todas con baño, calefacción, secador de pelo, cosmética de baño y tetera
Instalaciones: bosque, piscina, salón de TV, comedor
Tarjetas de crédito: EC, MC, V
Niños: acogidos
Minusválidos: acceso difícil
Animales: prohibidos
Cierra: un mes sin determinar
Propietarios: Sam y Jeannie Chesterton

¡Qué atrevimiento! Sam y Jeannie Chesterton huyeron de la verde Albión para experimentar en este incógnito rincón de Andalucía lo que, a muy pocos kilómetros, en tierras de Portugal, dan en llamar turismo de *habitação.* Es decir, un *bed and breakfast* maravillosamente cañí.

El hotel no resulta nada fácil de encontrar, semioculto como está entre los castaños, frutales y arroyos que forman el parque natural de Los Marines. La fachada de color almagra, típica en las casas de campo andaluzas del siglo XIX, introduce al viajero en una decoración original y de fuertes esencias campestres. Muebles imperio, platería, sábanas de hilo, la tetera en las alcobas...

Los Chesterton acomodan enseguida al nuevo huésped en el entramado familiar de la casa. No en vano Sam es bisnieto del famoso escritor británico y, como él, también un escritor. Todos comen juntos; en la terraza, si es verano, o en el comedor interior, cuando asoma el rigor del invierno. La vista, desde las ventanas, suaviza la digestión de los buenos alimentos.

Alrededores: gruta de las Maravillas y castillo de Aracena (7 km); Peña de Arias Montano, panorámica (15 km); Zafra (85 km).

Palacete antiguo, Sanlúcar de Barrameda

Tartaneros

Tartaneros, 8
11540-Sanlúcar de Barrameda, Cádiz
Tel.: (956) 36 20 44 y 36 73 61
Fax: (956) 36 00 45
Acceso: por cualquiera de las vías que conducen al centro de Sanlúcar, cerca del Ayuntamiento y a 200 metros de la playa
Comidas: desayuno
Precios: habitación 6.500-10.000 Pta.; desayuno 600 Pta.; garaje 600 Pta.
Habitaciones: 18 dobles, 4 individuales; todas con baño, calefacción, aire acondicionado, teléfono, minibar, TV vía satélite y cosmética de baño
Instalaciones: garaje, patio, bar, salones de reuniones
Tarjetas de crédito: AE, EC, DC, MC, V
Niños: acogidos
Minusválidos: acceso difícil
Animales: consultar
Cierra: nunca
Propietaria: María Dolores Rodríguez Carrasco

En el corazón de Sanlúcar, cerca de la playa y la desembocadura del Guadalquivir, resalta por su traza señorial —aunque muy deteriorada por el paso del tiempo y el salitre del mar— la mansión de Aníbal González. Un palacete edificado en 1912 por el propietario de unas fábricas reconocidas en la zona.

Casi un siglo después, el reconvertido hotel conserva todas las esencias del lujo *belle époque.* Al entrar nos saludan algunas elegancias: las cortinas de terciopelo, el mobiliario de estética de principios de siglo, el marmolado de las paredes... incluso el tipo de luz, filtrada a través de los antiguos cristales.

Existe también una importante colección de negritos proveniente de subastas; uno se exhibe descalzo en la entrada, vestido a la usanza de los pobres de Nueva Orleans, y los demás en la cafetería.

El hotelito cuenta con 22 dormitorios de todos los tamaños. Salvo el que tiene terraza orientada a la calle, languidecen por su austeridad ambiental; dicen que por mantener el retrato original de la casa.

La parsimonia del Guadalquivir no afecta al personal de servicio, diligente y extremadamente cordial con los visitantes.

Alrededores: parque nacional de Doñana (paseo a pie por la playa o en barca a lo largo del río Guadalquivir).

CÁDIZ

Casa andaluza, Sanlúcar de Barrameda

Los Helechos

Plaza Madre de Dios, 9
11540-Sanlúcar de Barrameda, Cádiz
Tel.: (956) 36 13 49 y 36 76 55
Fax: (956) 36 96 50
Acceso: llegando a la puerta del Ayuntamiento, el primer semáforo a la izquierda y la siguiente esquina otra vez a la izquierda; señalizado
Comidas: desayuno
Precios: habitación 5.000-7.000 Pta.; desayuno 500 Pta.
Habitaciones: 50 dobles, 6 individuales; todas con baño, teléfono, aire acondicionado y TV vía satélite en algunas habitaciones
Instalaciones: garaje, salón de estar, bar, terraza, solárium
Tarjetas de crédito: AE, DC, EC, MC, V, 6000
Niños: acogidos
Minusválidos: acceso difícil
Animales: prohibidos
Cierra: nunca
Director: Juan Manuel Reina Chavero

Cerrar podrán nuestros ojos los dos patios venustos de esta casa, almibarados de azulejos, artes de rejería, arcos, macetas, platos de alfar y sillas de enea pintadas a la moda de Andalucía. No se puede aguantar la vista de tanto verlos, ni el olfalto de tanto oler a pintura fresca.

Sí, es cierto. Tal es el celo derrochado en la construcción, tal ha sido la prestancia arquitectónica transmitida a su interior, que después de disfrutar esos patios en todo su frescor ya no nos quedarán ganas de mirar otras cosas. Uno permanece convenientemente cubierto. El otro sirve de distribuidor a las alcobas.

Sus huéspedes habituales son hombres de negocios y representantes comerciales atraídos por la industria de la manzanilla sanluqueña, cuyo olor agradable impregna todas las calles de la ciudad. A poco que afinen los oídos distinguirán un rasgueo lejano de guitarra armonizando la madrugada en alguna taberna del Bajo de Guía.

No resulta fácil comprender, sin embargo, por qué el dominio de los sueños aparece aquí amueblado con tanto indumento fuera de lógica, cuando el resto de las instalaciones farandulean de coquetería con sus sillas, banquetas y mesas entintadas de estarcidos en verde.
Alrededores: parque nacional de Doñana (cruzando el Guadalquivir).

Complejo residencial, El Puerto de Santa María

1996 Los Jándalos

Amparo Osborne, s/n
Urbanización Vistahermosa
11500-El Puerto de Santa María, Cádiz
Tel.: (956) 87 34 11
Fax: (956) 87 20 12
Acceso: por la carretera de El Puerto de Santa María a Rota, pasados 1,5 kilómetros a mano izquierda, en la primera calle a mano derecha; señalizado
Comidas: desayuno
Precios: apartamento 7.300-15.500 Pta.; desayuno 700 Pta.

Habitaciones: 43 apartamentos con baño, calefacción, aire acondicionado, teléfono, minibar, TV color
Instalaciones: garaje, jardín, tenis, piscina exterior, golf, alquiler de bicis y deportes náuticos
Tarjetas de crédito: AE, MC, V
Niños: servicio de canguro
Minusválidos: acceso fácil
Animales: prohibidos
Cierra: nunca
Director: Juan Antonio Fernández

Arquitectura de escenario. Aquí un doble arco, allá un ajimez, acullá una pared añil y la reja pintada de negro. En medio, la piscina. Y palmeras a oleadas en el jardín... Una en cada ángulo. Entre los balcones. Sobre la alfombra tupida de grama. Bajo el sol implacable del sur que baña el Atlántico.

Así de fililí se presenta el aparthotel Los Jándalos, nuevo en la zona residencial de Vistahermosa, tomando la carretera que lleva a la base naval de Rota. Si hubiera que rodar una película de ambiente cañí, éste sería el escenario, bajo la mirada escudriñadora de las chimeneas que compiten en altura con las palmeras.

Las instalaciones comunes apenas dicen nada: una recepción y un saloncito de espaldas al jardín y la piscina, los verdaderos pulmones del complejo. Alrededor se erigen los apartamentos, todos diferentes, diseñados según la estética al uso y equipados para unas gratas vacaciones en familia.

Las dos señoritas de recepción acreditan una voluntad de servicio y una eficacia profesional realmente admirables. Bajo pedido sirven el desayuno en los propios apartamentos, recogido en un imaginativo canasto de *picnic.*

Alrededores: Puerto Sherry (2 km); playa de Valdelagrana (4 km); Jerez (13 km).

Mansión rural, Castellar de la Frontera

Casa-convento La Almoraima

Finca La Almoraima
11350-Castellar de la Frontera, Cádiz
Tel.: (956) 69 30 02 y 69 30 50
Fax: (956) 69 32 14
Acceso: en un bosque a 12 kilómetros al norte de Algeciras por la N-340; señalizado
Comidas: desayuno, almuerzo, cena
Precios: habitación 13.000 Pta.; desayuno 750 Pta., comida 3.000 Pta.
Habitaciones: 12 dobles, 5 individuales; todas con baño, aire acondicionado, teléfono
Instalaciones: aparcamiento, jardín, piscina, tenis, picadero, minigolf, billar, biblioteca, capilla, sala de convenciones, bar, comedor
Tarjetas de crédito: AE, DC, EC, MC, V
Niños: acogidos
Minusválidos: acceso difícil
Animales: prohibidos
Cierra: nunca
Director: Rufino Ruiz Ramírez

La Almoraima, antigua heredad de los duques de Medinaceli adquirida por el grupo Rumasa y expropiada después por el Estado a beneficio de Icona, su actual gestor, es el mayor latifundio de Europa. Cuenta nada menos que con 16.000 hectáreas de alcornoques dedicadas a la extracción de corcho y a la crianza de cerdos en montanera.

La finca se encuentra a escasa distancia de la bahía de Algeciras. Un caminuo sinuoso conduce al viajero, a través de un bosque protegido para la nidificación de ciertas aves, a la fachada blanca y gualda de la casa-convento. Los duques la edificaron en el siglo XVII para explotar las tierras bajas de sus dominios en Castellar de la Frontera y utilizarlas, también, como pabellón de caza.

Desde hace unos años, la casa-convento recibe huéspedes de a pie y presta un ejemplar servicio de hostelería. Los salones están a libre disposición del usuario, unas veces para escuchar una sonata de piano, otras para leer un libro con el whisky o el zumo de tomate en la mano, las más para jugar al billar en una estancia decorada a la inglesa. Las habitaciones son austeras, silenciosas, a la medida de un auténtico retiro religioso.

Alrededores: Castellar de la Frontera, murallas (2 km); Algeciras (12 km).

Hotel de playa, Tarifa

Hurricane

Carretera de Málaga a Cádiz
11380-Tarifa, Cádiz
Tel.: (956) 68 49 19
Fax: (956) 68 03 29
Acceso: a un lado de la carretera general Cádiz-Málaga, a 7 kilómetros antes de Tarifa, viniendo de Cádiz
Comidas: desayuno, almuerzo, cena
Precios: habitación 11.000-16.500 Pta., *suite* 25.500 Pta.; desayuno incluido, comida 3.000 Pta.
Habitaciones: 28 dobles, 5 *suites*; todas con baño calefacción, teléfono, minibar, cosmética de baño y caja fuerte
Instalaciones: aparcamiento, jardín, piscinas, sauna, gimnasio, sala de estar, bar, comedor; alquiler de bicis
Tarjetas de crédito: AE, EC, DC, MC, V
Niños: acogidos
Minusválidos: acceso fácil
Animales: admitidos; tarifa extra
Cierra: nunca
Director: José Ramón Vázquez

El lugar más divertido y rutilante del continente para la práctica del windsurf es, sin duda alguna, Tarifa. Un pedazo de litoral batido por el viento que congrega, ya en cualquier estación del año, a miles y miles de quijotes europeos, abrazados a sus tablas, con las caras pintadas de *fosforito* y los dedos abiertos en señal de salutación.

Desayunan a la inglesa, se zambullen un rato en la piscina del hotel y después perfilan en un ritual lento y cosmogónico el relingar de las velas. Al primer soplo, ya están galopando sobre las olas con el flequillo peinado por el viento del Estrecho.

Nadie hace caso, mientras tanto, al ornato y buen ambiente de las habitaciones. No los necesita tan deportiva clientela, a punto siempre de miel y bronce en la piscina central.

Lástima, porque el edificio tiene una pinta imaginativa, exótica, en medio de un jardín tropical cuajado de palmeras, hibiscos y buganvillas. Y tiene también un bar con gran animación.

Alrededores: castillo árabe, barrio judío; playas (10 km).

Cortijo y cabañas, Prado del Rey

La Huerta de Dorotea

Ctra. Villamartín-Ubrique, km. 12
11660-Prado del Rey, Cádiz
Tel.: (956) 72 42 91
Fax: (956) 72 42 89
Acceso: por la carretera de Villamartín a Ubrique, en el kilómetro 12, tomando el desvío a Zahara de la Sierra; señalizado
Comidas: desayuno incluido
Precios: habitación 5.000-6.000 Pta., cabaña finlandesa 10.000-14.000 Pta.

Habitaciones: 8 dobles y 15 cabañas finlandesas; todas con aire acondicionado, TV y teléfono
Instalaciones: aparcamiento, jardín, piscina, bar, restaurante
Tarjetas de crédito: AE, DC, MC, V
Niños: acogidos
Minusválidos: acceso difícil
Animales: admitidós
Cierra: nunca
Director: Antonio Fernández Barrera

En 1846, la huerta de doña Dorotea era la más fértil de la comarca, y allí iban las gentes a recolectar y comer frutas. Quiso luego el destino —y también la Unesco— que la sierra de Grazalema fuese declarada Reserva de la Biosfera, con el consiguiente revuelo turístico que este tipo de declaraciones acaba siempre provocando. Y, claro, sobre este predio no ha podido imaginarse otra cosa que el rescate del antiguo cortijo y el levantamiento de 15 exóticas cabañas finlandesas a su vera.

Ya tiene entonces la sierra otro potente reclamo. Además de los servicios propios de la cortijada, destinados actualmente a las necesidades culinarias, el hospedaje añade el tacto, olor y colores de la madera de pino, diseminado entre el encinar. Desde los porches se atisban los matorrales de la sierra de Pajarete y el cielo eternamente azul del sur. Cualquier parecido con el paisaje de Escandinavia, como en las películas, es pura coincidencia.

Pero queda en la retina la calidez sensual de los visillos y los abuhardillados, el mobiliario fino, la chimenea de ladrillos y los troncos decorativos con los que rememorar historias de tramperos.

La finca ofrece una extensión de 15 hectáreas y una escuela de equitación ideal para unas vacaciones en familia. Sí, ahora estamos en Andalucía.
Alrededores: Arcos de la Frontera (29 km); sierra de Grazalema (32 km).

Casa rural, Villamartín

Hacienda Buena Suerte

11650-Villamartín, Cádiz
Tel.: (956) 73 03 11
Fax: (956) 73 03 11
Acceso: saliendo de Villamartín hacia Ronda, en el cruce tomar dirección Ubrique, y a 1 kilómetro está el hotel; señalizado
Comidas: desayuno, almuerzo, cena
Precios: habitaciones 6.800 Pta.; desayuno incluido, comida 3.000 Pta.

Habitaciones: 9 dobles, 3 individuales; todas con baño y teléfono
Instalaciones: aparcamiento, jardín, piscina, salón de estar, bar
Tarjetas de crédito: ninguna
Niños: acogidos
Minusválidos: acceso difícil
Animales: admitidos
Cierra: julio y agosto
Propietario: Jean Claude Dysli

Jean Claude y su esposa se descolgaron de Suiza hace unos años para vivir entre huéspedes su aventura andaluza. En este apartado rincón del mundo funciona hoy un centro ecuestre promocionado en todos los países centroeuropeos menos España. Su dificultad con el idioma les hace parecer ariscos a oídos de sus vecinos.

Pero el cortijo, justo es reconocerlo, ofrece unas condiciones inmejorables para el aprendizaje de la equitación. Las clases instruyen varios estilos de monta (*western*, doma española...), además de excitantes excursiones por la sierra de Grazalema. Incluso bailes flamencos para extranjeros.

Hippies tardíos o ecoempresarios turísticos, el matrimonio centra su esfuerzo en los caballos antes que en la comodidad de su hospedaje. Las habitaciones son rústicas, suficientemente aseadas, pero muy pequeñas y precarias de equipamiento. Lo mismo sucede con los cuartos de baño, un cubículo para cuerpos en dieta (no lo intente, romperá la mampara...).

Un ambiente exótico de alfombras egipcias, mesitas de la India, lámparas de cuerda y edredones flojos recuerda las novelas de Salgari. Conque, suéltese el pelo y no tenga miedo el viajero a avisar por el telefonillo que le abran la cancela.

Alrededores: sierra de Grazalema (a caballo); parque nacional de Doñana (cruzando el Guadalquivir).

CÁDIZ

Cortijo andaluz, Arcos de la Frontera

Cortijo Faín

Ctra. de Algar, km 3
11630-Arcos de la Frontera, Cádiz
Tel.: (956) 70 11 67.
Fax: (956) 70 11 67
Acceso: una vez llegado a Arcos, ir hacia la parte de abajo de la Peña de Arcos y cruzar un puente de hierro; señalizado
Comidas: desayuno, almuerzo, cena
Precios: habitación 10.000 Pta.; *suite* 15.000 pta.; desayuno 1.000 Pta., comida 4.000 Pta.

Habitaciones: 2 dobles, 1 familiar, 5 *suites;* todas con baño, secador de pelo y calefacción
Instalaciones: aparcamiento, jardín, piscina, salón de convenciones, bar, comedor
Tarjetas de crédito: AE, EC, MC, V
Niños: acogidos
Minusválidos: acceso fácil
Animales: admitidos
Cierra: nunca
Propietaria: Soledad Gil de Zalba

Muy cerca de Arcos se resume toda la gracia de la arquitectura popular andaluza en este cortijo del siglo XVII al que se llega atravesando un olivar de 300 hectáreas de su entero dominio. La familia Zalba ha tenido la visión de adaptarlo para uso hotelero en una zona de notables atractivos turísticos.

Sus interiores reúnen todas las características decorativas de una residencia de señoritos, con 10 habitaciones y *suites* de dimensiones anárquicas y una biblioteca con más de 10.000 títulos. El confort es insuperable, salvo en los cuartos de baño, que necesitan una concienzuda modernización.

Hay mucho espacio arbolado para sentarse a la sombra, para quedarse más tiempo de lo previsto. Y si aprieta la *caló,* pues, ¡hala!, a la piscina patos... Una gozada desayunar en el porche acristalado o paladear una comida casera en un ambiente poblado de geranios, sillas de enea, arcos y suelo de terrazo. Y luego la siesta.

La propietaria derrocha una simpatía natural de abuela aristócrata. Ella sola recibe a los huéspedes, los días que se cruzan en su camino, en un patio enorme de albero. El sol puede estar pegando a cal y canto sobre la fachada del cortijo, sin que ella se esconda a la sombra de las buganvillas.
Alrededores: calles, iglesias y Ayuntamiento de Arcos (3 km).

Cortijo del siglo XVI, Arcos de la Frontera

1996 Hacienda El Santiscal

Avda. del Riscal, 129
11630-Arcos de la Frontera, Cádiz
Tel.: (956) 70 83 13
Fax: (956) 70 82 68
Acceso: por la carretera del embalse, tomando el desvío en la urbanización El Santiscal, siguiendo la calle opuesta al Mesón La Molinera; poco señalizado
Comidas: desayuno, almuerzo, cena
Precios: habitación 8.500-10.000 Pta., *suite* 12.000-15.000 Pta.; desayuno 500 Pta.; comida 3.000

Habitaciones: 8 dobles, 3 individuales y 1 suite; todas con baño, calefacción y complementos de aseo
Instalaciones: aparcamiento exterior, jardín, piscina exterior, salón con chimenea, bar; caballos y deportes náuticos
Tarjetas de crédito: MC, V
Niños: servicio de canguro
Minusválidos: acceso difícil
Animales: prohibidos
Cierra: nunca
Propietaria: Francisca Gallardo

Una inscripción en azulejos relata la historia de este espléndido cortijo. En recompensa al heroico comportamiento de Juan de Armario durante el cerco de Ronda, en 1485, sus herederos adquirieron derechos sobre las montañas de Santiscal, en cuyas laderas se hicieron construir una casa solariega.

La torre albarrana domina hoy el embalse de Arcos, alrededor del cual ha crecido una vasta zona residencial. Un caminito de albero conduce derechito a la hacienda, dejando atrás las calles de asfalto y los incómodos badenes limitadores de velocidad por toda la urbanización. Su silueta andalusí destaca entre las lomas, especialmente en noches de cuarto creciente.

La atmósfera interior también evoca ciertos pasajes de la cultura islámica. Puertas con arabescos de tachuelas. Mesitas de marquetería fina. Bandejas de cobre. Arcos. Rejas. Almenas. Se nota que el marido de la propietaria —culto, amable e ilusionado con el negocio— tiene nacionalidad egipcia.

En conjunto, las habitaciones encierran más elegancia que el salón de estar y la cafetería. Ideales las que vuelcan sus balcones sobre el embalse próximo. En verano, el interés se concentra en el entorno de la piscina: nadando en ella parece uno estar flotando en las aguas del embalse.

Alrededores: Arcos de la Frontera (2 km); Jerez (33 km).

CÁDIZ

Cortijo andaluz, Arcos de la Frontera

Cortijo Barranco

Ctra. Arcos al Bosque, km. 8,200
11630-Arcos de la Frontera, Cádiz
Tel.: (956) 23 14 02
Fax: (956) 70 81 01
Acceso: tomando la carretera que va de Arcos a El Bosque y, unos 200 metros más allá del mojón kilométrico 8, hay que desviarse a la izquierda por un caminito rural que conduce al cortijo
Comidas: desayuno, almuerzo, cena
Precios: habitación 7.000-8.000 Pta.; desayuno 500 Pta., comida 2.500-3.000 Pta.
Habitaciones: 8 dobles, 2 familiares; todas con baño y calefacción
Instalaciones: garaje, jardín, piscina, sala de reuniones, salón para desayunos
Tarjetas de crédito: ninguna
Niños: acogidos
Minusválidos: acceso fácil
Animales: admitidos
Cierra: nunca
Directora: Mª José Gil Amián

El cortijo fundado en 1754 por un presbítero del Santo Oficio, en los alrededores de Arcos, siempre ha sido reconocido por el nombre de Nuestra Señora de la Luz. Su antigua almazara ofrece hoy diez pequeñas y muy serenas habitaciones para el viajero amante de lo rural.

El acceso es tortuoso, indicado únicamente como camino privado, sin asfaltar. El edificio, de planta cuadrada con patio central, salta de repente detrás de una loma. Más parecería una casa de labor si no fuera porque, en la parte posterior, se distinguen el jardín y la piscina.

La vocación hostelera de Genaro Gil y Consuelo Amián, un matrimonio emparentado con los dueños del Cortijo Faín, se demuestra en el regusto barroco del trato, a lo andaluz, y también en esos detalles campestres con que el establecimiento conforta a sus huéspedes.

Los salones reúnen una amplia colección de objetos artísticos y mobiliario antiguo. Es evidente que prima en ellos la tradición cinegética y señorial de la casa. En cambio, las habitaciones padecen una rusticidad excesiva, aunque no pierden su identidad cortijera. Las vistas, desde la terraza, se prolongan más allá de las sembraduras.

Alrededores: Jerez de la Frontera (31 km); Medina Sidonia (38 km).

Palacio antiguo, Arcos de la Frontera

Marqués de Torresoto

Marqués de Torresoto, 4
11630-Arcos de la Frontera, Cádiz
Tel.: (956) 70 07 17
Fax: (956) 70 42 05
Acceso: subiendo hacia el casco antiguo, a la izquierda, una vez alcanzada la plaza del Ayuntamiento, por una calle estrecha que conduce también al palacio de Valdespino
Comidas: desayuno
Precios: habitación 7.600-8.800 Pta., *suite* 8.600 Pta.; desayuno 525 Pta.

Habitaciones: 11 dobles, 2 individuales, 2 *suites;* todas con baño, calefacción, aire acondicionado, teléfono, minibar, TV color, cosmética de baño
Instalaciones: salón de estar, bar
Tarjetas de crédito: AE, DC, V, 6000
Niños: bien acogidos
Minusválidos: acceso difícil
Animales: prohibidos
Cierra: nunca
Director: José Gutiérrez

Un inconveniente mayúsculo es la ausencia de aparcamiento en la zona. No importa, los lugareños están acostumbrados a que les bloqueen cada poco su calle principal, aunque sea el tiempo justo de bajar las maletas del coche. Todo vale si el turismo ayuda a la conservación del patrimonio monumental de la ciudad.

La casa-palacio del marqués de Torresoto, último gobernador de Filipinas, es un venerable edificio del siglo XVII erigido en torno a un bonito patio con arcos muy refrescante en verano. Bajo uno de esos arcos reside la capilla barroca de la Divina Pastora, donde solía orar el marqués. Arriba, en la azotea, se disfruta de una prolongada vista sobre los tejados y los campos inmediatos.

Y ya está. Las habitaciones amalgaman un estilo recatado, entre el funcionalismo doméstico y la nobleza colorista de los pinceles de Sofronisba Anguisolla. Sólo que el aparato de aire acondicionado de la número 8 suena como si estuvieran perforando un pozo. Huya el huésped, en fiebre del sábado noche, de los cuatro dormitorios que dan a la fachada principal: el estruendo de las motos a su paso por la calle es realmente inaguantable.

Lo relevante del desayuno, a la mañana siguiente, es beberse el café a sorbos mirando hacia la luz del patio. Un feliz alborozo.
Alrededores: sierra de Aljibe (48 km); Grazalema (67 km).

Palacio histórico, Arcos de la Frontera

Parador de Arcos

Plaza del Cabildo, s/n
11630-Arcos de la Frontera, Cádiz
Tel.: (956) 70 05 00
Fax: (956) 70 11 16
Acceso: en la plaza principal, frente al Ayuntamiento; muy bien señalizado
Comidas: desayuno, almuerzo, cena
Precios: habitación 15.000 Pta.; desayuno 1.200 Pta., comida 3.200 Pta.
Habitaciones: 20 dobles, 4 individuales; todas con baño, aire acondicionado, teléfono, minibar, TV vía satélite, secador de pelo y cosmética de baño
Instalaciones: aparcamiento, salón de convenciones, bar, comedor
Tarjetas de crédito: AE, DC, EC, MC, V
Niños: acogidos
Minusválidos: acceso difícil
Animales: prohibidos
Cierra: nunca
Director: Máximo Pérez Moneo

Los paradores de turismo suelen disfrutar del mejor emplazamiento posible en la ciudad. El edificio más señero, la vista más buscada. Y el de Arcos de la Frontera no es una excepción. Ocupa una despampanante mansión de paredes blancas, la antigua casa del corregidor, reconstruida en uno de los extremos de la plaza del Cabildo, desde la que se domina en toda su inmensidad el paisaje de viñedos, naranjos y olivos de la campiña gaditana, surcado por el cauce granítico del río Guadalete.

Salvo en días de mercado y contadas ocasiones festivas, no existe la menor dificultad para aparcar en la plaza. Tras unas importantes mejoras, el establecimiento ha adquirido una imagen a tono con el empaque de la fachada y el vértigo que produce el tajo sobre el que se cimenta. Sus pasillos lucen azulejos pintados con escenas florales y lances de una corrida de toros. El patio interior, enlosado y entoldado, invita a descansar entre macetas y leer tranquilamente una novela.

Los dormitorios visten muebles de madera oscura y colchas de color rojo. Unos, con vistas a la plaza, frente a la iglesia de Santa María, obra del siglo XVI. Otros, con los balcones abiertos al acantilado, frente a las huertas y a la ciclópea peña de Arcos.

Alrededores: iglesias de Santa María y San Pedro, fachada del Ayuntamiento; Cádiz (80 km).

Monasterio antiguo, Arcos de la Frontera

El Convento

Maldonado, 2
11630-Arcos de la Frontera, Cádiz
Tel.: (956) 70 23 33
Fax: (956) 70 23 33
Acceso: subiendo la cuesta hasta la plaza principal, por una callejuela que atraviesa un arco, a la derecha, junto al mercado de abastos
Comidas: desayuno, almuerzo, cena
Precios: habitación 5.350-7.490 Pta.; desayuno 700 Pta., comida 2.500 Pta.

Habitaciones: 5 dobles, 3 individuales; todas con baño, calefacción, teléfono y TV color
Instalaciones: aparcamiento, comedor
Tarjetas de crédito: AE, EC, MC, V, 4B, 6000
Niños: acogidos
Minusválidos: acceso difícil
Animales: prohibidos
Cierra: nunca
Propietarios: José Antonio Roldán y María Moreno Moreno

A espaldas de la Casa del Corregidor —actualmente parador de turismo—, y orientado a la vega feraz del río Guadalete, se encuentra el antiguo convento de las madres mercedarias, hoy también erigido en una hospedería con seña de identidad. José Antonio Roldán y su mujer, María Moreno, artífices de la transfiguración, atienden personalmente a sus invitados.

Éxito no les ha faltado en estos años de trabajo. Toda la casa está llena de recortes de prensa que alaban su entusiasmo en el negocio. Dos terrazas cubiertas de enredaderas permiten, con buen tiempo, disfrutar de una inmejorable panorámica de la peña de Arcos.

Las habitaciones nuevas ofrecen, por la mitad de precio, vistas tan notables como las del parador vecino. Las antiguas no desmerecen tampoco desde sus balcones, aunque resultan un poco pequeñas y mal insonorizadas. Todas ellas están decoradas con cuadros de Frechilla y Lozano, dos artistas del lugar.

Tras la última reforma, el comedor se encuentra desplazado en la cercana callejuela del Marqués de Torresoto. Goza de la monumentalidad de un patio con columnas de mármol y el escudo heráldico que distingue al palacio de Valdespino, del siglo XVI. Unas señas a tener en cuenta.

Alrededores: iglesia de Santa María, iglesia de San Pedro Apóstol, fachada del Ayuntamiento; Cádiz (80 km).

Sevilla

La Giralda y los Reales Alcázares

Introducción a la zona

Hoteles de Sevilla

La capital del Guadalquivir cuenta, tras la celebración de la Exposición Universal de 1992, con una planta hotelera notablemente rejuvenecida. Gracias en parte al atractivo de su impresionante vestíbulo de gusto americano, el hotel Alcora [Tel. (95) 476 94 00], en San Juan de Aznalfarache, concentra su esfuerzo en la celebración de congresos y convenciones de empresas. Enfrente, en la isla de la Cartuja, sobrevive con dificultades el Príncipe de Asturias [Tel. (95) 446 23 83], estrella tecnológica de Sevilla.

Pero la tradición sigue floreciendo en el hotel Alfonso XIII [Tel. (95) 422 28 50], edificio neomudéjar inaugurado con ocasión de la Exposición Iberoamericana de 1929. Un clásico también es el hotel Colón [Tel. (95) 422 29 00], frecuentado por la pléyade del mundo taurino que organiza en sus salones interesantes tertulias. En el tercer patio del palacio Episcopal funciona Los Seises [Tel. (95) 422 94 95]. Y, en un lateral de las Palmeras, el Ciudad de Sevilla [Tel. (95) 423 05 05], con pretensiones no logradas.

Sevilla presta oropeles también al nuevo Patio de la Alameda [Tel. (95) 490 56 33], gemelo del Patio de la Cartuja. Muy cerca, la Hostería del Laurel [Tel. (95) 422 02 95], inspiró a Zorrilla su *Don Juan Tenorio.*

De más modestas pretensiones son los hoteles La Rábida [Tel. (95) 422 09 60], con un patio interior con columnas muy fresquito en verano; el Corregidor [Tel. (95) 438 51 11], instalado en una antigua casa llena de flores; el Majaravique [Tel. (95) 490 30 99], de corte simpático; y el Cervantes [Tel. (95) 490 02 80], parecido al anterior.

Otros patios para sentarse al fresco son los del hotel Europa [Tel. (95) 421 43 05], cerca de la plaza de toros, y el decadente Simón [Tel. (95) 422 66 60], otrora seleccionado en esta guía, al igual que el hotel Murillo [Tel. (95) 421 60 95], en los vericuetos del barrio de Santa Cruz. Un cambio de imagen ya les va haciendo falta, sí.

Los regojos menos rústicos son el hotel Palmera Real [Tel. (95) 412 41 11], en la salida a Utrera; el Plaza de Armas [Tel. (95) 490 19 22], bien situado para acceder a la Cartuja; y el Occidental [Tel. (95) 458 20 00], de camino al aeropuerto.

Fuera de la ciudad resplandecen por su embrujo taurino el hotel Marengo [Tel. (95) 416 46 46], en Castilleja de la Cuesta; y, por su tranquilidad, el Solúcar [Tel. (95) 570 30 00], en Sanlúcar la Mayor.

Sigue la fiesta

A pesar del balance negativo que presentan las cuentas de ciertos hoteles sevillanos y de la incertidumbre que ha provocado en todos el final de la Expo'92, a pesar también de los nubarrones que se ciernen en el horizonte inmediato, Sevilla ha ganado con el evento más de 10.000 nuevas plazas hoteleras y unas instalaciones de calidad inmejorable para conquistar, de ahora en adelante, el sueño de sus visitantes más exigentes.

Casas de barrio, Sevilla

Casas de la Judería

Callejón Dos Hermanas, 7
41004-Sevilla
Tel.: (95) 441 51 50
Fax: (95) 442 21 70
Acceso: junto a la Puerta de la Carne, mirando a Independencia, a la izquierda, al fondo de un callejón; sin señalizar
Comidas: desayuno, almuerzo, cena
Precios: habitación 10.000-12.500 Pta., *suite* 14.500-17.500 Pta.; desayuno 950 Pta., comida 2.000-4.000 Pta.; garaje gratuito

Habitaciones: 16 dobles, 15 *suites;* todas con baño, calefacción, aire acondicionado, teléfono, minibar, TV vía satélite, secador de pelo, cosmética de baño
Instalaciones: garaje, jardín, salón de estar, bar, comedor
Tarjetas de crédito: AE, DC, MC, V
Niños: canguro
Minusválidos: acceso fácil
Animales: prohibidos
Cierra: nunca
Director: Miguel Cazorla Cuadro

Otra fantasía en la capital del Guadalquivir. Otra flor encendida en el barrio sevillano de Santa Cruz, junto a la Puerta de la Carne, en las casas que un día fueron propiedad del duque de Béjar. La recuperación de este romántico entorno, diríase que caído del cielo, ha santiguado un jolgorio de patios, fuentes, azulejos, mayólicas, celosías, balcones de rejería y una *jartá* de macetas que no se puede aguantar de tanta belleza que exhuman.

Aquí sobran todas las pompas. El huésped sabrá apreciar enseguida la desnudez doméstica de las cosas, el simple aderezo de los geranios, el chirrido de las cancelas, el gorgoteo del agua, el perfume intenso de los naranjos en los patios, los primores del desayuno en el dormitorio... Eso compensa cualquier tacha observada en la conservación de los apartamentos, en la austeridad del ornamento o en el mal aprovechamiento de su espacio interior. Sobran rincones inútiles y falta, en cambio, una repisa donde colocar la maleta.

El silencio de la noche en el callejón de la Judería, antes de asomarse al zaguán, se vuelve *seguiriya* con los murmullos del agua. Mi patio. Embrujo de Sevilla.

Alrededores: calles del barrio judío, Casa de Pilatos, Real Alcázar.

Conjunto de casas típicas, Sevilla

1996 Patio de la Cartuja

Lumbreras, 8 y 10
41002-Sevilla
Tel.: (95) 490 02 00
Fax: (95) 490 20 56
Acceso: una vez en la rotonda del puente de la Barqueta, siguiendo la indicación a la Alameda de Hércules que lleva a la calle de Calatrava y, al final de la misma, a la derecha del semáforo, por la calle Lumbreras
Comidas: desayuno
Precios: habitación 7.700 Pta.; desayuno incluido
Habitaciones: 31 apartamentos con baño, calefacción, aire acondicionado, teléfono, TV color, plancha, secador de pelo y complementos de aseo
Instalaciones: garaje, bar
Tarjetas de crédito: AE, MC, V, EC
Niños: servicio de canguro
Minusválidos: acceso difícil
Animales: prohibidos
Cierra: nunca
Director: Sebastián Martín González

Y tuvo que ser. La guerra de precios desatada entre los hoteles sevillanos por atraerse a la clientela ha incentivado gangas como las que ofrece este aparthotel proveniente de la rehabilitación de unas antiguas casas de vecindad aledañas a la popular Macarena. El patio ha sido decorado por Pedro Peña, el mismo interiorista que efectuó los trabajos del hotel Alcora, en San Juan de Aznalfarache.

Si uno accede en automóvil debe solicitar previamente que le abran el portón del garaje, situado en un lateral de la fachada, conforme se avanza desde la Alameda de Hércules. Por su cuasi anonimato, aquí prefieren hospedarse el mundillo de la farándula y así; Juan Echanove, por ejemplo, dice preferirlo al lujoso Alfonso XIII.

Los apartamentos se distribuyen en tres plantas que forman, en el centro, un patio lanceolado de tonos almagre, típico de las casas andaluzas. Unas mesitas con sombrillas ayudan a pasar aquí el rato en verano.

Cada habitación resume la sensualidad de Sevilla en clave actual. No falta la *tele*, un escritorio de trabajo, ni un cómodo sofá donde echarse la siesta, junto a un dormitorio equipado con cama *king size*. Especialmente recomendables los 111, 112, 113 y 114, en la planta intermedia, o los áticos 201 y 210, con balcones abiertos al exterior de la ciudad.

Alrededores: iglesia de la Macarena, ribera del Guadalquivir, puente de la Barqueta (breve paseo a pie).

Casa con patio, Sevilla

Baco

Plaza Ponce de León, 15
41003-Sevilla
Tel.: (95) 456 50 50. **Fax:** (95) 456 36 54
Acceso: por la campana hasta Santa Catalina; también se puede ir por Menéndez Pelayo y San Esteban
Comidas: desayuno, almuerzo, cena
Precios: habitación 6.000-8.000 Pta.; desayuno 450 Pta., comida 1.500 Pta.
Habitaciones: 17 dobles, 8 individuales; todas con baño, calefacción, aire acondicionado, teléfono, minibar, TV vía satélite
Instalaciones: aparcamiento, sala de estar, bar, comedor
Tarjetas de crédito: AE, DC, EC, MC, V, 6000
Niños: acogidos
Minusválidos: acceso difícil
Animales: prohibidos
Cierra: nunca
Propietario: José Baco Melero

El terremoto post-Expo, que ha provocado el cierre de varios establecimientos construidos para la ocasión, no afecta de momento a este tirso de los dioses hosteleros sevillanos, uno de los últimos en ser inaugurado en la capital andaluza. Procede de la restauración de una casa declarada de interés histórico artístico, cuya entrada estrecha y empinada se parece mucho a la de una vieja pensión, amadamada de azulejos con relieves de cobre fabricados por artesanos de la provincia.
Alrededores: iglesia de San Pedro, Sta. Catalina, Casa de Pilatos (a pie).

Mansión solariega, Sevilla

Taberna del Alabardero

Zaragoza, 20
41001-Sevilla
Tel.: (95) 456 06 37
Fax: (95) 456 36 66
Acceso: por la orilla del Guadalquivir, hacia la plaza de toros de la Real Maestranza, en una bocacalle que sale de la plaza del Ayuntamiento; nada señalizado
Comidas: desayuno, almuerzo, cena
Precios: habitación 10.000-23.000 Pta., *suite* 10.000 Pta.; desayuno incluido, comida 1.250 Pta.; garaje 1.750 Pta.
Habitaciones: 4 dobles, 3 *suites;* todas con baño, calefacción, aire acondicionado, teléfono, minibar, TV vía satélite, secador de pelo, cosmética de baño, prensa diaria en la habitación
Instalaciones: garaje, jardín, sala de convenciones, bar, comedor
Tarjetas de crédito: AE, EC, MC, V, 6000
Niños: canguro
Minusválidos: acceso fácil
Animales: admitidos
Cierra: nunca
Propietario: Luis de Lezama Barañano

El cura Lezama, persona buena por definición y hostelero por vocación, oficia también en Sevilla. Además de sus restaurantes en Madrid y Marbella, catequiza los estómagos de sus fieles en este nuevo templo gastronómico —además Escuela de Hostelería de Sevilla—, instalado en la casa natal del poeta Cavestany (siglo XIX). El piso de arriba acoge siete encantadores dormitorios, ornamentados según los gustos de principios del siglo, sin olvido de ningún detalle. Cada uno porta el nombre de una ciudad española, como la floreada Almería o la *suite* Córdoba. Todos ofrecen unas vistas divinas sobre el centro histórico.
Alrededores: parque de María Luisa, plaza de España, torre del Oro, parque de la Cartuja (20 minutos a pie).

Caserón urbano, Sevilla

Doña María

Don Remondo, 19
41004-Sevilla
Tel.: (95) 422 49 90.
Fax: (95) 421 95 46
Acceso: desde la Giralda, por una estrecha calle que arranca en el lado opuesto de la plaza; sin señalización
Comidas: desayuno
Precios: habitación 12.000-24.000 Pta., *suite* 15.000-29.000 Pta.; desayuno 1.300 Pta.; garaje 1.500 Pta.

Habitaciones: 56 dobles, 10 individuales, 1 *suite;* todas con baño, calefacción, aire acondicionado, teléfono, TV color, secador de pelo y cosmética de baño
Instalaciones: garaje, jardín, piscina, salón de estar, bar, comedor
Tarjetas de crédito: AE, DC, EC, MC, V
Niños: acogidos
Minusválidos: acceso fácil; ascensor
Animales: prohibidos
Cierra: nunca
Director: Manuel Rodríguez Andrade

La mejor azotea para tratar de tú a tú a la Giralda es la de este céntrico hotel sevillano cuya identidad se desdibuja entre los tejados imperecederos de la ciudad. Con permiso de la gerencia, hay que admirarla desde lo más alto, al borde de la piscina, con el vermú en una mano y las gafas de sol en la otra. Casi podría tocarse con los dedos.

Dentro se respiran aires hispalenses por los cuatro costados, en las rejas, en los muebles de anticuario, en los detalles barrocos y, sobre todo, en el escueto patio *tropicalizado* con plantas exóticas. Los pasillos se iluminan con lámparas de cristal azules y blancas, muy elegantes.

Todas las habitaciones son distintas, espléndidas, supuestamente personalizadas por la marquesa de San Joaquín. Cada una toma el nombre de una eminente dama sevillana. Entre las más sugerentes para abrazar el sueño se encuentra la 310, equipada con una cama regia con dosel y encajes blancos.

Antes de tomar posesión de las llaves, no obstante, procure el huésped examinar detenidamente la oferta —si quedan habitaciones libres—, pues algunas de ellas podría decepcionarle no sólo por su escasa calidad sino también por su elevado precio. No existe comedor, pero en la planta baja se sirven a diario unos exquisitos desayunos de bufé.

Alrededores: torre de la Giralda, Real Alcázar, calles y recovecos del barrio de Santa Cruz (a pie).

SEVILLA

Cortijo andaluz, Castilleja de la Cuesta

Hacienda San Ygnacio

Real, 194
41950-Castilleja de la Cuesta, Sevilla
Tel.: (95) 416 40 80 y 416 04 30
Fax: (95) 416 14 37
Acceso: por la autopista Sevilla-Huelva, salida 3, a la derecha, al principio de la calle principal de la localidad; poco señalizado
Comidas: desayuno, almuerzo, cena
Precios: habitación 10.000-17.000 Pta., *suite* 45.000-60.000 Pta.; desayuno 1.000 Pta., comida 3.000 Pta.

Habitaciones: 11 dobles, 5 individuales, 1 *suite;* todas con baño, calefacción, aire acondicionado, teléfono, minibar, TV color y cosmética de baño
Instalaciones: aparcamiento, jardín, salón de reuniones, bar, comedor
Tarjetas de crédito: AE, DC, EC, MC, V, 6000
Niños: área de juegos, canguro
Minusválidos: acceso difícil
Animales: prohibidos
Cierra: nunca
Director: Ramón Gutiérrez Arana

Abrió sus puertas con motivo de la Expo de 1992, fruto de la puesta en valor de un cortijo semiarruinado del siglo XVII que existía en las afueras de este pueblo, actualmente convertido en un barrio residencial al oeste de Sevilla. Perteneció a la Compañía de Jesús hasta su Desamortización. El retrato del santo, en azulejos sevillanos, preside el arco de la entrada.

Una graciosa calleja interior, resuelta con unas tinajas y un macizo de flores, permite el aparcamiento a los que no sepan dónde soltar el coche. En el inmenso patio exterior, entronizado por una fuente de agua clara, crecen cuatro formidables palmeras datileras. Ensoñación de un oasis perdido en el Sáhara.

Quien atiende en recepción sabe muy bien lo que hace; no se le escapa ninguna información de importancia para el mejor disfrute de los dormitorios. El huésped, de nuevas, agradece el gesto. Adivina enseguida que las habitaciones, aunque parcas en detalles, siguen la línea propuesta por el oasis exterior. Los cuartos de baño, en cambio, parecen munificos en complementos de aseo.
Alrededores: ruinas de Itálica (14 km); parque nacional de Doñana (76 km).

Cortijo andaluz, Sanlúcar la Mayor

Hacienda Benazuza

Virgen de las Nieves, s/n
41800-Sanlúcar la Mayor, Sevilla
Tel.: (95) 570 33 44. **Fax:** (95) 570 34 10
Acceso: por una calle que da a la carretera de Benacazón, mal señalizado
Comidas: desayuno, almuerzo, cena
Precios: habitación 31.000-37.000 Pta., *suite* 40.000-120.000 Pta.; desayuno 1.500 Pta., comida desde 5.500 Pta.; garaje gratuito
Habitaciones: 25 dobles, 1 individual, 18 *suites;* todas con baño, hidromasaje, calefacción, aire acondicionado, teléfono, minibar, TV color, secador de pelo y cosmética de baño
Instalaciones: aparcamiento, jardín, coto privado de caza, *paddle*, golf, tenis, piscina, helipuerto, salas de reuniones, bar, comedores; servicio de transporte al aeropuerto
Tarjetas de crédito: AE, DC, EC, V
Niños: acogidos excepto en el bar; canguro
Minusválidos: acceso difícil
Animales: admitidos
Cierra: del 15 de julio al 31 de agosto
Director: Rafael Elejabeitia

He aquí un hotel de la marca Relais et Châteaux que corta el hipo. Un sueño arábigo-andalusí hecho realidad al amparo de la Expo de Sevilla. Benazuza fue una de tantas alquerías de origen árabe (siglo X) que existieron en la comarca del Aljarafe hasta caer en el olvido o ser utilizadas como finca olivarera de capeas.

Al dejar aparcado el coche todo se vuelve silencio en la plaza. Dentro, los patios hablan con el murmullo del agua en el suelo, en las fuentes iluminadas. Huele a limpio, a madera barnizada, a lechada de jalbegue. Se suceden las salitas, los salones, los vericuetos que no conducen a ninguna parte. ¡Qué lujo de guijo y cal!

Una escalera soberbia con escalones revestidos de azulejos, pasamanería de forja, candelabros y un artesonado bien labrado lleva a las habitaciones. Arcos, acuarelas, celosías, alfombras de Rabat, sahumerios de la Cochinchina... Artificios de Aladino. Sueños de Sherezade. Estamos en el reino oriental de lo prohibido.

El mito de la sensualidad andalusí se forja detrás de los tapiales ocres y rojos, en el negro olivar y en lo alto de la albarrana, imaginando el canto milenario del almuédano, en la justa hora malva de la tarde, cuando el sol juega al escondite entre los arcos del campanario.

Alrededores: ruinas romanas de Itálica (19 km); Sevilla (21 km), parque nacional de Doñana (70 km).

SEVILLA

Cortijo andaluz, Guillena

Cortijo Águila Real

Ctra. Guillena-Burguillos, km. 4
41210-Guillena, Sevilla
Tel.: (95) 578 50 06
Fax: (95) 578 43 30
Acceso: desde Sevilla, tomando la carretera de Extremadura en dirección a Mérida, avanzando 9 kilómetros y tomando el desvío hacia Guillena a la derecha
Comidas: desayuno, almuerzo, cena
Precios: habitación 15.000 Pta., *suite* 20.000 Pta.; desayuno artesano 1.250 Pta., comida 3.500 Pta.
Habitaciones: 8 dobles, 3 *suites*; todas con baño, calefacción, aire acondicionado, teléfono, TV color y cosmética de baño
Instalaciones: garaje, jardín, piscina, salón de consejos, bar, comedores
Tarjetas de crédito: AE, EC, MC, V
Niños: área de juegos, canguro
Minusválidos: acceso fácil
Animales: prohibidos
Cierra: nunca
Directora: Isabel Martínez

Otro de los cortijos de antigua solera restaurado con motivo de la Expo, rodeado de pinos centenarios, palmeras, buganvillas y geranios. Las empresas están invitadas a celebrar sus convenciones en el palomar, con capacidad para más de 300 personas. Un tentadero ofrece novilladas u otros espectáculos taurinos como complemento a la jornada de trabajo. Además, se organizan bajo pedido tablaos flamencos, fiestas rocieras y paseos a caballo por la finca. ¿Y dónde se esconde, pues, el encanto? En sus 14 únicas habitaciones, decoradas con muebles pintados a mano y tapizadas según el nombre de una flor: Albahaca, Gitanilla, Dama de noche, Azahar...
Alrededores: Sevilla (18 km); ruinas de Itálica (15 km).

Cortijo andaluz, Torre de la Reina

Cortijo Torre de la Reina

Paseo de la Alameda, s/n
41200-Torre de la Reina, Sevilla
Tel.: (95) 578 01 36. **Fax**: (95) 578 01 22
Acceso: desde Sevilla, por la carretera a Algaba, al llegar a Torre de la Reina, en el costado izquierdo; apenas señalizado
Comidas: desayuno, almuerzo, cena
Precios: habitación 13.500 Pta., *suite* 17.500 Pta; desayuno 1.000 Pta., comida 3.000 Pta.
Habitaciones: 5 dobles, 6 *suites* con baño, aire acondicionado, calefacción, teléfono, minibar y TV vía satélite
Instalaciones: aparcamiento, piscina, salones de convenciones, bar, comedor
Tarjetas de crédito: AE, DC, EC, MC, V, 6000
Niños: canguro
Minusválidos: acceso fácil
Animales: admitidos con condiciones
Cierra: nunca
Director: José María Medina

A finales del siglo XIII, durante la campaña de reconquista de Sevilla, Fernando III asentó en este lugar la retaguardia de sus tropas. Un siglo después, la reina María de Molina dio al cortijo los altos vuelos andalusíes que hoy exhibe. Es una típica hacienda sevillana distante 20 minutos de la capital que ha sido rehabilitada para sumarse a la moda del turismo *gran reserva*. Sus salones, generosos en obras de arte, tapices, escritorios y otras antigüedades, pueden acoger con todo boato al consejo de administración de una empresa importante. Las *suites* 2, 4 y 9, con vistas y salida directa al jardín, son las mejores.
Alrededores: Alcalá del Río (7 km); Sevilla (13 km).

Palacio histórico, Carmona

Casa de Carmona

Plaza de Lasso, 1
41410-Carmona, Sevilla
Tel.: (95) 414 33 00
Fax: (95) 314 37 52
Acceso: subiendo desde la carretera general hasta el Alcor; visible en la plaza
Comidas: desayuno, almuerzo, cena
Precios: habitación 22.000-34.000 Pta., doble especial 26.000-39.000 Pta.; desayuno 1.500 Pta., comida 4.000 Pta.
Habitaciones: 12 dobles, 16 dobles especiales; todas con baño, calefacción, aire acondicionado, teléfono, minibar, TV vía satélite, caja fuerte, equipo Hi-Fi, secador de pelo y cosmética de baño
Instalaciones: garaje, jardín, piscina, sauna, gimnasio, sala de estar, bar, comedor; servicio de transporte al aeropuerto
Tarjetas de crédito: AE, DC, MC, EC, V
Niños: área de juegos, canguro
Minusválidos: acceso fácil
Animales: prohibidos
Cierra: nunca
Director: Felipe Guardiola Medina

Un hotel de película. Esta casa palacio de los siglos XVI y XVII, que durante varias centurias fue propiedad de los Lasso de la Vega —una de las familias principales de Andalucía—, se ha convertido hoy en un refugio de estrellas.

Con sus tres patios columnados y el bonito jardín interior podría ser un epítome del arte mudéjar andaluz. Uno de ellos, decorado con columnas de mármol y un estanque, deleita a todas horas los oídos celosos del chapoteo del agua. Dos salones regios de lectura, en los que cuelgan cuadros de corte madrileña y cortinajes con grecas doradas, parecen decir mírame pero no me toques.

Todas sus *suites* y habitaciones dialogan a través de unos volúmenes desiguales, vestidas con doseles vaporosos, muebles antiguos y paredes enteladas, invención personal de la propietaria. Son maravillosamente imperfectas, especialmente la número 6, abovedada, y la número 14, volcada sobre los tejados de Carmona.

Otro de sus lujos es la cocina, fundamentada en el toque andaluz del aceite de oliva. Esencia de los montes béticos para un altar del refinamiento erigido por la interiorista Marta Medina. Espejo de la elegancia. Troquel del encanto. La Casa de Carmona seguirá siendo el *Chanel nº 5* de los hoteles españoles.

Alrededores: necrópolis romana, Puerta de Sevilla; Sevilla (35 km).

Castillo medieval, Carmona

Parador de Carmona

Alcázar, s/n
41410-Carmona, Sevilla
Tel.: (95) 414 10 10
Fax: (95) 414 17 12
Acceso: por la carretera de entrada, en lo alto de Carmona, bien señalizado desde la carretera
Comidas: desayuno, almuerzo, cena
Precios: habitación 16.500-18.000 Pta.; desayuno 1.200 Pta., comida 3.500 Pta.
Habitaciones: 60 dobles, 3 individuales; todas con baño, aire acondicionado, teléfono, minibar, TV vía satélite y caja fuerte
Instalaciones: aparcamiento, piscina, salas de reuniones, bar, comedor
Tarjetas de crédito: AE, DC, EC, MC, V
Niños: acogidos
Minusválidos: acceso fácil
Animales: prohibidos
Cierra: nunca
Director: José María Ronda Arauzo

Acomodado en uno de los tres castillos que guardaban antaño la ciudad, el alcázar de la Puerta de Marchena terminó siendo palacio del rey Pedro I de Castilla y residencia temporal de los Reyes Católicos durante su asedio a Granada. Los arquitectos que proyectaron su reforma, en 1976, pudieron respetar la disposición primitiva de las estancias para que el conjunto permaneciera con traza de palacio. Las columnas mudéjares del patio entoldado recuerdan, por ejemplo, las mejores épocas de su historia, así como los azulejos con dibujos de estrellas al estilo morisco.

Los salones —Bermejo, de Espadas, del Torreón— reflejan grandeza y mucho confort. Aparecen decorados con urnas de cristal que contienen espadas y coronas propias de su tiempo. Algunos tapices hacen gala de un trabajo francamente exquisito. Existe a todas horas y en todas las épocas del año un ambiente muy animado a la hora del café.

Los dormitorios de la planta superior poseen soberbias vistas de las vegas que se extienden a lo largo del río Carbones. Un horizonte capaz de cortarle la respiración a cualquiera, a juzgar por el entusiasmo que manifiestan quienes sacan por las ventanas la cámara fotográfica. El emir de los paradores españoles.

Alrededores: ruinas romanas de Itálica (12 km); Sevilla (35 km).

Cortijo andaluz, Alcalá de Guadaira

Oromana

Avda. de Portugal, s/n
41500-Alcalá de Guadaira, Sevilla
Tel.: (95) 568 64 00
Fax: (95) 568 64 00
Acceso: por la carretera de Utrera o de Antequera-Málaga, en una colina frente al río y la ciudad, entre pinos; señalizado
Comidas: desayuno, almuerzo, cena
Precios: habitación 9.500-11.700 Pta.; desayuno incluido, comida 2.200 Pta.
Habitaciones: 20 dobles, 4 individuales, 6 familiares, todas con baño, calefacción, aire acondicionado, teléfono, TV color y cosmética de baño
Instalaciones: aparcamiento, jardín, piscina, terraza, salones de reuniones, bar, comedor
Tarjetas de crédito: AE, DC, MC, V
Niños: acogidos
Minusválidos: acceso difícil
Animales: prohibidos
Cierra: nunca
Directora: Teresa Rivero

A una distancia prudente de Sevilla, en un lugar fresco y umbroso aislado entre pinos, asoma sus balcones y ventanales arcados al agua plana del río Guadaira esta antigua casa de campo con ínfulas de cortijada andaluza. Algunos equipos de fútbol y el personal técnico de la NASA que trabaja en la estación de seguimiento cercana la utilizan, de cuando en cuando, en sus concentraciones o seminarios.

Las instalaciones exhiben un estilo de decoración típicamente español, amuebladas con la sobriedad y prosapia de Artespaña. Lo que no impide descubrir rincones con signos evidentes de deterioro (el actual equipo rector, constituido por mujeres, anuncia mejoras en los próximos meses). Más elegante, el comedor interior viste sus paredes con cuadros de toreros célebres.

Los dormitorios, ambientados en color verde oscuro, se distribuyen entre el edificio principal y el anexo nuevo, desde el que se puede espiar a los bañistas en la piscina. El de mayores proporciones, el 117, ofrece ventanas a dos bandas.

Fuera de los fines de semana, cuando los sevillanos abarrotan el pinar para comerse la tortilla, el huésped logra estar plenamente a sus anchas, paseando por la terraza cubierta de buganvillas o contemplando la lejanía a través de los cristales.

Alrededores: Sevilla (15 km); Carmona (22 km).

Casa de pueblo, Écija

Platería

Garcilópez, 1-A
41400-Écija, Sevilla
Tel.: (95) 483 50 10
Fax: (95) 483 50 10
Acceso: desde la autopista, siguiendo las indicaciones al centro urbano; se encuentra en una calle muy estrecha, paralela a la plaza Mayor
Comidas: desayuno, almuerzo, cena
Precios: habitación 6.000 Pta.; desayuno 250 Pta., comida 2.500 Pta.

Habitaciones: 13 dobles, 5 individuales; todas con baño, calefacción, aire acondicionado, teléfono, TV color y cosmética de baño
Instalaciones: bar, comedor
Tarjetas de crédito: AE, DC, EC, MC, V
Niños: acogidos
Minusválidos: habitaciones acondicionadas
Animales: prohibidos
Cierra: nunca
Propietario: Francisco Reyes Cobos

Animado por las oportunidades que se anunciaban con la Expo de Sevilla, Francisco Reyes ha acometido personalmente la construcción de una típica casa de tejas y cal en el barrio de los antiguos plateros de Écija. A sólo dos pasos del Ayuntamiento, para gracia y ahorro de quienes buscan algo mejor que una pensión de pueblo.

Aparcamiento no tiene. Hay que dejar el coche en una plazuela inmediata o ya soltarlo en cualquier acera contigua a la plaza Mayor. Un patio ambientado con plantas y tresillos saluda al nuevo inquilino. En un lateral, otro patio más pequeño refresca las noches de verano con el gorgoteo de una fuente zoomorfa adosada a la pared. El dueño enreda entre los arcos por si algún huésped le pudiera necesitar.

Escaleras arriba van apareciendo, una a una, las habitaciones. En total, dieciocho amplias alcobas decoradas con cretonas inglesas, suelos de moqueta algodonosa, muebles de madera lacada y unas láminas de colección enmarcadas. Los cuartos de baño, bien iluminados, compiten en limpieza con las demás dependencias. De un ángulo a otro, tanto a mediodía como en la hora media de la noche, se percibe en toda la casa un silencio sostenido y amistoso.

Alrededores: torres campanarios, a semejanza de la Giralda; Estepa (35 km).

Monasterio antiguo, Cazalla de la Sierra

Hospedería de la Cartuja

Ctra. Cazalla-Constantina, km. 55,200
41370-Cazalla de la Sierra, Sevilla
Tel.: (95) 488 45 16
Fax: (95) 488 45 16
Acceso: por un camino apartado que arranca de la carretera Constantina; indicadores de "Villa Turística"
Comidas: desayuno, almuerzo, cena
Precios: habitación 10.000 Pta., desayuno incluido, comida 2.000 Pta.

Habitaciones: 6 dobles, 2 individuales; todas con baño, calefacción, teléfono y cosmética de baño
Instalaciones: aparcamiento, jardín, piscina, salón de reuniones, comedor
Tarjetas de crédito: EC, MC, V
Niños: no acogidos menores de 10 años
Minusválidos: acceso difícil
Animales: admitidos
Cierra: nunca
Propietaria: Carmen Ladrón de Guevara

Hay otra Carmen en la sierra norte de Sevilla que no es cigarrera ni canta como la Berganza, aunque también le pone mucho arte a lo que hace. Si Lorenzo de Médicis fuera mujer, llevaría su nombre: Carmen Ladrón de Guevara.

Esta dama de ilustres apellidos abandonó hace años todos sus negocios inmobiliarios para emplearse en el mecenazgo de jóvenes talentos desde su retiro de la cartuja de Cazalla de la Sierra, adquirida para tan altruistas menesteres. Pintores, escultores y músicos encuentran aquí un sano hospedaje donde ejercitar su estro artístico.

Las ocho habitaciones han sido habilitadas en la casa del monje portero, que se hallaba tan en ruinas como la Capilla de Peregrinos, premio Europa Nostra en 1986. Una finca de 40 hectáreas cuajada de chopos, fresnos, alcornoques y olivos, perteneciente al entorno del parque natural de la Sierra Norte de Sevilla, otorga el resto del encanto.

La hospedería brinda al viajero mucho más que cama y comida, si bien este apartado está debidamente resuelto con unos tálamos a prueba de amaneceres y unos platos elaborados con productos de la huerta. El único requisito es participar en las actividades culturales programadas por doña Carmen.

Alrededores: el vicio consiste en disfrutar de la naturaleza; aquí y allá.

Edificio con aires moriscos, Cazalla de la Sierra

Posada del Moro

Paseo del Moro, s/n.
41370-Cazalla de la Sierra, Sevilla
Tel.: (95) 488 48 58
Fax: (95) 488 48 58
Acceso: desde Sevilla, en la entrada a Cazalla, a mano izquierda, donde se encuentra la palmera; señalizado
Comidas: desayuno, almuerzo, cena
Precios: habitación 7.000 Pta.; desayuno 500 Pta., comida 2.500 Pta.
Habitaciones: 13 dobles, 2 individuales; todas con baño, calefacción, aire acondicionado, TV color y cosmética de baño
Instalaciones: aparcamiento, jardín, piscina, tenis, gimnasio, salón de reuniones, comedor
Tarjetas de crédito: V, 6000
Niños: área de juegos, canguro
Minusválidos: acceso fácil
Animales: admitidos
Cierra: nunca
Propietaria: Julia Piñero Marrán

Algo debe tener la Sierra Norte de Sevilla cuando en los últimos años su capacidad de alojamiento se ha multiplicado por diez. Y es que el paisaje de alcornoques, olivos y fresnos constituye, además de un aliciente ecoturístico, un sedante inmejorable para el estrés urbano.

Pero no sólo el monte es tila. También el pueblecito de Cazalla atrae, por el tipismo de sus calles y el frescor de sus patios, a cada vez más urbanitas de vacaciones. En ellos pensó Julia Piñero cuando tomó la decisión de invertir su dinero en la Posada del Moro, acoplada con acierto en la entrada de la localidad.

Arquitectura de buena planta para un hotel que se precia de rural... Su dueña acapara todo el protagonismo en la decoración, desde los objetos que amueblan el vestíbulo y el comedor hasta los cuadros que cuelgan de los pasillos y las habitaciones. Ella vela personalmente por el mínimo detalle.

Los dormitorios de la zona trasera invitan a asomarse por la ventana, muy especialmente en la hora malva, cuando el horizonte se desdibuja entre las fachadas. Un patio de cortijada andaluza, con piscina y barbacoa de verano, se enciende cada vez que una convención pide madrugada de tablao flamenco.

Alrededores: cartuja de Cazalla (2 km); Constantina (20 km).

Almazara del siglo XVI, Cazalla de la Sierra

1996 Las Navezuelas

Carretera SE-196, km.3
41370-Cazalla de la Sierra, Sevilla
Tel.: (95) 488 47 64
Fax: (95) 488 47 64
Acceso: desde Sevilla, por la carretera de El Pedroso a Cazalla, en el kilómetro 3; desde Madrid, por la carretera de Constantina o desde Guadalcanal a Cazalla
Comidas: desayuno, almuerzo, cena
Precios: habitación 6.500-7.000 Pta.; *suite* 8.000-8.500
Habitaciones: 5 dobles y 1 *suite* con baño, 2 dobles sin baño; todas con calefacción
Instalaciones: aparcamiento exterior, jardín, piscina, sala de convenciones, salón con chimenea, bar, restaurante; alquiler de bicicletas, transporte al aeropuerto
Tarjetas de crédito: V, 6000
Niños: área de juegos, servicio de canguro
Minusválidos: acceso difícil
Animales: admitidos
Cierra: del 15 al 30 de enero y del 1 al 15 de septiembre
Director: Luca Cicorella

Mucho hay que heñir aquí. El cortijo es uno de los molinos de aceite más rotundos de la Sierra Norte de Sevilla, en uso desde los albores del siglo XVI. Está decorado con un gusto muy rural por la joven pareja que lo regenta, ecoturistas enamorados de las rutas a caballo, en bicicleta y los paseos a pie por los montes vecinos. El hospedaje, sin embargo, es parvífico de instalaciones. Mayor atención reciben los talleres (alfarería, cestería, jardinería...) que los lechos donde cimentar el descanso. Si acaso, la habitación Azul rompe corazones por sus vistas al monte. **Alrededores**: paseos por la finca de encinas y olivos (130 hectáreas); Cazalla de la Sierra (3 km).

Casa de campo modernista, Córdoba

1996 Al Mihrab

Avda. del Brillante, km.5
14012-Córdoba
Tels.: (957) 27 21 80 y 27 21 98
Fax: (957) 27 21 98
Acceso: desde el centro urbano, atravesando la vía del ferrocarril, por el camino que lleva a El Brillante; una vez en la sierra, tomar el desvío señalizado a la derecha y no parar hasta encontrar la indicación correspondiente
Comidas: desayuno, almuerzo, cena
Precios: habitación 6.000-8.500 Pta., *suite* 12.000 Pta.; desayuno 500 Pta., comida 1.900 Pta.
Habitaciones: 25 dobles, 5 individuales; todas con baño, calefacción, aire acondicionado, teléfono, TV satélite, cosmética de baño
Instalaciones: aparcamiento, jardín, tenis, salón con chimenea, bar, restaurante
Tarjetas de crédito: DC, EC, MC, V, 6000
Niños: acogidos
Minusválidos: acceso fácil
Animales: admitidos
Cierra: nunca
Director: Antonio Matas Aguilera

Córdoba toma el fresco, en verano, en su pequeña sierra. Una zona de chalés privados y hoteles conocida en la ciudad como El Brillante, en cuyas faldas el viajero encontrará hoy un curioso edificio modernista transmutado en hotel balneario, ese que los lugareños continúan denominando La Aduana. Todo el interior rebosa de confort y servicio amable. Algunos detalles inspirados, esos sí, en el barroco andaluz devuelven la imagen esperada en una antigua residencia de campo. Los dormitorios más altos proporcionan unas excelentes vistas sobre la ciudad. **Alrededores:** patios, judería, mezquita de Córdoba (2 km); castillo de Peñaflor (26 km).

Casa típica, Córdoba

Albucasis

Buen Pastor, 11
14003-Córdoba
Tel.: (957) 47 86 25
Fax: (957) 47 86 25
Acceso: desde la plaza de las Tendillas, en una calle recoleta de la Judería, 5 minutos antes de llegar a la mezquita
Comidas: desayuno
Precios: habitación 8.500 Pta.; desayuno 750 Pta.; garaje 1.300 Pta.
Habitaciones: 9 dobles, 6 individuales; todas con baño, calefacción, aire acondicionado y teléfono; algunas con TV en color
Instalaciones: garaje, patio, bar/sala de desayuno
Tarjetas de crédito: EC, MC, V
Niños: acogidos
Minusválidos: acceso fácil
Animales: prohibidos
Cierra: nunca
Propietario: Alfonso Salas Camacho

La Judería cordobesa encierra un tesoro de fachadas blancas, capiteles romanos, fuentecillas escondidas y callejas solitarias que invita a su sereno descubrimiento. Paso a paso, mirando en alto y a los pies. Una placa azul y un rótulo luminoso indican, de cuando en cuando, que aquí hay una fonda, allá un hotel.

Albucasis, príncipe moro. Un arco, un balcón y una pared geométrica de cal. Tras el arco viene el zaguán y, después, el portón de una típica casa andaluza propiedad de Alfonso Salas, un joyero que trocó sus buriles por el arte de doblar sábanas. Nadie diría que esto es un señor hotel. Él mismo atiende a los huéspedes con el temple de su anterior oficio y la sobriedad de un perfecto cordobés.

El edificio resume en su interior un meritorio trabajo de rehabilitación, con tejas y forjados originales, patio para carruajes y unas losetas de barro en el suelo que simulan ser de cuero. Los dormitorios son austeros, discretos, faltos de detalles acogedores. La ropa de cama peca también de mucha estrechura.

Ello debido a que la vida en esta casa discurre entre las enredaderas y albaricoqueros del patio, junto a las celosías y la cancela, al frescor de los atardeceres cordobeses, inspirados en aires califales, fragantes de jazmín y azahar.

Alrededores: mezquita, calles de la Judería; ruinas de Medina Azahara (6 km).

Casa de indianos, Córdoba

Los Abetos del Maestre Escuela

Avda. San José de Calasanz, s/n
14012-Córdoba
Tel.: (957) 28 21 32
Fax: (957) 28 21 75
Acceso: tomando una de las avenidas que arranca en la subida a El Brillante, al final de la prolongación; excelente señalización
Comidas: desayuno, almuerzo, cena
Precios: habitación 6.000-10.500 Pta., *suite* 12.500-15.500 Pta.; desayuno 500 Pta.; almuerzo 1.850 Pta.
Habitaciones: 33 dobles, 3 individuales, 2 *suites*; todas con baño, calefacción, aire acondicionado, teléfono, TV vía satélite, caja fuerte y cosmética de baño
Instalaciones: aparcamiento, jardín, piscina, golf, salón de convenciones, bar, comedor
Tarjetas de crédito: AE, DC, EC, MC, V, 6000
Niños: acogidos
Minusválidos: acceso difícil
Animales: admitidos
Cierra: nunca
Director: Rafael Jurado Díaz

La señalización viaria es un concepto por el que se reconocen las sociedades desarrolladas. Y Córdoba, en eso, parece ganarle la partida a muchas otras ciudades. La capital califal acredita una excelente señalización de todos sus hoteles, incluso de los más apartados del centro histórico. Como la antigua Casa Roja, una preciosidad de estilo colonial en la que vivió, largo tiempo, un maestro de escuela con bastante buena fama entre los cordobeses. Por eso, el hotel porta ahora su nombre.

El tejado, festoneado con figuras de abetos, recuerda los aleros del palacio real de Bangkok. Lástima que el postizo donde residen las habitaciones, de dura cal, se dé de tortas con el edificio original, de suave almagre.

Los espacios dedicados al huésped desdibujan la gracia de la Casa Roja. El mobiliario infunde en general bastante frialdad. Todo invita a admirar el exterior desde el jardín, culminado por cipreses y palmeras de indiano.

De noche conviene tener preparado en la puerta un taxi que nos deposite en el meollo de la ciudad. Aquí, en los confines urbanos, nos puede dar un momio.

Alrededores: mezquita, calles de la Judería, puente romano, plaza de la Corredera, Cristo de los Faroles (2 km).

CÓRDOBA

Monasterio antiguo, Palma del Río

Hospedería San Francisco

Avenida de Pío XII, 35
14700-Palma del Río, Córdoba
Tel.: (957) 71 01 83 y 71 07 32
Fax: (957) 71 01 83 y 71 07 32
Acceso: por un intríngulis de calles casi al final de la población, entrando desde la carretera general de Córdoba; ninguna señalización, lo mejor es preguntar
Comidas: desayuno, almuerzo, cena
Precios: habitación 9.000 Pta., *suite* 15.000 Pta.; desayuno 650 Pta.; almuerzo 2.575 Pta.; garaje 1.000 Pta.
Habitaciones: 15 dobles, 1 individual, 1 *suite;* todas con baño, calefacción, aire acondicionado, teléfono y TV color
Instalaciones: aparcamiento, salón de convenciones, bar, comedor
Tarjetas de crédito: EC, MC, V, 6000
Niños: área de juegos
Minusválidos: acceso difícil
Animales: admitidos
Cierra: domingos por la noche
Director: Iñaki Martínez González

Como su nombre anticipa, se trata de un monasterio franciscano del siglo XV erigido en la confluencia del Genil y el Guadalquivir, encrucijada de caminos que animan y han dirigido la historia de Palma del Río. Numerosos monjes se exclaustraron de aquí para fundar misiones en América. Fray Junípero Serra pudo ser uno de ellos.

Si el viajero se pierde o se demora mucho en dar con la hospedería, no dude en preguntar al primero que pase. En la ciudad todo el mundo la conoce, pues durante las fiestas sus empleados se visten de monjes y abren un chiringuito detrás de su iglesia.

El conjunto monacal dispone de patios, huertas y balcones apropiados para la vida contemplativa. La mundana también ocupa un lugar superlativo bajo la administración de Iñaki Martínez, enredado en una singular cocina... vasco-andaluza. El comedor principal es una estancia de techo alto y descomunal chimenea.

Algunos de los dormitorios ocupan las antiguas celdas de los monjes. Cervantes y el Gran Capitán tumbaron sus espaldas en ellas. La carencia de lujos se compensa con el carácter inconfundible del ornamento: vasijas de barro pintadas y colchas confeccionadas a mano por las monjitas del lugar. De otro lugar, claro.

Alrededores: riberas del Guadalquivir; Córdoba (55 km).

Castillo medieval, Jaén

Parador de Jaén

Castillo de Santa Catalina
23001-Jaén
Tel.: (953) 23 00 00
Fax: (953) 23 09 30
Acceso: tomando un camino que sale de la parte trasera de la ciudad, a 3,5 kilómetros; bien señalizado desde la catedral
Comidas: desayuno, almuerzo, cena
Precios: habitación 10.800-16.500 Pta.; desayuno 1.200 Pta.; comida 3.500 Pta.
Habitaciones: 37 dobles, 8 individuales; todas con baño, calefacción, aire acondicionado, teléfono, minibar, secador de pelo y TV vía satélite
Instalaciones: piscina, sala de convenciones, bar, comedor, aparcamiento
Tarjetas de crédito: AE, DC, EC, MC, V
Niños: acogidos; menú especial
Minusválidos: acceso difícil
Animales: prohibidos
Cierra: nunca
Director: Antonio Romero Huete

Privilegiado con unas vistas espectaculares sobre el Guadalquivir y Sierra Morena, el parador ocupa una parte del castillo de Santa Catalina, al que se llega por un pequeño camino ascendente a través de extensos pinares. En su libro *Viaje a España*, Téophile Gautier ya hacía mención a este alcázar de origen árabe, rendido por el nazarí Al Hamar a las tropas de Fernando III el Santo.

El edificio reproduce la silueta exacta de un castillo medieval. Los pasillos guardan una oscuridad intencionada; las ventanas son pequeñas y arqueadas; las puertas, enormes, sostienen unos pomos pesados; y los dormitorios, tenues, emplean como elementos decorativos toda suerte de tapices y banderas. Un magnífico salón abovedado con arcos cruzados a veinte metros de altura y grandes ventanas tachonadas con clavos en forma de estrella, por donde se filtra la luz, completa el paisaje de la fortaleza. La fantasía del restaurador prevalece sobre el rigor histórico.

Es una lástima que los salones permanezcan apagados. Mucha gente acude sólo a verlos, porque son en sí mismos un poderoso atractivo turístico. Algunas habitaciones ofrecen desde sus balcones el vértigo de unas vistas arrebatadoras.

Alrededores: arco de San Lorenzo y catedral; Baeza (48 km); sierra de Cazorla (104 km).

JAÉN

Palacio histórico, Úbeda

Palacio de la Rambla

Plaza del Marqués, 1
23400-Úbeda, Jaén
Tel.: (953) 75 01 96
Fax: (953) 75 01 96
Acceso: siguiendo las indicaciones de "centro ciudad", entre las calles Cava y Rastro, el edificio de enfrente
Comidas: desayuno
Precios: habitación 13.000 Pta., *suite* 15.000 Pta.; desayuno incluido; garaje 600 Pta.
Habitaciones: 7 dobles, 1 *suite;* todas con baño, calefacción, teléfono, minibar, TV color, cosmética de baño y prensa diaria en la habitación
Instalaciones: garaje, jardín, patio, salón de estar, comedor para desayunos
Tarjetas de crédito: AE, V
Niños: acogidos
Minusválidos: acceso difícil
Animales: prohibidos
Cierra: del 15 de julio al 15 de agosto
Propietarias: Elena y Cristina Meneses de Orozco

Vivir en un palacio se está convirtiendo en un lujo cada día más imposible. Inspiradas en la heráldica turística de los Relais et Châteaux, Cristina Meneses de Orozco y su hermana Elena, marquesa de la Rambla y grande de España, acaban de abrir su casa familiar a una nueva categoría de viajeros que sueña con pegar la oreja en cualquier almohada con pasado de sangre azul.

El palacio, del siglo XVI, guarda una joya única en Andalucía: el patio renacentista diseñado por Andrés de Vandelvira, con doble arcada, capiteles dóricos y mascarones de separación blasonados. Su restauración es expresiva del buen gusto que siempre ha distinguido a la aristocracia.

Antes de entrar hay que anunciarse por el interfono, como en una casa de vecinos. Al encuentro sale enseguida Anita, la gobernanta, una mujer que todo el mundo quisiera tener alguna vez como madre. Los salones invitan a fisgar entre las fotos y los recuerdos familiares para descubrir que Alfonso XIII fue aquí un huésped de honor.

Las habitaciones giran en torno al patio adornadas con alfombras de esparto, cerámica de Úbeda y tapicerías estampadas en Portugal. Una atmósfera severa y refinada que impone al huésped un respeto sagrado por todo cuanto toca o mira.

Alrededores: plaza, palacios e iglesias de Úbeda; sierra de Cazorla (47 km); Jaén (50 km).

Palacio histórico, Úbeda

Parador de Úbeda

Plaza de Vázquez Molina, s/n
23400-Úbeda, Jaén
Tel.: (953) 75 03 45
Fax: (953) 75 12 59
Acceso: en una plaza del centro histórico de la ciudad; camino enrevesado para llegar, pero bien señalizado
Comidas: desayuno, almuerzo, cena
Precios: habitación 15.000-16.500 Pta., *suite* 18.400-20.250 Pta.; desayuno 1.200 Pta., comida 3.500 Pta.

Habitaciones: 30 dobles, 1 *suite;* todas con baño, aire acondicionado, teléfono, minibar y TV color
Instalaciones: aparcamiento, salones de convenciones, bar, comedor
Tarjetas de crédito: AE, DC, EC, MC, V
Niños: acogidos
Minusválidos: habitaciones acondicionadas
Animales: prohibidos
Cierra: nunca
Director: José Muñoz Romera

La mansión del deán Ortega, fechada en el siglo XVI y reformada por completo una centuria más tarde, ha adquirido algún renombre fuera de las fronteras españolas. Numerosos turistas de otras nacionalidades hacen uso todos los veranos de sus excelentes instalaciones, ello en parte gracias a la literatura vertida sobre el edificio, sito en la plaza renacentista de Vázquez de Molina, desde que Paul y Jane Bowles se hospedaron en sus habitaciones.

Nada tiene aquí desperdicio. El patio interior, con 16 pilares que circundan el empedrado, es un capricho estético para ocupar el tiempo sentado, de miranda. Después de encontrarse de frente con una armadura y un águila bicéfala de cristal, el huésped puede subir por una escalera a un gran salón rodeado de ventanales. Algunos de los dormitorios se hallan distribuidos precisamente alrededor de ese salón. Todos ofrecen buenos detalles: cabeceras de cama talladas, espejos pintados a mano, escritorios de madera...

La actividad de convenciones y seminarios de empresa, en auge en la mayoría de los paradores de turismo, se hace a veces difícilmente compatible con las exigencias de tranquilidad y orden debidas al resto de la clientela. Están previstas unas reformas inminentes.

Alrededores: plaza, palacios e iglesias de Úbeda; Baeza (10 km); Jaén (50 km).

Antigua prisión de mujeres, Baeza

Hospedería Fuentenueva

Avda. Puche Pardo, 11
23440-Baeza, Jaén
Tel.: (953) 74 31 00 y 74 32 00
Fax: (953) 74 32 00
Acceso: desde el centro histórico de la ciudad, en la salida hacia Úbeda, a la izquierda; poco señalizado
Comidas: desayuno, almuerzo, cena
Precios: habitación 7.500 Pta.; desayuno incluido; comida 3.000 Pta.

Habitaciones: 10 dobles, 2 individuales; todas con baño, aire acondicionado, teléfono y TV color
Instalaciones: aparcamiento, jardín, piscina, bar, comedor.
Tarjetas de crédito: MC, V, 6000
Niños: menú especial; canguro
Minusválidos: acceso fácil
Animales: admitidos
Cierra: nunca
Director: Juan Ramón Orcera Valenzuela

Antes fue cárcel de mujeres y vivienda particular de un juez. En la actualidad, este edificio de fachada castrense e interiores neomoriscos, propiedad del Ayuntamiento, alberga una hospedería gestionada por cinco jóvenes constituidos en cooperativa. Ilusión y ganas de trabajar no les falta a ninguno, así como tampoco una incipiente clientela enamorada de Baeza.

En su rehabilitación, así como en el amueblamiento y la decoración, han intervenido diversas instancias oficiales a través del programa para el desarrollo del turismo rural en Andalucía. Los salones acogen interesantes exposiciones de pintura y artesanía cuyos autores son, en su mayoría, jóvenes residentes en la localidad.

El rinconcito trasero, rematado por una cúpula de aires moriscos y amenizado con la salmodia del agua en la fuente, sirve para recibir a los amigos. Arriba, las habitaciones mantienen el buen gusto del hotel con un detalle floral en el escritorio y unos estores que ocultan la fea visión del patio trasero. Sólo cabe lamentar en ellas la estrechez de las camas.

A primera hora de la mañana, el calor de Andalucía obliga a abrir de par en par las ventanas. Por ahí entran las esencias de la tierra: el pueblo entero huele a aceite del bueno.

Alrededores: Úbeda (8 km); sierra de Cazorla (54 km).

Pabellón de naturaleza, Cazorla

Parador de Cazorla

Sacejo
23470-Cazorla, Jaén
Tel.: (953) 72 70 75
Fax: (953) 72 70 77
Acceso: lo mejor es seguir las indicaciones que abundan desde la entrada al parque natural, por la carretera que atraviesa la sierra de Cazorla
Comidas: desayuno, almuerzo, cena
Precios: habitación 11.500 Pta.; desayuno 1.200 Pta.; comida 3.200 Pta.
Habitaciones: 33 dobles; todas con baño, calefacción, aire acondicionado, teléfono, minibar, secador de pelo y TV vía satélite
Instalaciones: aparcamiento, jardín, piscina, sala de convenciones, bar, comedor
Tarjetas de crédito: AE, DC, EC, MC, V
Niños: acogidos
Minusválidos: acceso difícil
Animales: prohibidos
Cierra: nunca
Director: Carmelo Doña Díaz

En el lugar de Sacejo, a un paso del nacimiento del Guadalquivir, la red de paradores ofrece un refugio idílico a quienes aman de verdad la naturaleza. ¡Qué acierto sería disponer de un establecimiento de éstos en cada parque nacional, junto a los centros de interpretación y esparcimiento!

El de Cazorla ha sido construido a imagen de las casas señoriales de la sierra; cal, teja roja y rejería de forja. Lo ampara un denso pinar y un jardín de césped lustroso, refrescado por una piscina de agua clarísima. El viento ocasional suena a guimbarda entre el arbolado.

Las dependencias interiores no escapan a la solemnidad que impone el mobiliario de Artespaña sobre casi todos los establecimientos de la red. Pero, al mismo tiempo, es de justicia reconocer los esfuerzos de la dirección actual en mantenerlas limpias y como nuevas.

El salón principal encierra unos sofás de cuero distinguidos, una chimenea de grandes proporciones y una escena de caza en la pared. Sólo 9 habitaciones ofrecen vistas al parque natural; las demás, por un defecto arquitectónico, miran a un patio interior. Todas lucen colchas y cortinas de vivos colores: un alivio entre tanto mueble castellano. Por su amplitud y vistas panorámicas nos quedamos con la número 1.

Alrededores: nacimiento del río Guadalquivir (5 km); Cazorla (12 km).

Pabellón de caza, Cazorla

Noguera de la Sierpe

Carretera del Tranco, km. 13
23470-Coto Ríos, Cazorla, Jaén
Tel.: (953) 71 30 21 y 72 17 09
Fax: (953) 71 31 09
Acceso: a la derecha de la carretera principal, en el interior del parque natural; mal señalizado
Comidas: desayuno, almuerzo, cena
Precios: habitación 7.500-8.500 Pta., bungaló 11.500-12.000 Pta.; desayuno incluido, pensión completa 6.700-7.200 Pta.

Habitaciones: 37 dobles, 5 bungalós, 1 individual; todas con baño, calefacción central, teléfono y TV vía satélite
Instalaciones: aparcamiento, piscina, salón de estar, bar, comedor
Tarjetas de crédito: EC, MC, V, 6000
Niños: área de juegos
Minusválidos: acceso fácil
Animales: admitidos
Cierra: nunca
Directora: Lucía Franco Molina

Antes que un espacio protegido, el parque natural de Cazorla, Segura y Las Villas fue una reserva cinegética muy valiosa por las especies de cabra hispánica y muflón que la habitaban. De acuerdo con su nueva utilidad didáctica y turística, el pabellón de caza que existía desde 1912 ha sido transformado en un alojamiento rural de mucho sabor, a orillas mismas del río Guadalquivir. La finca, de 50.000 metros cuadrados, dispone, de un lago privado para pescar, un picadero de caballos y un servicio de guías para excursiones en el entorno del parque.
Alrededores: jardín botánico, museo de la naturaleza de la Torre del Vinagre (paseos a pie).

Remedo de fortaleza morisca, Monda

1996 El Castillo de Monda

El Castillo de Monda
29110-Monda, Málaga
Tel.: (95) 245 71 42. **Fax:** (95) 245 71 42
Acceso: desde Marbella, por la carretera que asciende a la sierra de las Nieves, en lo más alto del pueblo; dificultades para atravesar la población
Comidas: desayuno, almuerzo, cena
Precios: habitación 15.000-20.000 Pta., *suite* 35.000 Pta.; desayuno 1.200 Pta., comida 3.250 Pta.

Habitaciones: 23 dobles, 1 *suite*; todas con baño, calefacción central, teléfono y TV vía satélite
Instalaciones: aparcamiento, piscina, salón de estar, sala de exposiciones, bar, comedor
Tarjetas de crédito: AE, MC, V
Niños: acogidos
Minusválidos: acceso difícil
Animales: admitidos
Cierra: nunca
Director: John Norris

Aprovechando las ruinas de la antigua fortaleza morisca de Monda, en el mismísimo lugar donde parece que se enfrentaron las huestes de César y Pompeyo, el británico John Norris ha impulsado la construcción de un remedo castellar cuya principal virtud reside de puertas adentro. La decoración de los salones y las habitaciones marida el colorismo actual con ciertos destellos arábigos inspirados en la Alhambra de Granada. Junto a los grandes ventanales y las celosías, al lujo hiperbólico de las bañeras y la grifería, el hotel desciende a la gleba con unos cursos de arqueología.
Alrededores: sierra de las Nieves, reserva de la Biosfera (10 km); Marbella (19 km).

Casa de campo, Gaucín

1996 Puerto del Negro

Carretera a El Colmenar, s/n
29480-Gaucín, Málaga
Tel.: (95) 215 12 39
Fax: (95) 215 12 39
Acceso: desde el cruce a El Colmenar, a 3 kilómetros antes de Gaucín, pasados otros 2 kilómetros
Comidas: desayuno, almuerzo, cena
Precios: habitación 13.000 Pta.; desayuno 500 Pta.; comida 2.000-3.500 Pta.
Habitaciones: 4 dobles y 5 individuales; todas con baño, calefacción
Instalaciones: aparcamiento exterior, jardín, piscina exterior, salón chimenea y salón de billar; alquiler de bicis
Tarjetas de crédito: V, 6000 (solicitadas por adelantado)
Niños: acogidos
Minusválidos: acceso fácil
Animales: prohibidos
Cierra: del 6 de enero a 1 de febrero
Propietarios: Christine y Anthony Martín

Increíble, pero cierto. Desde este lugar se atisba, con cielos despejados, el peñón de Gibraltar y hasta el perfil de la costa africana, más allá del Estrecho. Un paisaje bien distinto al que acostumbraban Christine y Anthony Martin cuando vivían en su Suráfrica natal dedicados al aserramiento de madera y al hospedaje en los típicos *lodges* de campo.

Ese carácter mundano, exótico, halla fiel reflejo en la decoración de sus interiores. Los muebles de estilo inglés dialogan enfáticamente con otros elementos provenientes de la India, de Marruecos o de la más recóndita Andalucía. Es notoria la impronta La Casa de Marie Claire en casi todos sus rincones.

Uno de los dormitorios cautiva especialmente a la clientela británica por el arco ojival con nichos que enmarca la cama. Los cuartos de baño albergan una gran bañera, grifería bonita y tocado de azulejos bastante original, con un enorme espejo incrustado junto a la bañera, ideal para narcisistas.

La cocina se fundamenta en algunos platos exóticos y una bodega de vinos muy escogidos. Hay que efectuar, no obstante, las reservas con cierta antelación, so riesgo de encontrar la finca cerrada y los dueños de excursión por la provincia. Un portón metálico impide el paso a los curiosos.
Alrededores: Ronda (39 km); golf de Sotogrande y Valderrama (45 km).

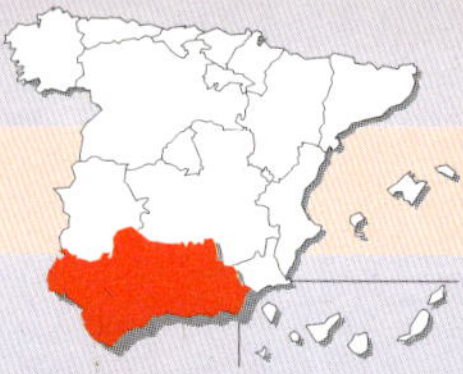

Marbella (Málaga)

Puerto Banús

Introducción a la zona

Hoteles de la Costa del Sol

Pequeños y con encanto, si acaso, cabe encontrarlos detrás del telón de cemento que hoy apantalla la Costa del Sol.

En la Axarquía malagueña, el turismo se vuelve rural con el Cortijo Los Vargas [Tel. (95) 250 29 36], puro aroma rural a 2 kilómetros de Vélez-Málaga. También en clave rústica conviene citar La Molienda [Tel. (95) 215 25 48], en Benalauría. Y, más al sur, el hotel Balcón de Europa [Tel. (95) 252 08 00], en Nerja, proporciona excelentes vistas sobre el mar.

Málaga capital ofrece un hotel pequeño de diseño exclusivo, el Larios [Tel. (95) 222 22 00], esquinero a la plaza del Ayuntamiento. Pero la gran novedad es el Parador de Málaga-Gibralfaro [Tel. (95) 222 19 02], que logrará mejorar la imagen que se tenía sobre nuestros Paradores de Turismo.

En línea con lo dicho, siguiendo la costa hacia poniente, el parador Málaga del Golf [Tel. (95) 238 12 55] cautiva a deportistas y giróvagos ecoturísticos por sus verdes *greens* junto a la jungla urbana de Torremolinos. En el pueblo blanco de los burro-taxis, el hotel Mijas [Tel. (95) 248 58 00] constituye un excelente mirador de la costa. Todo lo contrario que la Finca La Mota [Tel. (95) 249 09 01], en Alhaurín el Grande, atrapada en la inmanencia de lo rural. Más abajo, cerca de la playa de Fuengirola, el lujoso Byblos Andaluz [Tel. (95) 246 02 50] aparece como un sueño arquitectónico de aires arábigos, constituido en centro internacional de talasoterapia. Más modesto, Las Islas [Tel. (95) 247 55 98] contribuye a resolver la sed de verano.

En el corazón de la Costa del Sol se encuentra Marbella, la supuesta meca de la élite turística europea. Los hoteles más lujosos y, por lo tanto, menos abarrotados son el Puente Romano [Tel. (95) 277 01 00], asentado en unos jardines tipo película de babilonios; el club Los Monteros [Tel. (95) 277 17 00], frecuentado por banqueros y astros de la pantalla; y el Marbella Club [Tel. (95) 277 13 00], el más clásico de todos. Le Clos des Oliviers [Tel. (95) 283 12 17] revela otro gusto más francés, más elegante.

Cerca de Puerto Banús, el hotel Marbella-Dinamar [Tel. (95) 281 05 00], respetuoso con la altura de las palmeras, ofreció durante un tiempo la *suite* más cara del orbe. La clientela de reposo se refugia en el hotel Artola [Tel. (95) 283 13 90] o en La Duquesa [Tel. (95) 289 12 11], más allá de Estepona.

Cerrando este itinerario quedan el hotel Reina Cristina [Tel. (956) 60 26 22], donde se celebró en 1906 la Conferencia de Algeciras; el Alborán [Tel. (956) 63 28 70] y La Podada del Terol [Tel. (956) 67 75 50], también en Algeciras; y el Dos Mares [Tel. (956) 68 40 35], en Tarifa, frente al cual cabalgan sobre las olas los *caras pintadas* del windsurf.

Ceuta y Melilla

Las plazas de soberanía españolas en África están adquiriendo en los últimos años una nueva dimensión turística, además de su vocación comercial. En Ceuta, el mejor sitio para pasar la noche es el hotel La Muralla [Tel. (956) 51 49 40], junto a las Murallas Reales. Y en Melilla, el parador Don Pedro de Estopiñán [Tel. (95) 268 49 40], con amplias vistas sobre la ciudad y el monte Gurugú.

Casa rural, Benaojján

Molino del Santo

Barriada Estación, s/n
29370-Benaoján, Málaga
Tel.: (95) 216 71 51
Fax: (95) 216 73 27
Acceso: por una carretera en un estado deplorable, pasado el pueblo, cerca de la estación, junto al río; mal señalizado
Comidas: desayuno, almuerzo, cena
Precios: habitación 6.300-9.500 Pta.; desayuno 800 Pta., comida a la carta
Habitaciones: 12 dobles con baño, calefacción, teléfono, bandeja de té y café
Instalaciones: aparcamiento, jardín, piscina exterior y climatizada, sala de estar, bar, comedor; alquiler de bicis
Tarjetas de crédito: DC, EC, MC, V
Niños: acogidos
Minusválidos: acceso difícil
Animales: prohibidos, con excepciones
Cierra: del 12 de diciembre al 24 de febrero
Propietarios: Andy Chapell y Pauline Elkin

Benaoján es un pueblo tranquilo acostado en una ladera de olivos, almendros y plantas olorosas que se halla a escasa distancia de Ronda. Hace unos años, los ingleses Andy Chapell y Pauline Elkin —buenos conversadores— transformaron ahí un molino de agua en un sencillo hotel rural.

Escogieron este lugar por una vieja leyenda que lo consideraba como un altar de dioses. El frescor de la umbría, el lejano gorgoteo del agua, la serenidad de los huéspedes entregados todas las tardes a la lectura... Se comprende por qué unos y otros, sobre todo los propietarios, tienen muy claro repetir la estancia año tras año.

Las habitaciones son cómodas y hogareñas, alfombradas con telas de artesanía local; seis de ellas miran a la piscina, protegida del sol por sauces, higueras y membrillos. El salón de estar conserva todavía algunos de los elementos originales del molino; por ejemplo, las viejas piedras de moler o la amorosa chimenea.

Andy y Pauline alquilan bicicletas para ir a conocer los alrededores. Al regreso ofrecen una mesa dispuesta para la cena, con una sugestiva carta de platos a elegir, incluso para paladares vegetarianos. También se sirve un té con bollos a la inglesa, solemne preludio de una conversación vespertina.

Alrededores: cueva de la Pileta, arte paleolítico (3 km); Ronda (17 km).

Pabellón de caza, Ojén

Refugio de Juanar

Sierra Blanca, s/n
29610-Ojén, Málaga
Tel.: (95) 288 10 00
Fax: (95) 288 10 01
Acceso: a 10 km de Ojén, una pista asciende 5 kilómetros hacia el parque natural; bien señalizado
Comidas: desayuno, almuerzo, cena
Precios: habitación 8.400-9.300 Pta., *suite* 10.950-16.400 Pta.; desayuno 825 Pta., comida 2.800 Pta.
Habitaciones: 20 dobles, 1 individual, 2 familiares, 2 *suites;* todas con baño, calefacción, teléfono, minibar, TV vía satélite, secador de pelo y cosmética de baño
Instalaciones: aparcamiento, jardín, piscina, tenis, sala de estar, bar, comedor; alquiler de bicis
Tarjetas de crédito: AE, DC, EC, MC, V, 6000
Niños: acogidos
Minusválidos: acceso fácil
Animales: prohibidos
Cierra: nunca
Director: José Gómez Avila

Antiguo parador de turismo reconvertido en un acendrado hotelito al pie de la Serranía de Ronda, dentro de la reserva nacional de Juanar, biotopo privilegiado de la cabra hispánica. En poco tiempo, se ha colocado entre los hoteles preferidos de los viajeros que buscan alejarse del bullicio permanente de la Costa del Sol.

El edificio fue mandado construir por el marqués de Larios, aficionado a la caza como el rey Alfonso XIII que, tiempo después, lo utilizaría para sus batidas en los predios malagueños. Una cooperativa formada por los trabajadores de la época anterior lo gestiona directamente. Su diligencia en el servicio es buena muestra del funcionamiento de tales sociedades cuando hay personas de talento.

El salón principal tiene encendida en invierno una bonita chimenea, alrededor de la cual gira la vida del refugio, ambientado con cuernos de venado y pieles de cabra. El restaurante, en consecuencia, se ha especializado en guisos y platos de caza.

Las habitaciones son rústicas, confortables, con cierto olor a madera quemada. Al parecer, el general De Gaulle terminó de escribir sus memorias en la número 3.

Alrededores: senderos de la reserva nacional de caza; Ojén (10 km); Marbella (20 km).

MÁLAGA

Cortijo andaluz, Alhaurín el Grande

Finca Brisamer

Fuente del Perro, Ctra. de Málaga
29120-Alhaurín el Grande, Málaga
Tel.: (95) 259 56 83
Fax: (95) 249 01 75
Acceso: desde la autopista Málaga-Fuengirola, por un desvío a la derecha en dirección Coín, pasado Alhaurín de la Torre (a 2 km) y El Lauro Golf; señalizado
Comidas: desayuno, almuerzo, cena
Precios: habitación 8.000 Pta., desayuno incluido, comida 1.700 Pta.

Habitaciones: 23 dobles; todas con baño, calefacción central, aire acondicionado, teléfono y TV vía satélite
Instalaciones: aparcamiento, jardín, piscina, sauna, salón de estar, bar, comedor
Tarjetas de crédito: EC, MC, V
Niños: acogidos; área de juegos
Minusválidos: acceso fácil
Animales: admitidos
Cierra: nunca
Propietario: Ramón Cortés Nieto

Si don Geraldo (Gerald Brenan) quiso morir aquí es porque prefería el sol de Alhaurín a la lluvia londinense. Algo parecido le sucede a Terry, la esposa británica de Ramón Cortés, que eligió este romántico cortijo para instalar su alineamiento de bungalós, hoy puesto en órbita en régimen hotelero.

Un camino pedregoso y polvoriento conduce hasta el establecimiento, entremezclado con un grupo de villas veraniegas sin aparente gracia, en un entorno de innoble abandono. Lo más gratificante aquí es el jardín, plantado de frutales, y el silencio que huye del bullicio costero, a escasos kilómetros de estos montes.

A la derecha se encuentra el edificio principal, resguardado por un porche y dos columnas clásicas que dan entrada al salón comedor, acristalado, con vistas a la piscina. Esto sí es confortable, gratamente enmoquetado, lleno de estampados... *british*. La cocina se abastece de los productos cultivados en su propia huerta.

Mientras, los adosados entristecen al huésped por su austeridad, a pesar del buen sostén de los lechos. No es preciso hacer la vista gorda a la inexistencia de un mando a distancia para el televisor, o al incordio de secarse con unas toallas híspidas.

Alrededores: Mijas, pueblo pintoresco (14 km); Fuengirola, playas (19 km).

Casa de pueblo, El Burgo

Posada del Canónigo

Mesones, 24
29420-El Burgo, Málaga
Tel.: (95) 216 01 85
Acceso: desde Ronda, por una calle a la izquierda, antes de llegar al río Turón, enfilando la plaza de Arriba, en la confluencia con la calle San Agustín; poco señalizado
Comidas: desayuno, almuerzo, cena
Precios: habitación 5.000-6.000 Pta.; desayuno incluido

Habitaciones: 12 dobles, 1 individual; todas con baño, calefacción, aire acondicionado y teléfono
Instalaciones: bar; alquiler de bicis
Tarjetas de crédito: V, 6000
Niños: acogidos
Minusválidos: acceso difícil
Animales: admitidos
Cierra: nunca
Propietario: Eduardo González Simón

La familia González adquirió en 1994 una casa de lo más sencillota con la intención de arreglarla y vivir su propia experiencia de turismo rural. Un documento extraído del Archivo General de Málaga, debidamente enmarcado en la entrada, rubrica que en este mismo lugar se abrió el primer mesón del pueblo, allá por el año mil setecientos y pico.

La estructura original del edificio ha sido respetada, incluidos los suelos, las puertas, los armarios y la chimenea. No se espera hallar en tal sitio unos rincones tan bellos, unas habitaciones tan primorosamente arregladas. Mas si en invierno se puede sufrir de frío, en verano da gloria tumbarse sobre las camas de barrotes.

La iluminación se nos antoja algo tenue en el salón con chimenea, decorado con una extraña mezcolanza de elementos arábigos y clásicos, y también en los dormitorios, poco adecuados para la lectura en intimidad. El más recomendable, por su amplitud y el techo de madera, hay que buscarlo en la planta superior, en el lugar que ocupaban los antiguos graneros.

Acaso el único problema aquí sea circular por las calles estrechas del pueblo y encontrar aparcamiento para nuestro vehículo. En fines de semana conviene anticipar la reserva.

Alrededores: paseos en bici por la serranía; Ronda (25 km).

GRANADA

Cortijada andaluza, Loja

La Bobadilla

Finca La Bobadilla
18300-Loja, Granada
Tel.: (958) 32 18 61
Fax: (958) 32 18 10
Acceso: por la autovía Granada-Sevilla A-92, coger la N-342 y en el km. 178 desvío a la comarcal 334; a 2 kilómetros se encuentra el hotel
Comidas: desayuno, almuerzo, cena
Precios: habitación 30.600-43.800 Pta., *suite* 52.600-80.800 Pta.; desayuno incluido; comida desde 5.200 Pta.
Habitaciones: 40 dobles, 2 individuales, 1 familiar y 8 *suites;* todas con baño, calefacción, aire acondicionado, teléfono, minibar, TV vía satélite, secador de pelo
Instalaciones: piscinas normal y climatizada, jardines, aparcamiento, tenis, gimnasio, sauna, tiendas, hípica, capilla, sala de exposiciones, salón de reuniones, bar, restaurantes La Finca y El Cortijo
Tarjetas de crédito: AE, DC, EC, MC, V
Niños: área de juegos, canguro
Minusválidos: acceso difícil
Animales: admitidos
Cierra: nunca
Director: Heidi Warth

Si la fantasía tuviera nombre de hotel, Albéniz le habría puesto música a La Bobadilla. No se puede aguantar en silencio un pentagrama tan exacto de arcos, rejas, fuentes, cancelas, patios y jardines. Hay que pecar con la vista en ese olivar de 700 hectáreas que derrite el corazón de Andalucía y morirse por una noche de placer en la cortijada granadina más lujosa de España. Detrás del sueño se vive el orgullo de un The Leading Hotels of the World.

Diversos avatares económicos han obligado a ampliar el número de habitaciones a 60. Y ¡qué habitaciones! Algunas superan los 120 metros cuadrados de superficie, todas decoradas en un estilo diferente, con profusión de mármoles, sedas y maderas nobles.

La primera sorpresa se produce mucho antes, en el espacioso salón que juega de vestíbulo y de recepción, concebido como un bosque de palmeras a imitación de la mezquita de Córdoba. En la capilla suena un órgano de 1.595 tubos construido especialmente para el establecimiento.

Ejecutivos, políticos y petroleros forman el grueso de su clientela, agasajada y luego bien cobrada. No existe rincón, patio o pasillo sin su mínimo detalle: una maceta, paredes de cal, el gorgoteo del agua... ¡Qué decorado para una nueva versión de *Las mil y una noches!*

Alrededores: plaza ochavada de Archidona (18 km); Antequera (35 km).

Chalé de madera, Sierra Nevada

El Lodge

Balcón de Pradollano, s/n
18196-Sierra Nevada, Granada
Tel.: (958) 48 06 00
Fax: (958) 48 05 06
Acceso: desde la carretera general, subiendo por las revueltas de la estación invernal y, en la parte más alta, tomando un desvío estrecho hacia la derecha, frente al hotel Maribel; mal señalizado.
Comidas: desayuno, almuerzo, cena
Precios: habitación 18.700-26.000 Pta., *suite* 25.900-36.000 Pta.; desayuno 1.200 Pta., comida 1.900-3.000 Pta.; garaje 1.200 Pta.

Habitaciones: 14 dobles, 2 individuales, 4 *suites;* todas con baño, calefacción central, teléfono, TV vía satélite y cosmética de baño
Instalaciones: garaje, jardín, piscina, guardaesquís, salón de estar, bar, restaurante, sauna, gimnasio; alquiler de bicis; muy próximo a las pistas de esquí
Tarjetas de crédito: AE, V
Niños: acogidos
Minusválidos: acceso difícil
Animales: prohibidos
Cierra: nunca
Director: Carlos Gracia

Heredero de una legendaria familia de pioneros en el mundo de la nieve, Miguel Arias estrena en Sierra Nevada el hotel de montaña probablemente mejor planteado hoy día en España. Su buen gusto y la dilatada experiencia que acredita en *inventar* estaciones de esquí lo avalan.

El edificio entero ha sido construido con troncos de pino finlandés, eficaces como aislamiento térmico y acústico, al estilo de los que se prodigan por los países septentrionales de Europa. No cabe imaginar una posada más hogareña ni más abrigada en nuestras montañas.

Gracias a su emplazamiento, al pie de la pista Maribel, los aficionados al deporte blanco entran y salen del hotel con los esquís puestos. El guardaesquís ofrece las máximas comodidades: armario para el equipo, secador-higienizador de botas, taller de reparaciones y asientos varios para calzarse.

La decoración interior ha supuesto un ejercicio de sensibilidad a cargo de la esposa de Miguel. Todas las habitaciones se reconocen por una flor habitante de la sierra: Artemisa, Dedalera, Genciana, Estrella de la Nieve... Pero los verdaderos sibaritas piden zambullirse en la bañera de hidromasaje instalada en el exterior, con vistas a los picos nevados. *¡Dolce vita!*

Alrededores: ruta de las Alpujarras, Capileira, Bubión, Pampaneira (en todoterreno).

Restaurante con habitaciones, Gualchos

La Posada

Plaza de la Constitución 3 y 4
18614-Gualchos, Granada
Tel.: (958) 65 60 34
Fax: (958) 65 60 34
Acceso: a 9 kilómetros de Castell de Ferro, siguiendo el indicador Consultorio hasta una plaza que hay en la entrada del pueblo; allí lo mejor es preguntar
Comidas: desayuno, almuerzo, cena
Precios: alojamiento, desayuno y cena 10.000 Pta. por persona

Habitaciones: 7 dobles, 2 individuales; todas con baño y calefacción central
Instalaciones: piscina, sala de estar, bar, comedor
Tarjetas de crédito: EC, MC, V
Niños: no acogidos
Minusválidos: acceso difícil
Animales: admitidos sólo en las habitaciones
Cierra: enero, febrero y diciembre
Propietarios: José María González Zubiaurre y William J. Job

La historia de este lugar se remonta a la guerra civil española, cuando fue residencia de un alcalde. Posteriormente, la casa fue transformada en una posada y luego abandonada por la negligencia de sus habitantes. En la actualidad, de la mano de Bill Job y José González, recupera su condición y se ofrece como un apetecible hotelito de vacaciones. Ara de relajo.

El viajero está obligado a bajarse del coche y alcanzar andando la entrada, pues las estrechas calles del pueblo no fueron trazadas para el paso de los automóviles sino para el de los burros.

En realidad, se trata de la unión de dos casas rodeadas por un hermoso jardín inglés, con vistas panorámicas del mar y las montañas. Cada dormitorio revela un acento propio, adornado con objetos de coleccionista, muebles de madera, camas grandes y suelos con dibujos caprichosos. Plectro de pintores y escenógrafos.

El trato es, sin embargo, el haber principal en la cuenta de este hotel. No agobia, pero se hace notar. Místico en las formas. Agradable compañía para el silencio de la sierra. La cocina, a tono con el lugar y uno de sus principales atractivos, justifica por sí sola los precios de una noche de paz.

Alrededores: excursiones por la sierra de Lújar; Castell de Ferro (9 km); Granada (90 km).

Convento antiguo, Granada

Parador de Granada

Real de la Alhambra, s/n
18009-Granada
Tel.: (958) 22 14 40, 22 14 41 y 22 14 42
Fax: (958) 22 22 64
Acceso: situado en los mismísimos jardines de la Alhambra; abundante señalización por toda la ciudad
Comidas: desayuno, almuerzo, cena
Precios: habitación 26.000-28.500 Pta.; desayuno 1.200 Pta.; comida 3.500 Pta.
Habitaciones: 36 dobles, 3 individuales; todas con baño, calefacción, aire acondicionado, teléfono, minibar, TV vía satélite y Canal Plus, secador de pelo y cosmética de baño
Instalaciones: aparcamiento, jardín, salón de convenciones, bar, comedor
Tarjetas de crédito: AE, DC, EC, MC, V
Niños: acogidos
Minusválidos: una habitación acondicionada
Animales: prohibidos
Cierra: nunca
Director: Juan Antonio Gianello Louro

Convento franciscano del siglo XIV fundado por los Reyes Católicos sobre un palacio nazarí de 1302. ¡En los mismísimos jardines de la Alhambra! ¡Frente al Generalife, el Albaicín y Sierra Nevada! Hay que pellizcarse ante la serenidad de sus patios árabes para recordar que se trata de un hotel.

Ningún otro establecimiento de Granada ostenta ese privilegio. La capilla donde Isabel la Católica recibiera sepultura temporal se conserva hoy al descubierto. El claustro, recreado por una fuentecilla central, sirve de distribuidor. Un saloncito árabe invita al ensimismamiento de un sura del Corán. Las alcobas instilan una atmósfera monacal sin merma de su confort; especialmente las 210 y 211, situadas en el edificio original, y las 205, 206 y 207, con terrazas abiertas sobre la Alhambra y el Generalife. En sueños cabe imaginar la salmodia nazarí de Yusuf I resonando en los cimientos: *¡Alá akbar!, ¡Alá akbar!*

El comedor se halla siempre atestado de comensales. Acuden en autocares sólo para admirar la estrella de todos los monumentos españoles. Por eso no es extraño que aquí se deba reservar plaza incluso con seis meses de antelación.

Alrededores: jardines de la Alhambra, palacio de Carlos I; Sierra Nevada (35 km).

Palacio del siglo XVI, Granada

1996 Palacio de Santa Inés

Cuesta de Santa Inés
18010-Granada
Tel.: (958) 22 23 62
Fax: (958) 22 24 65
Acceso: desde la circunvalación de Granada, tomando la salida de Recogidas y, llegando a la plaza Nueva, girar por la carretera del Darro, pasados 200 metros a la izquierda; sin señalización
Comidas: desayuno
Precios: apartamento 20.000 Pta.; desayuno 900 Pta.
Habitaciones: 8 apartamentos con baño, cocina, teléfono, minibar, TV color y cosmética de baño
Instalaciones: salón, bar, galería de arte
Tarjetas de crédito: EC, MC, V
Niños: Acogidos
Minusválidos: acceso difícil
Animales: admitidos
Cierra: nunca
Director: Luis Cerón

¡Ay de mi Alhama! Laberinto de imágenes y recuerdos. Todo el día viéndola con ojos aturullados y no parece que se mueva, como la luna, por los carriles del cielo. Uno paga por acostarse con ella, entre los visillos translúcidos de la alcoba, hasta que las candilejas del Albayzín a la medianoche se apagan. ¡Alhambra!

Ningún mérito artístico, ni mucho menos hostelero, de los acaudalados por este palacete del siglo XVI podrá igualar jamás la visión que ofrece a sus huéspedes del monumento más señero de Granada. Desde el patio, o a través de la cristalera que ensalma a la habitación Mariana Pineda, se columbran las murallas árabes en su histórico esplendor.

Del patio llaman también la atención unas galerías con balaustrada y unos frescos de estilo rafaelesco, amén de los saetines ajedrezados que decoran el zaguán de acceso. Su emplazamiento, en una plazuela del Albayzín, impide el transporte del equipaje en coche.

El rostro gris del palacio lo ofrecen sus apartamentos: Alhamar, Morayma, Luis Rosales... Ambientados con intenciones de gustar, pero algo esteparios, tacaños con el espacio pese a lo que cuestan. Algunos, por imposición arquitectónica, arman unas puertas insufriblemente bajas. ¡Boabdil, qué coscorrones!

Alrededores: Real Chancillería, catedral, Bañuelo, La Alhambra (paseo a pie).

Casa de pueblo, Mojácar

Mamabel's

Embajadores, 5
04638-Mojácar, Almería
Tel.: (950) 47 24 48
Acceso: desde la carretera N-340, por el desvío hacia Mojácar, entrando en la población; preguntar en la plaza
Comidas: desayuno, almuerzo, cena
Precios: habitación 5.000-7.000 Pta.; desayuno 600 Pta., cena 1.600 Pta.
Habitaciones: 6 dobles con baño, teléfono, TV color, cosmética de baño
Instalaciones: bar, comedor
Tarjetas de crédito: V
Niños: acogidos
Minusválidos: acceso difícil
Animales: aceptados
Cierra: nunca
Propietaria: Isabel Aznar Fernández

Amantes de las artes y las antigüedades, Isabel Aznar —Mamabel— y el poeta belga Jean Marie Raths se instalaron en este pintoresco rincón de la costa almeriense allá por los años sesenta. Pintores, rapsodas, músicos y *bon vivants* de todo el mundo frecuentan hoy su liliputiense pero muy luminoso hostal, erigido en la zona alta de Mojácar.

Las terrazas irradian pureza mediterránea en el escalonamiento pintoresco de la localidad. Al fondo aparece el recorte lejano del mar. Es un hallazgo inusual para el turismo que busca algo de distanciamiento con la playa. Nada como desayunarse al sol en una de las balconadas que prolongan el espacio del salón-comedor.

En cuanto se abre la puerta de los dormitorios salta la sorpresa. El genio del artista aparece detrás de cada cómoda, en las cortinas y doseles de encaje, con cada cojín de raso. El número 1, con bañera redonda y vistas al mar, tienta los placeres prohibidos. Ya sabe el huésped... Igual que el número 2, volcado sobre el horizonte. Lástima que unos cuartos de baño tan espectaculares jueguen con un surtido tan pírrico de cosmética personal.

Mamabel presta especial atención al restaurante, por lo demás una luminaria entre tanta oferta veraniega.

Alrededores: playas, faro de Garrucha (5 km); Almería (90 km).

ALMERÍA

Casa rural, Agua Amarga

Mikasa

Carretera de Carboneras, s/n
04149-Agua Amarga, Almería
Tel.: (950) 13 80 73
Fax: (950) 13 82 19
Acceso: en la autovía Murcia-Almería, tomando la salida a Venta del Pobre y Carboneras, desvío hacia Agua Amarga
Comidas: desayuno
Precios: habitación 10.000-16.000 Pta., *suite* 18.000 Pta; desayuno incluido
Habitaciones: 10 dobles, 2 *suites*; todas con baño, aire acondicionado, teléfono y TV color
Instalaciones: aparcamiento, jardín, piscina, *jacuzzi*, salón de estar, bar; alquiler de bicis
Tarjetas de crédito: AE, EC, MC, V
Niños: área de juegos
Minusválidos: acceso difícil
Animales: prohibidos
Cierra: de noviembre a marzo
Propietario: Manuel Lezcano Orleans

Desde luego, este nombre tan familiar no engaña a nadie. Mikasa es mi casa, nuestra casa... la casa que un matrimonio enamorado de la decoración de interiores ha habilitado para sus huéspedes, ilustres viajeros por tierras del sur peninsular. Y, pese a su catalogación como una humilde pensión, nada hay más atrevido, hogareño o elegante en toda la costa.

Arquitectura blanca, luminosa, resuelta a párrafos de detalles. Sin lujos ni perifollos, pero mimada por dentro hasta el ángulo más secreto. Luz del mediterráneo. Sombras de petipuán. Y hospitalidad de crucero, la ley del mar, a cargo de Rosa Cortés, alma de la casa.

Key West, Baracoa, Aruba, Careyes, Cala Ermita... doce habitaciones con nombre propio, suelos de mármol rosa sin pulir —no ostentosos—, fragancia de lavanda inglesa y un ventilador de aspas para hipnotizarse en horas de siesta. Sin teléfono, porque aquí se viene a descansar, pero con todos los demás electrodomésticos que dan placer.

El goce supremo, con burbujas, se obtiene al aire libre, en el jardín trasero, junto a la piscina. Quizás ante uno de esos desayunos familiares festejados con huevos al plato y *muffins* de elaboración casera. Un cuadro ideal para saborear la pereza.

Alrededores: Mojácar (28 km); Cabo de Gata (81 km).

Casita de playa, San José

San José

Correo, s/n
04118-San José, Almería
Tel.: (950) 38 01 16 y 38 03 74
Fax: (950) 38 00 02
Acceso: por la pista que sale del pueblo hacia el parque natural del Cabo de Gata; señalización a la playa de los Genoveses
Comidas: desayuno, almuerzo, cena
Precios: habitación 12.000-15.000 Pta.; desayuno 700 Pta.; comida 2.500 Pta.

Habitaciones: 8 dobles con baño, ventilador y TV color
Instalaciones: aparcamiento, terraza, solárium, sala de reuniones, bar, comedor
Tarjetas de crédito: EC, MC, V
Niños: acogidos
Minusválidos: acceso difícil
Animales: prohibidos
Cierra: del 15 de enero al 15 de febrero
Propietarios: Eduardo G. Zárate y Rosa María Albert Salueña

Desde hace un tiempo, Eduardo Zárate anima la zona con un original hotelito de ocho habitaciones alejado de los grandes centros turísticos del Mediterráneo, en la pista que da acceso al parque natural del Cabo de Gata. El edificio, con inusitado aspecto de caserío vasco, había servido anteriormente como almacén de esparto.

Para su rehabilitación no han sido necesarias escandalosas inversiones ni onerosos créditos bancarios. Con una mano de pintura se ha podido aprovechar el mobiliario, la grifería y las conducciones de agua y electricidad existentes, haciendo gala de un criterio decorativo práctico a la vez que estético. El resultado, además de ocurrente, gusta por moderno.

Las habitaciones son tan holgadas como los cuartos de baño, pero no se hace ninguna concesión al despilfarro. El sistema de aire acondicionado es un maravilloso ventilador de aspas de estilo colonial. Eso crea una atmósfera sedante y entrañable, capaz de dar rango filosófico a una tarde de verano en brazos de la molicie.

Alrededores: parque natural del Cabo de Gata; playas de Monsul y Genoveses (3 km); Almería (40 km).

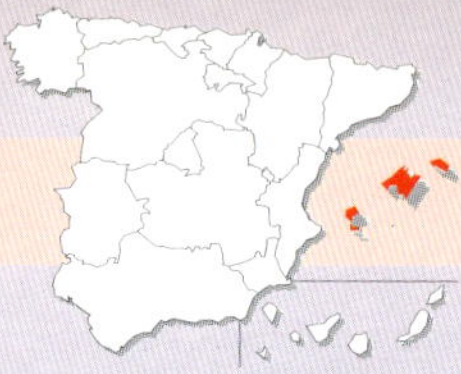

Palma de Mallorca

Puerto y catedral

Hoteles de las islas Baleares

Poco a poco se observa en el interior de Mallorca un plantel de hotelitos familiares cuya altísima calidad contribuye a disipar la imagen masificada que el turismo de playa ha provocado en las décadas más recientes. Un enclave como éste, de los más frecuentados del mundo, ha merecido este año una notable presencia en esta guía.

Obviando los palacios de la elegancia como el hotel Son Vida [Tel. (971) 79 00 00}, instalado en un castillo del siglo XIII a 5 kilómetros de Palma, o el hotel Formentor [Tel. (971) 53 13 00], tan popular en los años veinte, la atención se centra hoy en la oferta de turismo rural integrada en la asociación Reis de Malorca. Casas de campo y *possessions* de hermosa factura, tipo Ca'n Mario [Tel. (971) 61 21 22], en Valldemossa; Predio Son Serra [Tel. (971) 53 79 80], en Muro; Ca'n Coll [Tel. (971) 63 32 44], en Sóller; Es Palmer [Tel.(971) 64 90 23], en Campos; León de Sineu [Tel. (971) 52 02 11], en Sineu; y Sa Torre [Tel. (971) 62 10 11], del siglo XII, con un *celler* (bodega) original, en Santa Eugenia.

Aquellos que van buscando un lugar lejano a la masificación del litoral tienen, cerca de Palma, el hotel Punta Negra [Tel. (971) 68 07 62]; en la playa Canyamel, a 1 kilómetro escaso de las cuevas de Artá, el hotel Cuevas [Tel. (971) 56 36 00]; en Cala Ratjada, el decadente Ses Rotges [Tel. (971) 56 31 08], especializado en cocina francesa; y, en el Port de Pollença, el hotel Illa D'Or [Tel. (971) 53 11 00], en un entorno romántico y apacible que sirvió de descanso a Agatha Christie.

En los últimos tiempos ha inspirado también mucha literatura el hotel Costa D'Or [Tel. (971) 63 90 25], en la meca artística y mundana de Deià, que sirvió de escenario a la película *Bearn.* Arriba, junto a La Residencia (pág. 279), se encuentra el hotel Es Molí [Tel. (971) 63 90 00].

Al contrario de Mallorca, Menorca es una isla pequeña y tranquila que ha sabido conservar un turismo familiar, adicto a los hotelitos sencillos y a las playas vírgenes. En Punta Prima, al este de la isla, existe un albergue procedente de la restauración de una torre defensiva del siglo XVIII. Se trata de la Torre de Son Ganxo [Tel. (971) 72 02 01]. Muy cerca está la casa S'Engolidor [Tel. (971) 37 01 93], que posee únicamente cuatro dormitorios.

La isla vecina de Formentera ofrece el hotel Sa Volta [Tel. (971) 32 81 25], en Es Pujols, y el Formentera Playa [Tel. (971) 32 00 00], con unos jardines muy cuidados.

Noche de lujo

El hotel más lujoso de Ibiza es el Hacienda Na Xamena [Tel. (971) 33 30 46], emplazado sobre un promontorio con excepcionales vistas al mar. Si durante el día resplandece de blanco y azul de piscina, las luces de la noche lo envuelven en un aura de frivolidad y *glamour.* Algo parecido a lo que sucede en el Village [Tel. (971) 34 45 61] o en el Pikes [Tel. (971) 34 22 22], a tope de rural. Más plebeyo, el Torre del Mar [Tel. (971) 30 30 50] se hace rodear de unos espléndidos jardines.

Palacio antiguo, Palma de Mallorca

San Lorenzo

San Lorenzo, 14
07012-Palma de Mallorca
Tel.: (971) 72 82 00. **Fax:** (971) 71 19 01
Acceso: desde el puerto, subiendo por la calle Argentina y, luego, a la derecha, hasta la plaza de Santa Catalina, cerca de la iglesia de Santa Cruz
Comidas: desayuno
Precios: habitación 15.500-21.500 Pta., *suite* 29.500 Pta.; desayuno 1.400 Pta.
Habitaciones: 4 dobles, 2 *suites;* todas con baño, calefacción, aire acondicionado, teléfono, TV vía satélite, cosmética de baño
Instalaciones: jardín, piscina, bar
Tarjetas de crédito: AE, EC, V
Niños: bien acogidos
Minusválidos: acceso difícil
Animales: admitidos; tarifa 1.000 Pta.
Cierra: nunca
Propietarios: Rudolf M. Schmid y Antonia Bárbara Kuhn

Lujoso palacete del siglo XVII transformado en hotel por Rudolf Schmid y Antonia Kuhn, un matrimonio suizo feliz de encontrarse viviendo en el paraíso mallorquín. Su ubicación, en el barrio de pescadores de Puig de Sant Pere, vuelve más excitante la visita. Al traspasar la cancela original, el misterio se resuelve: hace falta poseer un don especial para ambientar con tanta elegancia y sentido de la tradición las estancias, todas diferentes. Azulejos, maderas nobles, telas de aguas y objeto de exclusivo diseño las decoran.
Alrededores: castillo de Bellver (5 km); campo de golf Son Vida (6 km).

Casal del siglo XVII, Palma de Mallorca

1996 Palacio ca sa Galesa

Miramar, 8
07001 Palma de Mallorca
Tel.: (971) 71 54 00. **Fax:** (971) 72 15 79
Acceso: desde la plaza del Ayuntamiento, tomando la primera calle a la derecha y, llegando a la plaza de Santa Eulàlia, tomar a la derecha la calle Morey; a continuación empieza la calle Miramar
Comidas: desayuno
Precios: habitación 24.650 Pta., *suite* 27.000-29.600-32.000 Pta.; desayuno 1.400 Pta., garaje 1.000 Pta.
Habitaciones: 5 dobles, 4 familiares y 2 *suites;* todas con baño, calefacción, aire acondicionado, teléfono, TV vía satélite, minibar, complementos de aseo y secador de pelo; habitaciones para no fumadores
Instalaciones: garaje, jardín, piscina exterior y climatizada, gimnasio, sauna, salón con chimenea y bar
Tarjetas de crédito: AE, MC, V (solicitada por anticipado)
Niños: servicio de canguro
Minusválidos: algunas habitaciones acondicionadas
Animales: prohibidos
Cierra: nunca
Propietario: Christopher Pollard

Por esos lances de la vida, Christopher Pollard tuvo la osadía de rehabilitar un palacio mallorquín del siglo XVII y ponerlo al servicio del turismo de calidad en la isla. Un hotel de lujo, como soñaba desde su Gales natal. Únicamente 11 habitaciones en 3.000 metros cuadrados de planta, para poderlo disfrutar en familia. Y ahí lo tienen, con sus vidrieras y sus bóvedas de piedra, con sus alféizares típicos y su rejería, símbolos del buen gusto. Las instalaciones incluyen un balneario interior con piscina climatizada y sauna, por si alguno piensa que los inviernos de Mallorca se parecen a los descritos por George Sand el siglo pasado.
Alrededores: catedral, arco de la Almudaina, palau Reial, baños árabes (paseo a pie).

Casa de campo, Felanitx

1996 Sa Pletassa

Camino Viejo S'Horta-Cala Marçal, 362
07669 Felanitx (Mallorca)
Tel.: (971) 83 70 69
Fax: (971) 83 73 20
Acceso: desde S'Horta, saliendo hacia Felanitx y luego, a la derecha, siguiendo las indicaciones
Comidas: desayuno, cena
Precios: *suite* 20.000 Pta; desayuno incluido, comida 2.000 Pta.
Habitaciones: 10 *suites* con baño, calefacción, teléfono, TV vía satélite y minibar
Instalaciones: aparcamiento, jardín, piscina exterior, salón con chimenea, bar; alquiler de bicis
Tarjetas de crédito: MC, V
Niños: acogidos
Minusválidos: acceso fácil
Animales: prohibidos
Cierra: nunca
Propietario: Bernardo Amengual Mas

Bajo la apariencia de una antigua *possessió* mallorquina, Bernardo Amengual ha creado un espacio incontaminado de vacación y recogimiento. Su clientela, mayoritariamente alemana, prefiere los baños solitarios en la piscina, frente a los olivos, antes que los achuchones por ganar un palmo de arena en la playa.

Éste es el punto de hebra del establecimiento, organizado en 10 *suites* alrededor de una piscina permanentemente azul. Desde el solárium, situado encima del comedor-recepción, se divisa, a un lado, las montañas del Puig de Sant Salvador y Sa Roca des Fangar y, frente a ellas, el mar verdiazul.

Cada una de esas *suites* se distiguen por un nombre de isla: Mallorca, Menorca, Formentera, Cabrera... Ofrecen camas amplias, acolchadas con las típicas telas de *llengos*, igual que las cortinas. Aunque, bien es verdad, en los baños se regatea hasta una mísera pastilla de jabón.

Aún y todo, la propiedad hace esfuerzos por agradar. Su omnipresencia suple el vacío que envuelve al huésped desde su llegada al hotel. Tal es la sensación de soledad que transmite el paisaje. *Douceur de vivre*, que dicen los franceses. *Dolce far niente*, los italianos.

Alrededores: Puerto Colom (2 km); cuevas del Drac, Artá y Hams (18 km).

Casa de campo, Ses Salines

1996 Es Turó

C'as Perets
07640 Ses Salines (Mallorca)
Tel.: (971) 64 95 31. **Fax:** (971) 64 95 48
Acceso: desde el aeropuerto de Palma, por la carretera de Llucmajor, pasando Campos y Ses Salines; señalizado
Comidas: desayuno, cena
Precios: habitación 18.000-22.000 Pta. (incluye desayuno y cena)
Habitaciones: 10 dobles con baño, calefacción, TV vía satélite y complementos de aseo
Instalaciones: aparcamiento, jardín, piscina exterior, salón con chimenea, restaurante y bar; alquiler de bicis
Tarjetas de crédito: MC, V
Niños: servicio de canguro
Minusválidos: habitaciones acondicionadas
Animales: prohibidos
Cierra: nunca
Propietario: Antonio Nadal Vadell

Antonio Nadal lo ha tenido muy claro desde el principio. Que el turismo germánico llena la isla fuera de temporada..., ¡pues contrato con una agencia de viajes alemana! Y, ahora, los demás están obligados a efectuar su reserva con tiempo si no desean quedarse compuestos y sin habitación. Ses Salines, una finca rústica acogida al programa oficial dc turismo rural, bien vale la espera. La casa es un pequeño museo de artesanía mallorquina con seis habitaciones que giran, a cual más coqueta, alrededor de la piscina. Largas siestas, amenas lecturas y opíparas cenas... ¡Lejos de cualquier playa masificada!
Alrededores: balneario de Font Santa (3 km); Palma de Mallorca (48 km).

Casa de campo del siglo XVI, Esporlas

1996 Marqués des Verger

Es Verger, s/n
07190 Esporlas (Mallorca)
Tel.: (971) 61 12 30. **Fax:** (971) 61 12 13
Acceso: desde el aeropuerto, por la carretera de Valldemossa, girando a la izquierda en el kilómetro 8 y, pasando Esporlas, tomar a 1 kilómetro la desviación a Es Verger; señalizado
Comidas: desayuno, almuerzo, cena
Precios: habitación 19.800-31.200 Pta., *suite* 28.000-38.000 Pta.; desayuno incluido, media pensión incluida
Habitaciones: 12 dobles y 5 *suites*; todas con baño, calefacción, aire acondicionado, teléfono, TV vía satélite, minibar, secador de pelo y complementos de aseo
Instalaciones: aparcamiento, jardín, piscina, salón con chimenea
Tarjetas de crédito: AE, MC, V
Niños: acogidos
Minusválidos: acceso difícil
Animales: admitidos
Cierra: nunca
Director: Fernando Vega Arrese

Veranear en una antigua *possesió* mallorquina es vivir lo cotidiano, buscar la riqueza en las cosas simples, aun cuando por ello debe pagarse a veces un galeón español. La posada de esporlas reúne lo dicho en 17 exclusivas habitaciones, enclavadas en pleno corazón de la sierra de Tramuntana, con la nobleza que otorga la antigüedad de la piedra y el sincretismo logrado en su restauración. Todas visten unos tejidos serios, trenzados en diferentes estilos, algo confusos, y acomodadas según las exigencias actuales. El comedor ha sido instalado en la *tafona* de la casa, donde antiguamente se molía la aceituna.
Alrededores: Valldemossa, cartuja (10 km); Palma de Mallorca (11 km).

Restaurante con habitaciones, Randa

Es Recó de Randa

Font, 13
07629-Randa, Mallorca
Tel.: (971) 66 09 97 y 12 03 02
Fax: (971) 66 25 58
Acceso: visible en la entrada al pueblo, enfrente de un crucero
Comidas: desayuno, almuerzo, cena
Precios: habitación 18.000 Pta., con terraza 22.000 Pta., *suite* 24.000 Pta.; desayuno incluido, media pensión 3.250 Pta.

Habitaciones: 14 dobles con baño, aire acondicionado, teléfono, minibar, TV vía satélite, secador de pelo
Instalaciones: aparcamiento, piscina, salón de estar, bar, comedor
Tarjetas de crédito: AE, EC, MC, V, 6000
Niños: acogidos
Minusválidos: acceso difícil
Animales: prohibidos
Cierra: nunca
Propietario: Manolo Salamanca

Al pie del Puig de Randa, distante 30 kilómetros de la capital insular, el hotelito de Manolo Salamanca ocupa una más de las casas que forman la aldea del mismo nombre. *Recó* (rincón) para el solaz, hogar de recogimiento y lectura, crisol de las esencias rurales mallorquinas y, antes que nada, figón de reconocido prestigio. La cocina está fundamentada en los productos genuinos de la isla.

No se puede negar que la casa, vista desde fuera, resume con piedra los dictados de la arquitectura popular. En el piso de arriba se han habilitado unas habitaciones de estilo provenzal, con vistas a los tejados del pueblo. Estampa bucólica que rompe con todo lo que ha significado el turismo de mercado para Mallorca.

El propietario recoge entre su clientela a los desahuciados de la costa, a las tribus veraniegas reticentes al asfalto. De corrido se suelen quedar con las habitaciones 7 y 8, a través de cuyas ventanas alcanzan a ver la piscina y, al fondo, el mar.

A ciertas horas del día, un olorcillo pastoril de horno de leña marea hasta los tuétanos.

Alrededores: santuario de Cura, vistas de la costa y la isla vecina de Cabrera (4 km).

MALLORCA

Antigua casa de campo, Campanet

Monnaber Nou

Finca Monnaber Nou
07310-Campanet, Mallorca
Tel.: (971) 87 71 76. **Fax:** (971) 87 71 27
Acceso: saliendo de Campanet, a unos 2 kilómetros, tomar el desvío a las cuevas (a la izquierda); el hotel se encuentra a 3 kilómetros
Comidas: desayuno, almuerzo, cena
Precios: habitación 21.000 Pta., *suite* 25.000 Pta.; desayuno incluido, comida 3.500 Pta.
Habitaciones: 14 dobles, 6 *suites;* todas con baño, calefacción, teléfono, minibar, TV vía satélite, secador de pelo y cosmética de baño
Instalaciones: aparcamiento, jardín, piscina, tenis, salón de estar, bar; alquiler de bicis
Tarjetas de crédito: AE, EC, MC, V, 6000
Niños: acogidos
Minusválidos: acceso fácil
Animales: prohibidos
Cierra: nunca
Director: Eulogio Mayordomo Nicolau

Al pie de la sierra de Tramuntana, en el noroeste insular, acaba de entrar en funcionamiento como hotel rural una *possessió* mallorquina del siglo XVIII. La antigua almazara alberga hoy un acogedor salón de reuniones. Un tapiz de la escuela belga y diversos lienzos de Julio Vera y Sotomayor decoran las estancias. Aunque sobran pretensiones en el ambiente... y las tarifas nos parecen elevadas. Quienes aman la naturaleza no encontrarán mejor disfrute que en los montes circundantes, biotopo ideal de encinas y pinos mediterráneos, de liebres, perdices y cabras salvajes. La huerta nutre cada día la cocina.
Alrededores: cuevas de Campanet (5 km); playa de Alcudia (12 km).

Antigua casa de campo, Santa María

1996 Read's

Ca'n Moragues
07320 Santa María (Mallorca)
Tel.: (971) 14 02 61. **Fax:** (971) 14 07 62
Acceso: desde Palma, tomando la autovía a Inca y, desviándose en Santa María, avanzar por una carretera indicada hasta pasados 2 kilómetros; señalizado
Comidas: desayuno, almuerzo, cena
Precios: habitación 26.000-29.500 Pta., *suite* 28.000-37.000 Pta.; desayuno incluido, comida 5.300 Pta.
Habitaciones: 15 dobles, 6 *suites;* todas con baño, calefacción, aire acondicionado, teléfono, TV satélite, secador de pelo y cosmética de baño
Instalaciones: aparcamiento exterior, jardín, piscina, tenis, salón de estar, sala de convenciones, bar, comedor; alquiler de bicis
Tarjetas de crédito: AE, DC, MC, V
Niños: acogidos
Minusválidos: acceso fácil
Animales: prohibidos
Cierra: nunca
Propietario: Bibian Read

La familia británica Read, siguiendo el ejemplo de otras familias nativas y foráneas, acaba de rehabilitar una *possessió* del siglo XVIII como hotel de superlujo en el campo. La finca, llamada Ca'n Moragues, evoca la cultura mediterránea de la acequia y el regadío disciplinado. Unas cuatro hectáreas de olivos y frutales dibujan su horizonte. Los Read aportan al lugar una educación en las claves del buen gusto y suficiente talento para manejar las riendas del negocio sin que las cosas se les salgan de madre. La hospedería alberga únicamente 15 habitaciones decoradas con finura mallorquina y una cocina que merece ser tenida en cuenta.
Alrededores: Palma de Mallorca (10 km); Inca (12 km).

Casa rural, Felanitx

Sa Posada d'Aumallia

Camí de Son Prohens, 1027
07200-Felanitx, Mallorca
Tel.: (971) 58 26 57. **Fax:** (971) 72 12 21
Acceso: siguiendo las indicaciones a Manacor y Porto Colom hasta llegar a una rotonda, tomando el camino de Son Prohens; cruces de pistas muy complicados, lo mejor es preguntar
Comidas: desayuno, almuerzo, cena
Precios: habitación 16.000-20.000 Pta.; desayuno incluido, media pensión 2.600 Pta.

Habitaciones: 14 dobles; todas con baño, calefacción, teléfono, TV vía satélite y cosmética de baño
Instalaciones: aparcamiento, jardín, piscina, tenis; alquiler de bicis
Tarjetas de crédito: AE, DC, EC, MC, V, 6000
Niños: acogidos
Minusválidos: acceso fácil
Animales: prohibidos
Cierra: nunca
Directora: Mª Antonia Martí Gomila

María Antonia Martí ha sido una pionera en esto del turismo rural mallorquín. Su *possessió* en Mallorca, al abrigo del Puig de Sant Salvador y Sa Roca des Fangar, es buen ejemplo de cómo habilitar una granja de patos, gallinas y pavos reales para uso fundamentalmente turístico. Lejos del barullo veraniego, en los rincones aún vírgenes de la isla, con dulces aires de payesía.

El jardincito alrededor de la piscina es ideal para desayunar o relajarse al sol. Pero más rústicos aún son los soportales de la casa, arropados por mesitas y sillones de mimbre. ¡Qué lugar para mecerse en los vientos del olvido, a años luz de la oficina!

Sin lujos aparentes, benditas por la calma del lugar, las 14 habitaciones imponen un estilo renovado de reposo y silencio, más próximo al monacato que al *balnearismo.* Los salones, decorados con cuadros de familia, invitan a la lectura, devoción de una clientela mayoritariamente británica y alemana.

La devoción de María Antonia por la música viene de familia. Cada semana tienen lugar unos excelentes conciertos a cargo de jóvenes músicos de la isla. Mientras, el huésped diletante puede demostrar sus cualidades en el piano que decora el salón de estar.
Alrededores: isla de Cabrera (15 minutos en barca desde Port de Camps).

Antiguo señorío agrícola, Sóller

1996 Ca N'Aí

Camí Son Sales, 50
07100 Sóller (Mallorca)
Tel.: (971) 63 24 94. **Fax:** (971) 63 18 99
Acceso: por la carretera de Sóller a Puerto Sóller, 25 metros después del cruce a Deià, justo a mitad de camino entre ambas poblaciones; sin apenas señalización
Comidas: desayuno, comida, cena
Precios: *suite* 26.500 Pta.; desayuno incluido, comida 3.300 Pta.
Habitaciones: 11 *suites* con baño, calefacción, aire acondicionado, teléfono, minibar, secador de pelo y complementos de aseo
Instalaciones: aparcamiento exterior, jardín, piscina exterior, sala de convenciones, salón con chimenea, bar, restaurante
Tarjetas de crédito: AE, DC, MC, V, 6000
Niños: acogidos
Minusválidos: acceso fácil
Animales: prohibidos
Cierra: del 31 de octubre al 1 de febrero
Propietario: Domingo Morell Martí

Catorce generaciones han pasado hasta que Domingo Morell tomó la decisión de poner la antigua *possessió* de su familia al servicio del hospedaje. Alemanes y británicos, mayoritariamente, ya se lo empiezan a agradecer. La panorámica del valle de Sóller con los 5.000 naranjos que fructifican en la finca da para muchas horas de ensimismamiento en vacaciones.

Sebastián, a cargo de la recepción, se desvela en mostrar al visitante todos los recovecos del establecimiento con el orgullo de quien lo vive y lo trabaja como casa propia. Arcos y sombras, paredes de cal y adobe, la desnudez de la piedra, potes, lámparas, muebles viejos, telas de *llengos* en las camas... Cada una de las 11 *suites* propone un ambiente de convivencia distinto y personalísimo.

La cocina es consustancial al lugar. Los platos utilizan las materias primas cultivadas en la finca de manera ecológica, pensadas para dar satisfacción al comensal, que paga luego en consecuencia.

Un paisaje bíblico de naranjos y palmeras circunda la casa, entre los eslabones que anuda la sierra de Tramuntana. El silencio aquí es beatífico, terapéutico. Hay espacio sobrado para andar, subir monte y un puerto con animación nocturna a sólo 3 kilómetros.

El único riesgo es encontrarse, incluso en invierno, el cartel de completo.
Alrededores: Deià (11 km); Valldemossa (21 km); monasterio de Lluch (34 km).

Mansión rural, Deià

La Residencia

Son Canals, s/n.
07179-Deià, Mallorca
Tel.: (971) 63 90 11
Fax: (971) 63 93 70
Acceso: por un caminito a la derecha, en la salida del pueblo, viniendo desde Palma
Comidas: desayuno, almuerzo, cena
Precios: habitación 26.200-36.500 Pta., *suite* 43.000 Pta.; desayuno incluido, comida 7.000-11.000 Pta.
Habitaciones: 41 dobles, 10 individuales y 10 *suites;* todas con baño, aire acondicionado, teléfono y secador de pelo
Instalaciones: aparcamiento, jardín, piscina normal y climatizada, tenis, sala de convenciones, bar, comedor, gimnasio, sauna, centro de belleza
Tarjetas de crédito: DC, EC, MC, V
Niños: acogidos
Minusválidos: acceso difícil
Animales: admitidos
Cierra: nunca
Directora: Aileesh Carew

El magnate británico Richard Branson, dueño del sello discográfico Virgin Records y de la compañía aérea del mismo nombre, plantó también sus reales en esta casa solariega del siglo XVI, situada en el barrio norte del pintoresco pueblo de Deià.

Eran aquellos días de la *movida* rockera, cuando Mike Oldfield aún no había presentado la segunda edición de su *Tubular Bells.* Afluían a la isla los dioses culturales de la época: Robert Graves, Kevin Ayers y sus *fans.* Artistas acostumbrados a trasnochar y desayunarse con cereales a la hora de la merienda. La Residencia era su refugio sagrado.

El hotel se esconde hoy de las miradas indiscretas tras una fachada recubierta de enredaderas. Sus interiores aparecen elegantemente amueblados con piezas antiguas y objetos de la colección privada de Branson. En un rincón se conserva la imprenta personal del escritor Graves.

Los dormitorios son de tamaño variable, según el capricho del huésped, a elegir entre una pequeña habitación simple y una enorme *suite* en un edificio contiguo. Todos vestidos con muebles de madera, diversas antigüedades y camas con dosel. El servicio de restauración se sirve en la terraza o bajo palio, en el restaurante de lujo El Olivo.

Alrededores: Valldemossa (15 km); Sóller (15 km).

Convento antiguo, Orient

L'Hermitage

Ctra. de Alaró a Bunyola, s/n
07349-Orient, Mallorca
Tel.: (971) 61 33 00 y 18 00 11
Fax: (971) 61 33 00
Acceso: desde el aeropuerto, autopista de Inca, salida Consell, al este de Orient
Comidas: desayuno, almuerzo, cena
Precios: habitación 25.800-29.800 Pta.; desayuno incluido, comida 3.800 Pta.
Habitaciones: 24 dobles con baño, calefacción central, teléfono, minibar, TV vía satélite y cosmética de baño
Instalaciones: aparcamiento, jardín, piscina, tenis, sauna, bar, comedor
Tarjetas de crédito: AE, DC, EC, MC, V
Niños: acogidos
Minusválidos: acceso fácil
Animales: prohibidos
Cierra: del 12 de noviembre al 10 de febrero
Director: Otto y Franziska Sigrist

Hay que confesarlo. El gran atractivo de este hotel se debe a su emplazamiento, en un lugar apartado de la carretera y de toda masificación turística, entre las montañas quiméricas de la Tramuntana. Un islote de calma, parafraseando a Santiago Rusiñol en su libro sobre Mallorca. En este insólito paraíso reina el silencio, apenas herido por los cencerros de las ovejas y el trinar de los pájaros al amanecer.

Tan poética descripción se debe a los monjes que ocuparon las celdas de este antiguo convento mallorquín, culminado en el siglo XVII con un torreón señorial y los jardines que actualmente lo rodean. Un claustro rematado por dieciséis columnas barrocas resguarda en el centro a un grupo de limoneros y naranjos.

Sólo cuatro de los dormitorios se mantienen, frescos y oscuros, en la zona antigua. Los demás están instalados en un edificio anexo, de construcción más reciente, prolongados en amplias terrazas y decorados a la manera del campo.

El resto de las instalaciones incluye un elegante salón en la planta inferior y otro más acogedor con chimenea en la superior. El desayuno se sirve en la piedra de una antigua almazara techada por vigas de madera, como lo fuera en los tiempos del convento. Se compone de un generoso y suculento bufé.

Alrededores: Orient (1 km); Bunyola (10 km); Alaró (10 km).

Mansión rural, Valldemossa

Vistamar

Ctra. de Valldemossa a Andratx, km. 2
07170-Valldemossa, Mallorca
Tel.: (971) 61 23 00
Fax: (971) 61 25 83
Acceso: por el desvío hacia Andratx, después de cruzar Valldemossa, al fondo de un llano olivar; bien señalizado
Comidas: desayuno, almuerzo, cena
Precios: habitación 24.000-28.000 Pta.; desayuno 1.500 Pta., comida a la carta
Habitaciones: 16 dobles con baño, calefacción, aire acondicionado, teléfono, minibar, TV vía satélite, secador de pelo y cosmética de baño
Instalaciones: aparcamiento, jardín, piscina, bar, comedor; alquiler de bicis
Tarjetas de crédito: AE, EC, DC, MC, V
Niños: acogidos
Minusválidos: acceso difícil
Animales: prohibidos
Cierra: del 5 de noviembre al 2 de febrero
Propietario: Pedro Coll Pastor

Pedro Coll, un mallorquín con raíces que ha encontrado su vocación en el mostrador y en la hospitalidad hacia los demás, gobierna desde hace algún tiempo una villa señorial de indianos, construida a principios de siglo en una finca pinariega de 100 hectáreas, al borde de un acantilado rocoso, que compró para darle uso hotelero.

Sus huéspedes tienen aquí nombre y apellidos. Una identidad propia convocada por el mito de Chopin y George Sand, desde la cercana cartuja de Valldemossa, objeto continuo de agasajo por parte del eficiente equipo de servicio que lo acompaña. El actor Michael Douglas, un asiduo invitado, sabe apreciar bien estas cualidades.

Un arco de piedra comunica la entrada con el patio adoquinado distribuidor de la casa. Todo es de diseño, equilibrado y generoso con la artesanía mallorquina. Desde los cortinajes y colchas en telas de *llengos* hasta los *siurels* de colores mediterráneos. Aguafuertes y óleos de un pintor novel ilustran los pasillos.

Los dormitorios, grandes y con soleadas terrazas, ofrecen una sorprendente variedad de ambientes. Todos, afortunadamente distintos. El 9 encanta a los huéspedes con imaginación barroca por su cama con dosel. El 2 a los sobrios y naturistas, por su sencillez rural.

Alrededores: cartuja de Valldemossa (2 km); Banyalbufar (15 km); Deià (15 km).

Mansión al borde del mar, Port d'Andratx

Villa Italia

Camino de San Carlos, 13
07057-Port d'Andratx, Mallorca
Tel.: (971) 67 40 11.
Fax: (971) 67 33 50
Acceso: desde el puerto, ascendiendo por un camino que rodea la bahía; escasamente señalizado
Comidas: desayuno, almuerzo, cena
Precios: habitación 25.300-29.400 Pta., *suite* 38.100-56.400 Pta.; desayuno incluido, comida 3.300 Pta.
Habitaciones: 10 dobles, 6 *suites;* todas con baño, calefacción, aire acondicionado, teléfono, minibar, TV vía satélite, secador de pelo y cosmética de baño
Instalaciones: aparcamiento, jardín, piscina, sauna, gimnasio, sala de estar, bar, comedor
Tarjetas de crédito: AE, EC, MC, V
Niños: acogidos
Minusválidos: acceso difícil
Animales: prohibidos
Cierra: nunca
Propietarios: J. Krauss

Durante los locos años veinte, un excéntrico multimillonario italiano con deseos de regalarle a su amor prohibido algo más que un collar de perlas se hizo construir al borde del mar una villa florentina. Pura turbación de los sentidos para el viajero actual que, arribado a la latitud cero de la *jet set*, se ve obligado a pagar el kilo de merluza a precio de ostras.

Numerosos famosos han disfrutado ya de su piscina, con una copa de champaña francés en una mano y el tirso del placer husmeando en sus jardines. Pero el común de los mortales tiene también derecho a esconderse de los demás y jugar a ser la marquesa de Mertreuil bajo el sol benigno de la isla. Para ellos existe, igualmente, Villa Italia.

Techos de estuco, suelos de mármol portugués, cortinas de cretona, capiteles y basamentos romanos, bañeras redondas, almohadones de encajes... El lujo por el lujo, servido por vestales, amanerado y gentil como no se aprende en ninguna escuela. La única regla impuesta es el silencio. Calma y discreción para la *dolce vita* de un César.
Alrededores: isla Dragonera (en barco); cabo de Tramuntana (11 km); Palma de Mallorca (22 km).

Mansión frente al mar, Maó (Mahón)

Hotel del Almirante

Ctra. de Villacarlos, s/n
07780-Port de Maó, Menorca
Tel.: (971) 36 27 00.
Fax: (971) 36 27 04
Acceso: a 2 kilómetros de Mahón, por una bocacalle frente al mar; señalizado
Comidas: desayuno, almuerzo, cena
Precios: habitación 6.250-9.350 Pta.; desayuno 425 Pta., comida 1.060 Pta., cena 1.250 Pta.
Habitaciones: 37 dobles (18 con ducha), 2 individuales (con ducha); todas con baño, calefacción y teléfono
Instalaciones: aparcamiento, salón de estar, bar, restaurante, jardín, piscina, tenis; alquiler de bicis
Tarjetas de crédito: ninguna
Niños: acogidos
Minusválidos: acceso difícil
Animales: prohibidos
Cierra: del 1 de noviembre al 30 de abril
Propietario: Francisco Pons Montanari

Ésa que los vecinos de la capital menorquina conocen como la Collingwood House, en Cala Fonduco, es una mansión del siglo XVIII que perteneció a dicho almirante, amigo personal de Nelson, durante la ocupación británica de la isla. La casa ha sido transformada en un hotel de traza pulcra y severa, decorada al más genuino estilo georgiano y tan escocés, tan escocés, que tiene fantasma. Es sabido que la habitación número 7 ofrece, como gran atractivo, la presencia del heroico ectoplasma del almirante Collingwood. Con ese lujazo, ¿quién puede pretender más florituras alrededor de la piscina?
Alrededores: puerto, Ateneo, Trepuco (3 km); Ciudadela (48 km).

Casa de campo, Eivissa (Ibiza)

Les Terrasses

Ctra. de Santa Eulária, km 1
07800-Eivissa (Ibiza)
Tel.: (971) 33 26 43. **Fax:** (971) 33 26 43
Acceso: por la carretera de Santa Eulària, en la Piedra Azul, a 300 metros del camino
Comidas: desayuno, almuerzo, cena
Precios: habitaciones 13.000-16.500 Pta.; desayuno incluido, comida 1.500-2.000 Pta., cena 3.000 Pta.
Habitaciones: 7 dobles con baño, aire acondicionado, teléfono, minibar, TV vía satélite y secador de pelo
Instalaciones: aparcamiento, jardín, tenis, piscina
Tarjetas de crédito: V
Niños: acogidos
Minusválidos: acceso difícil
Animales: admitidos
Cierra: noviembre y enero
Propietaria: Françoise Pialoux

La mano de su propietaria, Françoise Pialoux, impregna de sensibilidad cada rincón de esta casa. Una vivienda payesa de estricto blanco y añil, como manda la tradicional arquitectura en la isla Pitiusa. Ella misma se ha encargado de la decoración; ella cocina, hace los arreglos, atiende a los huéspedes con su inconfundible toque femenino. Más que estar como en casa, uno se siente aquí verdaderamente en casa. Las seis habitaciones, todas diferentes y con patio propio, sirven de refugio lejos de las típicas *movidas* veraniegas de Ibiza. Aunque, la buena vida habita en el jardín, junto a la piscina, en las hamacas de la terraza o en el porche parapetado de cañizos.
Alrededores: Dalt Vila, en Ibiza (8 km); golf de Roca Llisa (1,5 km).

El Paso (La Palma)

Arquitectura popular canaria

Hoteles de las islas Canarias

El archipiélago canario, paraíso del turismo masivo, acusa por el contrario una falta notoria de hoteles pequeños y con encanto. Isla por isla detallamos aquellos establecimientos que ofrecen algo más que unas soberanas instalaciones para las vacaciones.

Si en Playa del Inglés sobresale por su espectacular vegetación el hotel Parque Tropical [Tel. (928) 76 07 12], en la playa de Maspalomas cabe admirar el lujoso Maspalomas Oasis [Tel. (928) 76 01 70], centenario de instalaciones y dormitorios frente al mar. En el municipio de Gáldar se encuentra el Cuevas de Anzofé [Tel. (928) 88 32 16]. Las Palmas de Gran Canaria dice la última palabra con el hotel Santa Catalina [Tel. (928) 24 30 40], imponente edificio de resonancias típicas insulares.

Tenerife alberga también algunos clásicos de lujo como el Meliá Botánico [Tel. (922) 38 14 00], en Puerto de la Cruz, algo desatendido en los últimos tiempos. Le siguen los hoteles Mencey [Tel. (922) 27 67 00], en Santa Cruz de Tenerife, y el Gran Hotel Bahía del Duque [Tel. (922) 75 00 00], recientemente inaugurado en la playa de La Caleta (Adeje). De menor entidad son el Taburiente [Tel. (922) 27 60 00], en Santa Cruz, y el Gran Hotel Arona [Tel. (922) 75 06 78], en Los Cristianos. En 1996 reabrirá, completamente remodelado, el parador de Las Cañadas del Teide [Tel. (922) 38 64 15], único alojamiento existente en el parque nacional.

En Lanzarote todavía mantiene su prestigio el Meliá Salinas [Tel. (928) 81 30 40], cuyos famosos jardines interiores fueron diseñados por César Manrique, un innovador en la concepción de numerosos hoteles canarios. En una línea aún más audaz ha sido construido el hotel Los Jameos Playa [Tel. (928) 51 33 39], con unos jardines idílicos.

Fuerteventura poco a poco asimila el turismo de calidad. El hotel Riu Palace Tres Islas [Tel. (928) 53 57 00], en Corralejo, puede ser un ejemplo.

En las islas menores de El Hierro y La Gomera destacan, respectivamente, El Submarino [Tel. (922) 55 92 02], un centro de multiaventura en la costa de Frontera, y el Jardín Tecina [Tel. (922) 89 50 50], respetuoso con la arquitectura tradicional canaria. Otra maravilla arquitectónica, la Hacienda San Jorge [Tel. (922) 43 40 75], en la playa de los Cancajos (isla de La Palma), tiene en su directora, Pilar Martino, la máxima expresión de la simpatía humana.

Delirio del trópico

La arquitectura más audaz en hoteles se está viendo actualmente en la isla de Tenerife. Uno de los centros turísticos de mayor expansión, Playa de las Américas, alberga entre mole y mole de cemento un oasis de fantasía y vegetación digno de las ciudades míticas de Capadocia o del genio inspirador de Gaudí: el Jardín Tropical [Tel. (922) 79 41 11], probablemente el mejor y más sorprendente hotel del archipiélago.

EL HIERRO

Antiguo despacho de aduanas, Valle Frontera

Hotel Punta Grande

Las Puntas
38911-Valle Frontera, isla de El Hierro
Tel.: (922) 55 90 81
Fax: (922) 55 94 32
Acceso: por la carretera que va al muelle de las Puntas, sobre un acantilado al borde del mar
Comidas: desayuno, almuerzo, cena
Precios: habitación 7.000 Pta.; desayuno 750 Pta.; comida 1.800 Pta.

Habitaciones: 4 dobles con baño
Instalaciones: solárium, biblioteca, aparcamiento, bar, comedor
Tarjetas de crédito: ninguna
Niños: acogidos
Minusválidos: acceso difícil
Animales: prohibidos
Cierra: nunca
Propietarios: Noemi Chinosi

El *Libro Guinness de los récords* lo describe como el hotel más pequeño del mundo: sólo posee cuatro habitaciones dobles. Un edículo de apenas nueve metros de altura construido durante el siglo pasado en el muelle de Las Puntas, en el extremo noroccidental de la isla, frente a los míticos Roques de Salmor...

Originalmente aquí funcionó un despacho de aduanas que atendía el comercio marítimo con América. Gran parte del decorado procede del desguace de buques o restos de naufragios contabilizados en esta oficina: ojos de buey, brújulas, fanales, jarcias, cartas marinas, portulanos y un traje de buzo actualmente expuesto en el comedor.

Tras su rehabilitación como hotelito de récord, la italiana Noemi Chinosi se encarga personalmente de hospedar y servir la cena a los pocos curiosos que se aventuran por estos confines insulares.

Las habitaciones, situadas en la planta de en medio, apuestan por la sencillez y mucho efectismo en la utilidad de la madera de barco en sus cuartos de baño. Imputrescible. Todas son únicas, sin teléfono, ni televisor, ni minibar...; especialmente la número 2, dotada de una amplia terraza con vistas al crepúsculo.

Alrededores: faro de Orchilla, donde hasta finales del siglo XIX estuvo fijado oficialmente el meridiano 0 (50 km).

Hotel de playa, Valverde

Parador de El Hierro

Las Playas, 26
38910-Valverde, isla de El Hierro
Tel.: (922) 55 80 36. **Fax:** (922) 55 80 86
Acceso: por la carretera del litoral, hacia el sur, a 19 kilómetros del aeropuerto, pasado el Roque de Bonanza
Comidas: desayuno, almuerzo, cena
Precios: habitación 12.500 Pta.; desayuno 1.200 Pta., comida 3.200 Pta.
Habitaciones: 47 dobles con baño, teléfono, minibar, TV vía satélite, secador de pelo y cosmética de baño
Instalaciones: aparcamiento, jardín, piscina, sala de convenciones, bar, comedor; acceso directo a la playa
Tarjetas de crédito: AE, DC, EC, MC, V
Niños: acogidos
Minusválidos: 2 habitaciones acondicionadas
Animales: admitidos
Cierra: nunca
Director: F. Javier Rodríguez López

Entre el mar proceloso y unas paredes volcánicas de 1.500 metros de altura se acurruca el parador más aislado y edénico de toda la red. Su construcción fue decidida a vista de pájaro, desde un helicóptero oficial, sin tener en cuenta las dificultades del terreno.

Hoy se agradece la locura. Una semana aquí promete casi tanto como un exilio dorado en los mares del sur. La vida muelle en sus habitaciones, en el comedor, en la piscina..., contrasta con el fragor del Atlántico y dramatismo del paisaje ferruginoso de la isla, el color supuesto a los infiernos.

El edificio consta de tres cuerpos culminados por chimeneas dobles y parapetados detrás de unas galerías típicas canarias. Lo rodea un jardín subtropical catalogado por la variedad de especies endémicas —hasta unas 40— que acompañan a los dragos, cocoteros o las populares tuneras.

El océano metálico entra por la ventana de casi la mitad de los dormitorios, aquellos que primero se ocupan por el huésped conocedor del lugar. Aviso para insomnes: el bramido de las olas es ensordecedor. Desde la terraza, en la tiniebla de la noche, se reviven los siglos en que el faro de Orchilla determinaba el meridiano 0, antes de que el imperio británico lo trasladara a la longitud de Greenwich.

Alrededores: Valverde, capital insular (22 km); faro de Orchilla (68 km).

Mansión histórica, San Sebastián de la Gomera

Parador de la Gomera

Cerro de la Horca, s/n
38800-San Sebastián de la Gomera, isla de La Gomera
Tel.: (922) 87 11 00. **Fax:** (922) 87 11 16
Acceso: por la calle más empinada de la ciudad, saliendo del pueblo, en lo alto del cerro; bien señalizado
Comidas: desayuno, almuerzo, cena
Precios: habitación 15.000 Pta.; desayuno 1.200 Pta., comida 3.500 Pta.
Habitaciones: 42 dobles, 4 individuales; todas con baño, teléfono, minibar, TV vía satélite, secador de pelo y cosmética de baño
Instalaciones: aparcamiento, jardín, piscina, deportes náuticos, salón de reuniones, bar, comedor
Tarjetas de crédito: AE, DC, EC, MC, V
Niños: acogidos
Minusválidos: acceso difícil
Animales: prohibidos
Cierra: nunca
Directora: Pilar de Miguel

Cuando el arquitecto Palazuelo recibió el encargo de construir un parador que se identificara con la historia de la isla le llovieron los hilos invisibles de la mítica popular. Retrató en sus paredes las gestas y miserias de los antiguos conquistadores venidos de allende el mar. Gentes como Vicente Yáñez Pinzón, Domingo Peraza o Hernán Peraza, conde de la Gomera, que enterraron sus vidas por establecer un orden nuevo en el archipiélago.

Las intenciones del arquitecto se adivinan enseguida al arribar a puerto desde la playa tinerfeña de los Cristianos, único modo de recalar en esta isla sin aeropuerto. Su entrada principal, alzada sobre el llamado Lomo de la Horca, está concebida a imagen y semejanza de la iglesia parroquial de Nuestra Señora de la Concepción.

La estancia más curiosa es el salón Mirador del Teide, un lugar para hacer que se detenga el reloj, decorado con globos terráqueos e instrumentos diversos de navegación, como un catalejo para otear el horizonte canario. En días claros se atisba con total claridad el cono enorme, sulfuroso, del Teide.

Las habitaciones están a tono con el resto de la casa, base de partida para excursiones inolvidables por el parque nacional de Garajonay, relicto de un bosque milenario de laurisilva.

Alrededores: bosque de Garajonay, Valle Gran Rey, Vallehermoso (las distancias en esta isla no se cuentan en kilómetros, sino en horas de coche).

Mansión con vistas, Barlovento

La Palma Romántica

38726-Barlovento, La Palma
Tel.: (922) 18 62 21
Fax: (922) 18 64 00
Acceso: antes de llegar a Barlovento por un desvío a la izquierda; bien señalizado
Comidas: desayuno, almuerzo, cena
Precios: habitación 10.400 Pta., *suite* 12.500; desayuno 800 Pta., comida 1.975 Pta.
Habitaciones: 27 dobles, 4 individuales, 10 *suites;* todas con baño, calefacción, teléfono, minibar, TV vía satélite, secador de pelo y cosmética de baño
Instalaciones: aparcamiento, jardín, piscinas, tenis, bolera, gimnasio, sauna, salón de convenciones, bar, comedor
Tarjetas de crédito: EC, MC, AE, V, 6000
Niños: área de juegos, canguro
Minusválidos: acceso fácil
Animales: admitidos
Cierra: nunca
Propietario: Juan Rodríguez

Cuesta llegar hasta este lado de la isla, pero el paisaje, la infinitud del mar, el silencio imperturbable y la buena pinta del hotel La Palma Romántica compensan sobradamente el esfuerzo en la carretera. Ya sólo el nombre invita a recogerse dentro. No digamos la amabilidad del dueño.

Las ventanas del hotel miran a Barlovento, que se extiende más abajo, en la porción de isla orillana al mar. Detrás, las altas cumbres y las nubes cargadas de lluvia benéfica, gracias a la cual crece aquí tanto verde. Los dormitorios son tan grandes que falta un hueco para sentirse cómodo.

Un cinturón de galerías de madera, al estilo tradicional canario, enmarca el edificio. Señal de que algo de buen gusto le ponen los propietarios, contrariamente a lo que se pudiera pensar de un establecimiento que, por las noches, anima a los durmientes con un hombre-orquesta enchufado a toda potencia a un melotrón.

En horas más tempestivas, no hay cuartel para el aburrimiento: si no apetece un paseo por la montaña, uno puede tomar el sol en la piscina, jugar a los bolos o echar unos duros al billar americano. Los amigos de lo cósmico disponen de un observatorio Atlantis para espiar lo que sucede en el firmamento desde la azotea.

Alrededores: parque nacional de la Caldera de Taburiente (75 km).

Club deportivo, Tafira Alta

Golf Club Bandama

Carretera de Bandama
35017-Tafira Alta, Gran Canaria
Tel.: (928) 35 33 54
Fax: (928) 35 12 90
Acceso: desde la carretera general de Las Palmas, por un camino estrecho que sale a la izquierda; bien señalizado
Comidas: desayuno, almuerzo, cena
Precios: habitación + golf 16.000-27.000 Pta., *suite* 23.500 Pta.; desayuno incluido, comida 2.500 Pta.

Habitaciones: 27 dobles, 8 individuales (sin baño), 1 *suite*; todas con baño, teléfono y minibar
Instalaciones: aparcamiento, jardín, piscina normal y climatizada, tenis, golf, sauna, campo de golf, salón de estar, bar, comedor
Tarjetas de crédito: DC, EC, MC, V
Niños: no admitidos
Minusválidos: acceso fácil
Animales: prohibidos
Cierra: nunca
Director: Andrés Julián Cabrera Díaz

Verde había de ser, necesariamente, el entorno de la casa club de golf. Aunque fuera un verde de aspersor y jardinero especializado. El paisaje volcánico de la isla no permitiría de otro modo un *green* en tan buenas condiciones. Las vistas, desde las habitaciones, se benefician de ello, con el mar recortado al fondo.

Británicos, alemanes y suecos forman la clientela más consistente, la de todos los años, quienes más lo disfrutan. Aunque en recepción, como en todas las islas Canarias, perciben que el turismo nacional no cesa de aumentar.

La cualidad que más aprecian de la casa es su sencillez y sus jardines, muy bien cuidados. Apenas unos cuadritos aquí y unas cortinitas por allá. El resto, muy al gusto inglés, utiliza la socorrida estética del golf. Tal vez para compensar, un abanico de gran tamaño aparece desplegado en las paredes de los cuartos.

Las terrazas forman un corredor esquinado que recorre la planta superior, separadas por mamparas de cristal, a guisa de corrala. La piscina, en medio. Y un espeso silencio. A las diez de la noche todo el mundo está en la cama. No se oye ni el eco de los grillos.

Alrededores: Las Palmas (8 km); mirador de Tejeda (23 km); playas del Inglés y Maspalomas (53 km).

A

B

C

D

E

M

N

O

P

A

B

C

R

S

T

U

V

X

Y

Z

H

Los editores de esta guía agradecen cualquier información que los lectores deseen enviarnos sobre su propia experiencia, sea ésta positiva o negativa, como consecuencia de la utilización de los hoteles aquí descritos, o de cualquier otro establecimiento que, en su opinión, deberíamos incluir en la obra.

Nuestra dirección

Sección Pequeños Hoteles con Encanto
EL PAÍS/AGUILAR
Juan Bravo, 38
28006 MADRID
ESPAÑA

Informes

Rogamos utilicen hojas separadas para cada información, incluyendo su nombre, dirección y número de teléfono, en cada una de ellas. Sus comentarios serán siempre bien recibidos y muy especialmente si utilizan máquina de escribir y los datos están clasificados de acuerdo con el siguiente orden:

Nombre del establecimiento
Nombre de la población donde está situado
Dirección completa, incluyendo código postal
Número de teléfono
Fecha y duración de la visita
Instalaciones de uso común
Habitaciones y cuartos de baño
Confort: camas, calefacción, agua caliente, aire acondicionado, etc
Nivel de calidad del mantenimiento y del servicio
Recibimiento, ambiente, personal, etcétera
Precios

Alojamiento en Monasterios

Alojamiento en Casas Rurales

Balnearios con Encanto

De Pinchos por San Sebastián

De Tapas por Bilbao

De Tapas por Madrid

De Tapas por Sevilla

El Buen Hacer de los Conventos

Grandes Hoteles con Encanto

Paradores de Turismo

Parajes con Encanto

Pequeños Hoteles con Encanto, edición anual

Pueblos de Andalucía

Pueblos de España

Vinos de:

Andalucía y Canarias ✦ Aragón, Navarra y los chacolís
Cataluña ✦ Cava ✦ Castilla y León ✦ Galicia ✦ Jerez
Levante y Baleares ✦ Licores ✦ Rioja ✦ Tajo y Guadiana